경계에서 사유한 한국소설

지은이 **홍혜원**(洪慧媛, Hong Hye-woen)은 이화여자대학교 국어국문학과를 졸업하고 동대학원에서 석사와 박사 학위를 받았다. 현재 충남대학교 국어국문학과 교수로 재직중이다. 저서로 『이광수 소설의 이야기와 담론』, 공저로 『페미니즘은 휴머니즘이다』, 『20세기 한국소설 연구』, 『한국 현대 작가 연구』, 『한중일 근대문학사의 반성과 모색』, 『한국사회와 여성』, 『김유정의 귀환』 등이 있다.

경계에서 사유한 한국소설

초판 인쇄 2013년 2월 20일 **초판 발행** 2013년 2월 25일
지은이 홍혜원 **펴낸이** 공홍 **펴낸곳** 케포이북스
출판등록 제22-3210호 **주소** 서울시 서초구 서초동 1599-2 엘지에클라트 302호
전화 02-521-7840 **팩스** 02-6442-7840 **전자우편** kephoibooks@korea.com

값 20,000원

ISBN 978-89-94519-36-4 93810

Korean Novel Analyzed on the Borderline

경계에서 사유한 한국소설

홍혜원

케포이북스
KEPHOIBOOKS

책머리에

경계에 서는 일은 불안하다. 이쪽도 저쪽도 아니기 때문이다. 어디에도 속하지 않음은, 타자와의 관계에 의해 규정되는 정체성 찾기에 어려움을 초래한다. 그래서 불안한 것이다. 그러나 끝까지 가야 전체가 보인다. 이쪽도 저쪽도 볼 수 있으며 문제를 발견할 수도 있고 전체의 모양새도 가늠할 수 있다. 또 경계의 아슬아슬함 덕분에 관찰력은 예리해지고, 내적 긴장감은 배가된다.

끝없이 경계지으며 안과 밖을 구분하려는 우리의 이성은 구심력에 의해 지탱되지만, 밖의 낯선 존재들이 뿜어내는 매혹은 다시 원심력으로 작용하여 우리의 시선을 분산시킨다. 구심력과 원심력의 길항은 이전에 볼 수 없었던 것, 보이지 않던 것을 볼 수 있게 해준다. 나아가 안/밖의 경계선을 넘어서서 그 사이 낀 공간에 거주하게 되면, 폭력적으로 다가오는 절대 권력으로부터 벗어나 해방된 삶을 꿈꿀 수 있다.

그런 소망이 있었기에 나를 둘러싼 세계와 소설을 '경계'에서 사유하고자 하였다. 그 결과가 이 책이다. 식민/탈식민, 남성/여성, 고급/대중의 경계를 해체하면서 자연스런 넘나듦을 시도하고자 하였다. 해체의 과정에서 좀더 풍성하게 대상을 읽어내고, 좀더 신중하게 대상을 평가할 수 있기를 바랐다.

이를 위해 1부에서는 탈식민의 관점에서 1930년대 소설과 일제 말기 소설, 또 남정현 소설읽기를 시도하였다. 피폐한 (신)식민의 상황에서 산출된 소설은 '시선'이자 '응시'이며, '모방'이자 '부인'이다. 소설로 언표화됨으로써 자신을 가두던 식민의 경계를 무너뜨리고 해방과 자유를 꿈꾸었던 것이다. 이 소설쓰기가 때로는 관념의 벽에 부딪히기도 하고 시대의 억압에 좌절하기도 하며 자기폐쇄의 회로에 갇히기도 하지만, 그럼에도 불구하고 이 소설들은 식민과 탈식민의 경계를 넘어서려는 담론적 실천을 보여주었다.

2부에서는 남성과 여성 젠더가 소설 속에 형상화된 양상을 집중적으로 고찰하였다. 이광수와 이태준 등 식민지 시대 대표적 작가의 작품 속에 남성/여성의 경계가 얼마나 공고하게 자리잡고 있는지 또 우리는 그것을 얼마나 쉽게 내면화하고 있는지 분석하고자 하였다. 작품 속 젠더 이데올로기의 강력함을 분석하는 일은 그것의 해체와 자유를 위한 작은 소망을 반영한다. 젠더 경계의 해체는 우리가 개별적 존재로서 자신을 인정하고 또 사회적 존재로서 세상과 긍정적으로 소통하기 위해 필수적으로 거쳐야 할 영역이다.

3부에서는 대중문학을 향한 왜곡된 시선을 문제삼고자 하였다. 고급/대중의 이항대립을 해체하고 대중소설이 보여준 독자와의 소통의지를 적극적으로 발굴하고자 하였다. 그것은 멜로드라마적인 상상력과 도덕적 비학(秘學)을 통해 드러나기도 하고, 또 형식과 문체에서 나타나기도 한다. 이를 통해 우리가 향유할 수 있는 소설의 영역을 넓히고 나아가 새로운 매체환경에서 소설의 생존 가능성을 가늠해 보고자 하였다.

지난 십여 년간 발표한 논문을 모으다 보니 부족한 부분이 여러 곳

눈에 띈다. 또 각 논문이 지녔던 문제제기를 뛰어넘는 훌륭한 연구성과가 이미 제출된 영역도 있다. 그러나 스스로의 연구를 한 단락 마무리 짓는 차원에서 질끈 눈 감고 여기 상재한다. 묵은 원고를 정리해 주신 출판사 케포이북스에 감사를 전한다. 논문의 오류와 빈틈은 다 저자의 몫이다.

2013년 2월
홍혜원

차례

1부 | 탈식민의 경계에서

2부 | 젠더의 경계에서

3부 | 대중성의 경계에서

1부

탈식민의 경계에서

1930년대 모더니즘 소설과 탈식민주의
「소설가 구보씨의 일일」을 중심으로

일제 말기 소설과 탈식민성
한설야와 박태원의 경우

남정현 소설과 탈식민주의
담화 전략과 여성 표상을 중심으로

1930년대 모더니즘 소설과 탈식민주의

「소설가 구보씨의 일일」을 중심으로

1. 들어가며

1930년대 한국 모더니즘 소설에 대한 반응은 크게 두 가지로 나뉜다. 첫째 모더니즘 문학은 '정치성의 결여'라는 특징을 갖고 있으며, 특히 1920~30년대 프로문학의 대타적 위치를 점하고 있어 실천력이나 운동성의 측면에서 퇴행적이고 수동적이라고 비판하는 경향이다. 이는 문학의 사회적 실천이 중시되어 온 우리의 사회적·정치적 상황과 맞물려 있는 관점으로 임화 이래로 지속되어 온 평가 방식이다.[1] 둘째 식민지 조선의 주변부적 자본주의에 대한 문학적 반응이라는 점에서 그리고 형식적 실험성이 보여준 미학적 확장이라는 점에서 긍정적으로 평가하는 경향도 있다. 비록 평가의 방향이 극단으로 나뉜다 하여

1 강상희, 『한국모더니즘소설론』, 문예출판사, 1999, 12쪽.

도 1930년대 모더니즘 소설이 형식 내지는 기법에 치중하여 문학적 정치성이 미흡하다는 점은 일반적으로 공유하는 것으로 보인다.

그러나 형식 내지 기법[2]에 대한 관심이 곧 정치력의 상실로 이어지는 것인가? 물론, 모더니즘적 양식에서 주체는 세계와의 대결 속에서가 아니라 수용 속에서 자기규정을 얻기 때문에 수동성은 모더니즘 주체가 지닌 특성일 수 있지만, 여기서 주목할 수 있는 점은 이들 주체가 세계의 변혁이 아니라, 새로운 형식의 창출을 통해 즉 '형식 창출의 능동성'을 통해 스스로를 구성하고 활로를 찾으려 했다는 점이다.[3] '형식 창출의 능동성'은 모더니즘 주체가 수동성이라는 스스로의 운명을 극복하려는 움직임이며 동시에 당대의 모순을 문화적 형식으로 해소하기 위한 해방의 기획이라 할 수 있다. 여기서 모순은 자본주의와 제국주의라는 근대의 두 축과 관련되는데, 본고에서는 특히 제국주의의 문제 즉 식민지의 경험이 새로운 문학적 형식과 만나면서 산출하는 저항의 계기들, 그 정치력에 초점을 두고자 한다.[4]

1930년대는 과학기술의 꾸준한 발달에 힘입어 고도로 발전한 자본주의가 스스로의 모순을 '세계대공황'이라는 극적 양상으로 드러낸 시기이기도 하고 동시에 이를 해결하기 위해 서구 제국이 선택한 제국주의의 침탈 기획이 최고조에 달한 시기이기도 하다. 일본의 경우,

---

2 이 글에서 '형식 내지 기법'은 '대상에 대한 인식의 새로운 방법'이라는 포괄적 의미로 사용한다. 권영민, 『한국 현대문학사』 1, 민음사, 2002, 458쪽.

3 차원현, 「1930년대 모더니즘 소설에 나타난 미적 주체의 양상에 관한 연구」, 서울대 박사논문, 2001, 1~3쪽.

4 물론 제국주의와 자본주의는 서로 분리시켜 연구할 문제가 아니다. 우리의 경우, 식민의 상황과 자본주의적 근대가 동시에 진행되었을 뿐만 아니라, 식민의 상황을 초래한 식민 주체에 의해 근대 문물의 상당 부분이 도입되었기 때문에 제국주의와 자본주의적 특성들이 서로 혼재되어 식민적 근대를 구성한다. 다만 이 글에서는 모더니즘 소설의 비정치성에 대한 문제제기를 기반으로 하므로, 특히 제국주의의 문제에 초점을 두고자 한다.

서구의 타자인 반식민지의 상황이었음에도 불구하고, 스스로 자국을 서양과 동일한 존재라고 상상하였으며, 이런 식민지적 무의식은 그것을 은폐하기 위해 또 다른 타자를 필요로 하였다. 서구 제국이 근대 자본주의의 모순을 식민지로 해결하려 했던 것과 마찬가지로 일본 역시 제국주의적 기획 아래 자국의 모순을 분출시키고자 하였던 것이다. 이로써 조선은 반식민의 상황에 놓인 일본의 식민지가 되는, 이중적 피식민의 상황에 놓이게 된다. 이는 곧 식민지의 모순이 어느 다른 지역보다도 더 복잡하고 첨예하게 드러나며 그것의 대응과 해결 역시 결코 간단하지 않을 것을 예상하게 한다.

식민지의 경험은 상호 충돌하는 두 갈래의 힘으로 구성된다. 식민의 주체는 지배의 방향으로 그리고 피식민지의 타자는 저항의 방향으로 그 힘을 행사하며 이는 끊임없이 충돌한다. 또한 지배 및 저항은 정치경제적 차원에서 노골적으로 진행되기도 하고, 문화적 차원에서 비가시적으로 은밀하게 진행되기도 한다. 그러므로 식민지의 경험이 드러나는 모든 종류의 수행적 언표작용은, 그것이 지배의 방향이든 저항의 방향이든 혹은 두 가지의 지향이 혼란스럽게 뒤섞여 있든지 간에, 비정치적인 것이 될 수가 없다. 특히 피식민지 지식인들이 생산한 문화적 산물들은, 식민주체에 대한 모방으로 인하여 지배의 시선을 표출하기도 하고 동시에 피식민의 경험에서 자연스럽게 도출되는 저항의 몸짓을 보여주기도 한다. 즉 그 안에는 지배의 의도와 저항의 계기가 길항관계를 이루고 있으며, 이로써 양가성(ambivalence)[5]과 혼종

5 탈식민주의 관점에서 양가성은 식민지 영향력의 지속적 현실을 인정할 뿐만 아니라 문화적 우월성을 비판한다는 점에서 중요한 개념이다. 여기서 양가성은 '이중가치성'을 뜻하며, 이는 결합될 수 없는 것처럼 보이는 두 개의 의미론적, 이데올로기적 가치들의 결합이라고 할 수 있다. 이분법적 대립을 해체하려는 양가성은 이분법적 우위를 겨냥

성(hybridity)[6]을 구성한다.

모더니즘 계열의 소설도 마찬가지이다. 비록 그들이 정치적 이념을 거부하고 순문학을 지향했으며 일상성의 의미를 중시하면서 문학을 개인의 취향이라는 차원에서 접근하였다 하더라도 그 문학적 담론에는 식민지 근대성의 경험이 내재되어 있다.

모더니즘 문학과 관련하여 근대성 문제를 제기할 때 주로 사용되었던 준거틀은 문학적 자율성에 근거를 둔 '미적 근대성'의 개념이다. 특히 미적 근대성의 개념을 근대 비판의 의미와 연관지어 해석하는 경우가 일반적이다. 그러나 새로운 문명이 근대의 이름으로 밀려들어오고 더 나아가 그것이 식민 극복의 대안으로 고려되었던 상황에서, 모더니즘 계열의 문학이 단순히 근대 비판의 관점만을 유지했는가는 의심스러울 수밖에 없다. 근대 비판의 관점과 더불어 '모방'이라는 수용의 태도 또한 내포되어 있는 것이다. 이는 곧 피식민인들의 식민지 근대성에 대한 "이중적 태도, 양가적 태도"를 상기시킨다.[7] 그 혼종성과 양가성에 의해 지배 담론은 균열될 수밖에 없으며 분열의 틈새에서 또다시 저항의 계기는 생산되는 것이다. 그렇다면 1930년대

하고자 하는 근대적 지배 이데올로기의, 계몽적 근대성의 독백성과 단의성에 저항한다. 호미 바바에 의하면, 양가성은 확고한 이항대립적 틀을 구축한 제국주의 담론을 전복하고 교란할 수 있는 주요 방법이다. 임병권, 「탈식민주의와 모더니즘」, 『민족문학사연구』 23집, 2003, 71~72쪽 참조.

6 식민 상황에서 식민주체는 "나를 닮아라. 그러나 같아서는 안 된다"라는 허용과 금지의 양가적 요구를 한다. 이에 피식민자는 지배자를 부분적으로만 닮게 되는데, 이러한 '부분적 모방'인 '흉내내기'를 통해 피지배자는 항상 결함이 있는 '혼종'이 된다. 그러나 이 '결함'과 '혼종'은 '순수성'을 공격한다는 점에서 정치적 저항의 가능성을 내포한다. 이와 같은 관점에서 호미 바바는 탈식민적 저항의 방법으로 혼종적 모방인 '흉내내기'를 제시한다. 박상기, 「탈식민주의의 양가성과 혼종성」, 고부응 편, 『탈식민주의 이론과 쟁점』, 문학과지성사, 2003 참고.

7 임병권, 앞의 논문, 70쪽 참조.

모더니즘 소설 역시 식민지 시대의 정치적 텍스트로 자리할 수 있을 것이다. 이와 같은 관점에서 1930년대 모더니즘 소설인 「소설가 구보씨의 일일」에 나타난 탈식민적 양상을 '구보[8]의 글쓰기'를 중심으로 고찰해보고자 한다.

2. 고현학과 '응시'로서의 글쓰기

「소설가 구보씨의 일일」에는 특별한 사건이 없다. 구보가 집을 나와 하루 경성을 산책하면서 친구를 만나고 집으로 돌아가는 이야기이다. 그러므로 이 소설에서 첫 번째로 관심의 대상이 되는 것은 식민지 수도 '경성'이다. 당시 경성의 지지도(地誌圖)라 할 수 있을 만큼 외적 공간의 세밀한 묘사가 서술자의 내적 공간과 어울려 소설 전반을 구성하는 것이다. 그렇기에 '경성' 공간은 이 소설의 배경이자 내용이자 방법론[9]이며 구보 글쓰기의 기원이다.

구보가 대상으로 삼은 경성은 어떠한 곳인가? 이 때 '경성'은 식민지 조선의 수도라는 지리적 위치만을 의미하지는 않는다. 식민 통치의 지도부가 정중앙에 놓여 있어 이를 통해 피식민지의 법과 제도뿐

8 여기서 '구보'는 소설의 주인공이자, 동시에 작가 박태원을 이중으로 은유한다.

9 최혜실, 「「소설가 구보씨의 일일」에 나타나는 산책자 연구－모더니즘 소설의 전형에 대한 일고찰」, 『관악어문연구』 13, 1988, 193쪽.

만 아니라 일상까지도 관리하고 있었으며, 서구 자본주의와 근대문화가 일본을 통하여 가장 빠르게 도착한 공간이기도 했다. 새로운 문명과 소비문화가 휘황하게 빛나던 곳이기도 하고, 또 동시에 실업의 고통을 감내하는 지식인들과 실향의 상실감을 안고 있던 노동자들이 상주하던 곳이기도 하다.

특히 1930년대 한반도가 일제의 대륙침략을 위한 교두보 역할을 하면서 일제는 경성을 비롯한 조선 도시들의 내부 공간을 재배치한다. 이는 1934년 전조선을 포괄하는 도시계획에 관한 최초의 법령이라 할 수 있는 '조선시가지계획령'이 마련되면서 시작되었다. 그 법령에 의거하여 경성 시내 기간 도로들을 따라 공간 재조직이 이루어지면서 근대식 건물이 들어서고 근대적 생산 및 소비 방식이 도입되면서 경성은 외견상 근대도시의 면모를 갖추게 된다.[10] 공간 재조직에서 일제는 일본인의 주거지역이나 편의시설, 상가 등을 연계시켜 남촌을 구성하고 토착민의 거주지역인 북촌과 분리시킨다. 일본인의 안전을 위하여 건설된 남촌은 이후 경성의 대표적인 공업지역과 상업지역으로 부상하였으며, 문화적 첨단의 역할을 수행한다.

이와 같은 도시 공간의 재배치는 물론 피식민지인의 생존 방식과 생활수준을 고려하지 않은 것으로 도시 구획정리, 문물제도의 개편 등이 이루어지는 과정에는 모두 식민 권력의 '일방적 시선'이 은닉되어 있다. '일방적 시선'은 타자의 시선을 허용하지 않기에 권력의 정체를 '비가시적'으로 만든다. 피지배자의 눈에 보이지 않는 비가시적 권력은 신체, 표면, 빛, 시선 등에 그리고 내적 메커니즘을 만들어내는 관계 및

10 최혜실, 「1930년대 도시 소설의 소설공간」, 『현대소설연구』 5, 1996, 19쪽.

장치 속에 존재한다. 어느 한곳에 권력이 집중된 것이 아니라 일종의 그물망처럼 사회의 도처에 편재한다.[11] 결국 경성의 삶 표면에는 일제라는 식민주체의 시선과 권력의 작용이 두루 퍼져 있는 것이다.

그러나 식민지 권력의 작용이란 이질적인 두 체제의 부딪침이면서 또한 주체와 타자의 관계 속에서 즉 그들의 내적 메커니즘 속에서 작동되는 것이기에 언제나 저항의 수행을 동반하게 된다. 이 때 저항은 물리적 힘을 뜻할 수도 있지만, 식민지 치하라는 상황에서 그것은 쉽게 드러날 수 없는 것이다. 그보다 '일방적 시선'이 근대의 틀에 비추어 배제시켰던 존재들인 타자 그 자체에 의해 저항은 시작된다. 식민주체가 요구하였던 피식민지인의 정형으로부터 벗어난 존재와 그의 내면에 대한 성실한 보고(報告)가 「소설가 구보씨의 일일」이라면, '구보의 글쓰기'는 저항의 시작이 될 수 있다.

「소설가 구보씨의 일일」에서 경성은 표면적으로는 현대식 건물과 백화점, 극장, 다방 등이 화려한 빛을 내뿜는 근대화된 도시이지만, 그 도시 안에 살고 있는 인간의 모습은 모두 정신적 · 육체적으로 병들어 있는 타자들이다. 구보로 대표되는 지식인들은 고등 룸펜이나 실업 상태의 인테리겐차로 전락하여 정신적 · 계급적으로 소외된 삶을 살아간다. 그들은 특별히 할 일이 없기에 매일 다방에 앉아 우울함만을 토로한다.

다방의

오후 두시, 일을 가지지 못한 사람들이 그곳 등의자에 앉아, 차를 마시고,

---

11 미셸 푸코, 오생근 역, 『감시와 처벌』, 나남, 1994, 298쪽; 나병철, 『탈식민주의와 근대문학』, 문예출판사, 2004, 99~100쪽.

담배를 태우고, 이야기를 하고, 또 레코드를 들었다. 그들은 거의 다 젊은이들이었고, 그리고 그 젊은이들은 그 젊음에도 불구하고, 이미 자기네들은 인생에 피로한 것같이 느꼈다. 그들의 눈은 그 광선이 부족하고 또 불균등한 속에서 쉴 사이 없이 제각각의 우울과 고달픔을 하소연한다.[12]

일제 치하에서는 엘리트 진입의 기회와 관료충원의 기회가 소수 친일적인 사람들에 의해 독점되었기 때문에 지식인들은 물질적, 정신적인 면에서 충족감을 갖기 어려웠다.[13] 더욱이 대부분의 지식인들은 식민 본국에서 유학한 경험을 가지고 있었음에도 불구하고 조선에 돌아오는 순간부터 실업의 고통과 피식민인으로서의 비애감을 느껴야 했다. 그렇기에 1930년대 조선의 인텔리들은 경제적 측면뿐만 아니라, 문화적 · 윤리적 · 사회적 측면에서도 소외되고 있었다. 그 소외 의식은 소설 속에서 병적 징후로 나타난다.

갑자기 구보는 온갖 사람을 모두 정신병자라 관찰하고 싶은 강렬한 충동을 느꼈다. 실로 다수의 정신병 환자가 그 안에 있었다. 의상분일증(意想奔逸症), 언어도착증(言語倒錯症), 과대망상증(誇大妄想症), 추외언어증(醜猥言語症), 여자음란증(女子淫亂症), 지리멸렬증(支離滅裂症), 질투망상증(嫉妬妄想症), 남자음란증(男子淫亂症), 병적기행증(病的奇行症), 병적허언기편증(病的虛言欺騙症), 병적부덕증(病的不德症), 병적낭비증(病的浪費症)…… (205쪽)

---

12 박태원, 「소설가 구보씨의 일일」, 『박태원』, 동아출판사, 1995, 171쪽. 이하 인용문은 쪽수만 병기한다.

13 최혜실, 앞의 논문, 22쪽.

'두통', '시력장애', '중이질환' 등의 신체적 병리 현상뿐만 아니라 위 인용에서도 나타나듯이 온갖 종류의 '정신질환'에 시달리는 것이다. 이와 같은 병적 징후는 "인간 조건의 한 불안 내용으로서 시대와 그 문화 공동체 및 도덕성의 환부와 사회병리학의 표상으로서 뚜렷한 문학적 상징"[14]이기도 하지만 동시에 이는 식민권력의 지배 장치가 작동되는 순간, 식민지의 제반 조건과 충돌하면서 전혀 예상치 못했던 부정적 양상을 배출할 수 있음을 보여주는 것이기도 하다. 식민 상황에서 조선인은 모두 일본이라는 식민 주체의 타자가 될 수밖에 없지만, 그중에서도 특히 '각종 병리현상에 시달리는', '실업의', '지식인'은 식민지 근대의 권력체계가 결코 포획할 수 없는 지점이 존재함을 보여주는 기표인 것이다.

이와 같은 타자의 존재에 의해 경성은 식민지 근대의 양가성과 이중성을 동시에 표출하게 된다. 경성은 "환금가능성을 좇아 세계의 부정성에 타협하려는 욕망에 의해 지배된" 곳이며, "정신병을 지닌 인간들과, 또 돈과 육체를 교환하는 뒤틀린 연인들, 구보를 '구포'로 읽는, 그러면서도 지식인연하는 속물들이 활보하는 곳"이기도 하고, "전근대와 근대, 일상과 탈일상, 매춘부적 이미지와 촌부적 이미지, 백화점과 재래시장, 육체와 영혼이 복잡하게 뒤엉켜 있는 도시"[15]이기도 하다.

타자적 존재와 양가적 삶의 양상은 권력의 동일화 작용이 안정적인 것이 아님을, 결국 권력의 행사는 타자의 민족적·문화적·경제적 차이에 부딪혀 방해를 받으며 분열될 수밖에 없음을 상징한다. 경성

14 정현숙, 『박태원문학연구』, 국학자료원, 1993, 145쪽.
15 류보선, 「이상과 어머니, 근대와 전근대—박태원 소설의 두 좌표」, 『박태원소설연구』, 깊은샘, 1995, 73쪽.

공간을 채우고 있는 수많은 지식인 실업자와 카페 걸들, 황금에 눈 먼 시인들, 굶주린 사람들은 식민 권력이 포괄할 수 없는 이질적 영역들로 이들의 '응시'[16] — 즉 존재 그 자체 — 는 권력의 주체를 분열시키는 것이다. 구보의 고현학적 방법, 즉 경성을 관찰하고 분석하고 묘사하는 글쓰기는 곧 식민주체에 대한 '응시'이면서 그 주체를 분열시키는 작용을 수행한다. '응시'는 권력의 행사에 동화하는 극히 단순화된 양극성이나 이항대립을 동요시키는 힘을 지니고 있기 때문이다.

구보의 '응시'의 시선이 위력을 발휘하는 것은 바로 일상성의 측면에서이다. 고현학 자체가 지닌 도시 풍물의 관찰과 묘사의 방법은 일상의 삶을 묘사하는 것으로 구체화된다. 일상성의 '묘사'란 일종의 낯설게 하기이다. 일상의 규율화된 삶을 살아가는 '나'는 그 안에서는 외부를 지각할 수 없다. '나'를 관찰할 수 있는 공간으로 걸어 나올 때 일상의 '나'는 관찰된다. 구보가 경성의 일상을 세밀하게 기록할 수 있다는 것은 경성의 내재화된 규율의 구역 밖에 구보의 눈이 놓여 있음을 뜻한다. 즉 관찰과 기록의 방법은 그 자체에 낯선 공간으로의 외출을 전제하는 것이다.

누구나 친밀한 내부의 공간에서 벗어나 외적 세계로 진입할 때에는 '낯선 두려움'[17]을 느낀다. 구보가 경성의 도시성과 자기 자신을 관

---

16 '응시'는 식민자의 시선으로 동일화할 수 없는 타자(피식민자)의 위치에서 식민자에게 되돌아오는 것으로서 상상 속에서의 타자의 시선을 말한다. 이를 바바는 '불길한 눈의 응시'라 칭하는데, '불길한 눈'이란 서구의 인종주의적 시선이 완전히 동화할 수 없는 부재의 위치에서 원주민의 사악한 응시가 되돌아오는 것을 뜻한다. 결국 식민자의 시선의 지배에서 살아남은 피식민자의 시선, 식민자의 시선이 피식민자의 부재영역에 부딪혀 되돌아오는 것을 의미한다. 호미 바바, 나병철 역, 『문화의 위치』, 소명출판, 2002, 119쪽 참조.

17 프로이드, 정장진 역, 『프로이드 전집』 18, 열린책들, 1996, 97쪽.

찰의 대상으로 놓는 순간 '낯선 두려움'의 시간이 도래하는 것이며 이는 곧 내부와 외부의 경계가 미결정적으로 해체됨을 뜻한다. 또한 내/외의 경계선을 넘어서서 어떤 사이에 '낀 공간'(관찰의 순간)에 거주하는 것이며, 경계선 내부의 지배 권력에서 벗어나 해방된 삶으로 나아가는 시작의 활동을 의미한다. 결국 일상성의 기록은 식민 주체의 식민화 과정의 기록이면서 동시에 그 기록에 대한 '응시'이다. 내부가 아닌 외부의 시각에서 일상성을 낯설게 기록함으로써 오히려 그 내면의 속성을 드러낼 수 있는 것이다. 그렇다면 소설 내에서 구보의 고현학은 식민지적 권력 체계와 반식민지적 저항의 충돌이 일어나는 곳이며 이는 식민의 논리에서 벗어나 "해방을 지향하는 정치학의 출발"[18]이라 할 수 있다. 또한 더 나아가 박태원의 글쓰기, 소설 쓰기 역시 곧 정치적 행위라고 볼 수 있다.

3. '부인disavowal'과 허구적 글쓰기

구보에게 글쓰기의 또 다른 기원은 여성이다. 여성 인물은 어머니(형수)로 대표되는 수직축과 사랑과 연애의 대상이었던 여성들이라는 수평축으로 구성된다. 작품의 전반적 흐름에서 이들과의 관계는 결

18 나병철, 앞의 책, 87~88쪽 참조.

코 성공적이지 못하다.

특히 수평축에 놓인 여성들과의 관계는 항상 실패의 연속이다. 어린 시절 사랑했던 '벗의 누이'나, 과거 동경에서 만났던 사랑하는 여성이나, 또 일 년 전 한번 만나 보았던 여성이나 모두 구보 자신의 수동적인 태도로 인해, 즉 "어떠한 여자를 아내로 삼든 반드시 불행"하게 만들 것이라는 생각 때문에 혹은 "(친구와의) 의리를 생각하고 비난을 두려워하며" 관계를 지속시키지 못한다.

수직축의 대표인물인 어머니와의 관계 역시 매끄럽지 못하다.

> 어머니는
>
> 아들이 제 방에서 나와, 마루 끝에 놓인 구두를 신고, 기둥 못에 걸린 단장을 떼어 들고, 그리고 문간으로 향하여 나가는 소리를 들었다.
>
> "어디, 가니?"
>
> 대답은 들리지 않았다.
>
> 중문 앞까지 나간 아들은, 혹은, 자기의 한 말을 듣지 못하였는지도 모른다. 또는, 아들의 대답 소리가 자기의 귀에까지 이르지 못하였는지도 모른다. 그 둘 중의 하나라고 생각한 어머니는 이번에는 중문 밖에까지 들릴 목소리를 내었다. (156쪽)

> 아들은
>
> 그러나, 돌아와, 채 어머니가 무어라고 말할 수 있기 전에, 입때 안 주무셨에요, 어서 주무세요, 그리고 자리옷으로 갈아입고는 책상 앞에 앉아, 원고지를 펴논다.
>
> 그런 때 옆에서 무슨 말이든 하면, 아들은 언제든 불쾌한 표정을 지었다. 그

것은 어머니의 마음을 아프게 한다. 그래, 어머니는 가까스로, 늦었으니 어서 자거라, 그걸랑 낼 쓰구…… 한마디를 하고서 아들의 방을 나온다. (158쪽)

작품의 도입부에서 어머니는 끊임없이 말걸기를 시도하고 아들 구보는 쉽사리 대답하지 않는다. 이는 어머니로 대표되는 세계 — 그것은 내부 공간이며 사적 공간이고 또 토착 문화가 지배하는 곳이다 — 를 구보가 쉽게 수용하지 못하고 있음을 보여준다. 이와 같은 현상은 일반적으로 근대 수용의 과정에서 나타나는 봉건적 세계와 토착문화에 대한 거부로 해석될 수도 있으나, 탈식민주의적 관점에서 보면 식민주체의 '정형화'된 요구를 수용하는 데 있어 토착문화를 방해물로 '부인'하는 태도로 볼 수 있다.[19]

부정적인 의미망을 지닌 여성과의 관계가 기억 속에서 반복적으로 돌출하면서 현재의 서사와 뒤섞일 뿐만 아니라, 서사 전체를 진행시키고 작품의 결말도 구성한다. 작품의 초반부에서 구보가 집을 나선 후 전차를 타고 만난 여인과 그에 따라 확장된 내면은 「소설가 구보씨의 일일」의 핵심적 모티프라 할 수 있는 '구보의 행복찾기'와 연결된다. 구보가 '행복'의 문제를 떠올리는 것은 대개 여성과 관련된 회고의 순간이다. 일 년 전 단 한번 만났던 여성이든, 첫사랑인 벗의 누이이든, 동경 유학 시절 사랑하던 여성이든지 간에, 여성에 대한 기억은 항상 그들과의 결합이 과연 행복했을까를 고민하는 것으로 마무리된

19 '정형화'란 서구의 식민자가 피식민자의 정체성을 자기중심적 시선과 담론으로 고착화시키는 것을 말한다. 정형화가 식민지 권력이 피식민자를 예속화하는 전략이라면 '모방'은 피식민자가 식민자의 문명에 동화되는 과정이다. 즉 피식민자가 서구문명을 수용함으로써 식민자를 닮은 순응적인 주체로 탄생되는 형식이다. 여기서 모방은 피식민자의 문화를 결여의 형태로 '부인'하는 방식으로 이루어진다. '모방', '부인'의 양상에 대한 좀더 자세한 설명은 나병철, 앞의 책, 119~122쪽 참조.

다. 그러나 문제는 "그가 그렇게도 구하여 마지않던 행복은" 존재하지 않는다는 것이다. "여자는 능히 자기를 행복되게 하여 줄 것인가"를 생각해 보지만, 나오는 것은 "한숨"뿐인 것이다. 결국 '행복'은 구체적 형상을 갖지 못한 추상적인 존재이며, 더 나아가 식민 주체가 피식민지인을 '정형화'하기 위해 제시한 하나의 상상물이라 볼 수 있다. 이미 식민 권력을 어느 정도 내재화하고 있었던 피식민지인은 그것을 끊임없이 '모방'하려 한다. 그러나 그 모방은 구보가 행복을 현실 속에서 찾아내지 못하듯이, 쉽게 완성될 수 없다. 즉 피식민지인의 모방의 과정에는 정형화되는 것을 거부하는 저항의 계기가 숨어있는 것이다. 구보의 행복 찾기가 실패한다는 사실은 식민주체가 드러내는 지배의 시선이 결코 닿을 수 없는 식민지의 빈틈이 존재함을 보여준다.

이와 같은 과정에서 주목할 만한 것은 여성과 관련된 서술이 대개 허구적 글쓰기 행위와 관련된다는 점이다.

> 구보는 그의 말을 좇으려다 말고, 불쑥, 같이 산책이라도 안 하시렵니까, 볼 일 없으시면. 그날은 일요일이었고, 여자는 마악 어디 나가려는 차인지 나들이옷을 입고 있었다. 통속소설은 템포가 빨라야 한다. 그 전날, 윤리학 노트를 집어 들었을 때부터 이미 구보는 한 개 통속소설의 작자이었고 동시에 주인공이었던 것임에 틀림없었다. (…중략…) 그리고 그와 함께 그러한 자기가 할 일 없는 불량소년같이 생각되고, 또 만약 여자가 그렇게도 쉽사리 그의 유인에 빠진다면, 그것은 아무리 통속소설이라도 독자는 응당 작자를 신용하지 않을 게라고 속으로 싱겁게 웃었다. (192쪽)

어린 시절 사랑하였던 벗의 누이가 결혼을 하게 되자 그녀와 남편의 행복을 빌어 주면서 구보는 "그러한 감정은 그가 읽은 문학서류에 얼마든지 씌어 있었다"라고 언급한다. 또한 위의 인용에서처럼 동경에서 우연히 만나 사랑하게 된 여성과의 사랑을 '통속소설'의 전개와 연결지어 생각하기도 한다. 이별에 대해서도 "이 작품의 결말은 이대로 좋은 것일까?"라는 표현을 사용함으로써 구보가 여성과의 관계를 허구적 글쓰기에 투사하고 있음을 보여준다. 더 나아가 소설의 마지막에서도 잠들지 못하고 자신을 기다리고 있을 어머니를 떠올리면서 그 관계의 회복을 시도하는데, 여기서도 글쓰기, 소설쓰기가 회복의 매개체로 작용하고 있다.

식민지 권력이 피식민자를 '정형화'시키면서 예속화해 나간다면, 피식민자는 '모방'을 통하여 식민자의 문명에 동화된다. 이렇게 모방을 통하여 식민자의 신문명에 동화되는 과정에서 피식민자의 문화는 결여의 형태로 '부인'된다. 그렇다면 구보에게 '모방'의 과정에서 필연적으로 '부인'되었던 대상은 바로 여성인 것이다. 일반적으로 여성은 사적 세계에 속하며, 토착문명의 상징이자 식민지의 표상물로 기능해 왔기 때문이다.

구보는 식민지에서 고등학교를 다녔고, 식민본국의 수도인 동경으로 유학을 다녀온 경험을 가지고 있다. 그러므로 그의 사고방식과 시선에는 정복을 정당화하고 관리와 훈육의 체계를 확립하기 위해 조선의 삶을 서구 문명의 기준에서 퇴보한 것으로 취급하는 의식이 잠재되어 있으며, 동시에 모방을 통해 식민자를 닮은 순응적 주체가 되고픈 욕망이 내재한다.[20] 이 때 모방의 과정에서 조선의 문화는 결여

20 일반적으로 구보는 작가의 분신으로 취급되는데, 박태원이 속했던 구인회에 대한 다음의 평가는 '모방'의 측면에서 고려할 만하다. "구인회 소속 작가들이 만나 배회하던

의 형태로 '부인'된다. 특히 여성에 대한 인식은 전근대적 범주 안에 놓여 있고 여성은 식민지의 규율화를 방해하는 타자인 것이다. 그렇기에 모방의 내재화에서 일차적인 '부인'의 대상이 된다. 여성과의 사랑은 항상 실패하고 어머니와의 관계도 제대로 풀지 못하는 것이다.

그러나 그것은 결코 '절대적' 부인이 될 수 없다. '부인'되었던 피식민자의 문화적 이질성이 물질적 차이에 의한 반작용을 일으키게 마련이고, 그로 인해 모방의 과정은 양가성과 혼종성을 드러내게 된다. 비록 어머니가 전근대의 상징이자, 식민적 규율의 체계에서 배제된 인물이라고 하더라도 어머니에 대한 의식은 끊임없이 구보를 괴롭힌다. 의식의 저 밑바닥에 놓여 있던 어머니는 틈틈이 수면 위로 올라와 구보의 의식을 분열시키는 것이다. 또한 여성과의 사랑도 끝없는 미련으로 남아 구보의 의식에 흔적을 남기는 것이다. 그러므로 구보의 내면은 통일된 주체(혹은 타자)로 존재할 수 없다. 모방에서 토착문화에 대한 '부인'은 그 대상을 부정하는 행위로만 끝나는 것이 아니라, 항상 식민주체의 규율화된 상징계와의 차이에 의한 이질성의 산출과 반작용에 직면하는 것이다. 이는 곧 식민주의적 시선에 대한 또 다른 '응시'이며 이에 따라 모방된 상징들은 양가적으로 분열되고, 구보의 내면 역시도 분열상을 경험하게 된다.

이와 같은 '부인'에 의한 또 다른 '응시'는 분열적 '담론'을 통해, 표상

곳이 경성 내의 내지인을 위해 형성된 상가로였던 본정의 입구였고, 본정은 당시 경성의 은좌라는 호칭을 받을 정도로 길 양쪽에 내지인의 일류 상점들이 줄줄이 자리잡고 있어서 이름만큼이나 동경과 가까웠던 곳이었다. 즉 가장 근대와 가까운 곳임에도 조선의 현실과는 가장 거리가 먼 곳이었다. 구인회 동인들의 도회감각이 당대에 가장 세련됨을 자랑하는 반면 현실을 회피하는 기교주의자라는 이중의 평가를 받았던 것도 그들이 경성의 남촌이 가진 속성을 가장 충실히 반영한 때문이기도 하다." 최혜실, 앞의 논문, 24쪽 참조.

작용[21]에서 작동한다. 즉 연애와 사랑의 과정을 허구적 표상체계인 소설과 영화에 빗대어 표현하는 방식은 결국 지배 담론에 대한 응시이자 저항이라 할 수 있다. 이는 앞서 언급한 '행복'의 추상성과도 맞닿아 있다. '행복 찾기'로 집약되었던 일제에 의해 수행되는 정형화의 과정은 구보의 '모방' 행위가 '흉내내기'에 머무르면서 결국 실패하게 되고 이로써 그 저항력을 보여준다. 이와 마찬가지로 연애와 사랑이라는 '부인'되었던 사적 관계 역시 허구적 글쓰기라는 유희의 양식으로 되살아나 지배의 시선을 분열시키는 저항력을 보여주는 것이다.

표상작용의 의미화 혹은 구보의 글쓰기에 대한 새로운 의미 부여가 중요한 것은 작품의 결말이 보여준 현실성 때문이다.

> 구보는, 벗이, 그럼 내일 또 만납시다. 그렇게 말하였어도, 거의 그것을 알아듣지 못하였다. 이제 나는 생활을 가지리라. 생활을 가지리라. 내게는 한 개의 생활을, 어머니에게는 편안한 잠을, 평안히 주무시오, 벗이 또 한번 말했다. 구보는 비로소 그를 돌아보고, 말없이 고개를 끄떡하였다. 내일 밤에 또 만납시다. 그런, 구보는 잠깐 주저하고, 내일부터, 내 집에 있겠소, 창작하겠소—
>
> "좋은 소설을 쓰시오."
>
> 벗은 진정으로 말하고, 그리고 두 사람은 헤어졌다. 참말 좋은 소설을 쓰리라. (210~211쪽)

소설의 진행 과정 내내 분열된 내면과 시선을 보여주던 구보가 작

---

21 호미 바바, 앞의 책, 179쪽.

품의 결말에 가서는 "이제 나는 생활을 가지리라."고 다짐하며 귀가한다. 여기서 '생활'이 상징하는 바는 무엇인가? 물론 식민 권력의 테두리로부터 이탈되지 않은 체제내적 삶을 의미할 수도 있다. 그렇다면 이는 식민주체의 지배체제를 수용하는 것이기에 오히려 식민성을 강화하는 발언이 될 수도 있다.

그러나 그것이 소설쓰기와 '어머니'로 연결된다는 사실은 또 다른 의미를 산출한다. 어머니는 '부인'되었으나, 끈질기게 의식의 밑바닥에 남아 식민 주체의 시선을 분열시킨다. 어머니에 대한 자각은 식민주체에 대한 모방 행위가 순응과 저항이라는 양가성을 지니고 있음을 보여주는 것이다. 글쓰기 역시 앞서 언급하였듯이 '저항'의 표상화로 지배 담론을 해체한다. 더욱이 구보가 글쓰기를 통해 "자신의 행복보다는 어머니의 행복"을 생각한다는 사실은 그의 글쓰기가 식민주체의 시선에 쉽사리 동화될 수 없음을 뜻한다. 즉 구보가 다짐하는 창작의 행위는 지배권력의 내면화라기보다는 '모방'의 양가성에 의하여 저항력을 은밀히 표출하는 것이라 할 수 있다.

4. 나가며

결국 구보의 글쓰기는 식민 주체의 담론이 상징계로 작동하면서 식민지 민중들의 제도와 일상을 지배하지만 그 지배가 결코 완전할 수 없음을 보여주는 정치적 텍스트라 할 수 있다. 기존의 연구는 모더니즘 소설이 도시체험에 초점을 두면서 식민 권력의 지배가 내면화된 일상을 보여줄 뿐이라고 평가하거나, 더 나아가 고현학의 행위는 "이데올로기를 깡그리 제거한 가치중립적 기록성"[22]에 불과하다고 평가한다. 그러나 지배의 '시선'과 그에 대한 '응시'의 행위가 담긴 글쓰기는 지배 담론의 정치적 실천을 방해할 뿐만 아니라 그것의 식민지적 실현 과정에서 빈 틈을 창출한다. 여기서 빈 틈은 바로 저항의 출발이 될 수 있다. 그렇기에 "언표작용으로서의 문화란 지배체계(상징계)에서 벗어난 해방된 삶을 꿈꾸는 일종의 '무의식'이며 그런 무의식과 욕망을 근거로 새로운 '물질적 삶의 형식'을 만들어 나가는 '정치학'이기도"[23] 한 것이다.

지배와 저항의 다양한 변이형들인 '시선'과 '응시', '모방'과 '부인'의 양상은 경성의 일상적 삶과 식민지 타자들을 관찰하는 과정에서 발견되기도 하고, 부정적 대상인 여성들과의 관계를 표상체계 안에 편입시키면서 작동되기도 한다. 그렇기에 구보의 글쓰기는 탈식민적인 새로운 형식의 창출이라 할 수 있다. 이와 같은 모더니즘적 글쓰기를 향한 '형식 창출의 능동성'은 1930년대 피폐한 식민지의 상황에서 프로문학이 보여주지 못하였던 해방을 향한 담론적 실천인 것이다.

구보의 글쓰기가 지닌 탈식민적 경향은 박태원의 다른 소설에서도 두루 발견된다. 소품처럼 보여 '일상성'의 기록으로 취급되던 초기 소설에서부터 세태소설의 최고봉으로 손꼽히는 『천변풍경』에 이르기까지 박태원의 작품에는 1930년대 식민치하를 살아간 경성의 도시인

22 김윤식 · 정호웅, 『한국소설사』, 예하, 1993, 235쪽.
23 나병철, 앞의 책, 82쪽.

들이 은밀히 꿈꾸던 '응시'의 행위가 다양한 변이태로 드러나고 있는 것이다. 물론 이는 또 다른 연구를 필요로 하는 작업이다. 다만 여러 연구자들이 지적했듯이 박태원 연구의 어려움 중의 하나가 초기 소설의 기법적 장치에 대한 작가의 의식이 어떤 과정을 거쳐 월북 이후 역사 중심의 문학으로 전환되었는가를 규명하는 일이다. 식민지 시대 작품의 탈식민적 양상이 적절히 규명된다면, 적극적 정치 행위의 하나로 해석될 수 있는 월북 이후의 작품에 대한 이해의 계기도 마련할 수 있으리라 기대한다. 그렇다면 탈식민주의적 접근은 작가의 초기작에서 해방 후 소설에 이르기까지의 일관성 있는 의미망을 구성하는 데 기여할 수 있을 것이다.

일제 말기 소설과 탈식민성

한설야와 박태원의 경우

1. 들어가는 말

일제 말기 문학[1]은 일찍이 백철에 의해 '암흑기 문학'이라 명명되면서 문학사에서 별로 언급할 가치가 없는 부정적인 대상으로 취급받았다. '암흑기'라는 용어는 '아무것도 없음'을 의미하기도 하고, 또 있더라도 그것은 작가의 의식이나 의도가 반영된 것이 아님을 의미한

1 본고에서는 1937년부터 해방 전까지를 '일제 말기'라는 용어로 지칭하고자 한다. '암흑기'라는 용어는 '친일'의 문제만을 중심에 놓고 사유하게 하며, 또한 친일에 대한 면책의 도구로 활용될 수 있기 때문에 최근 해당 시기를 '신체제기 문학', '일제 말기 문학', '식민지 국민문학', '친일문학', '대일협력문학' 등으로 칭하고 있다. 이에 본고는 비교적 가치평가나 특수성을 배제한 '일제 말기'라는 용어를 사용하고자 한다. 또한 일반적으로 문학사에서는 『문장』과 『인문평론』의 폐간(1941) 이후를 일제 말기로 지칭하고 있는데, 문학 활동이 정치적 상황과 밀접한 관련을 보이는 시기이므로 일본의 전쟁담론이 체계적으로 등장한 중일전쟁(1937)에서 해방(1945)까지로 잡고자 한다.

다. 그러나 일제 말기에도 분명히 문학은 존재했고, 작가들 역시 자신의 고민과 시대에 대한 반응을 작품을 통해 형상화하였다. 이를 굳이 지우려 한 데에는 물론, 친일과 훼절이라는 민감한 문제가 중심에 놓여 있기 때문이다. 친일의 흔적을 덮기 위해서 또 그것이 부끄럽기에 당대를 '암흑기'로 부르고 문학적 결과물을 문학사에서 삭제하려 한 것이다.

그러나 최근 십여 년간 탈식민의 논의가 적극적으로 개진되면서 일제 말기 문학은 근대문학의 형성과 전개에서 중요한 결절점으로 부각되었다. 이 시기의 적절한 해석이 문학의 근대성과 근대 비판 또 식민성과 식민의 극복이라는 문제를 규명하는 데 중요한 단서를 준다는 것이다. 또한 해방 전후 문학을 연속적으로 사고할 수 있게 해주며, 더 나아가 '민족문학'의 해체 내지 재구성과 관련된 논의에서도 유용한 관점을 제공한다. 특히 한국 근대문학에서 근대성과 언제나 겹쳐 제기되는, 식민성과 그것의 극복은 식민주의의 수용과 저항이 표면적으로 드러난 일제 말기 문학에서 선명하게 확인할 수 있다. 이런 측면에서 일제 말기 문학의 탈식민성을 논의하는 작업은 의미를 지닐 수 있다.

그럼에도 불구하고 탈식민적 관점에서 일제 말기 소설을 분석하고자 할 때, 곤혹스러운 지점 또한 존재한다. '탈'식민주의가 식민주의에 대한 저항과 극복을 대전제로 삼고 있는 것에 비해 '일제 말기'라는 억압적 시기에 '저항'과 '극복'은 쉽게 담론화될 수 없었다. 일제는 1937년 이후 내선일체, 신체제론, 대동아공영권, 황국신민화, 창씨개명, 징병제 등 전쟁기를 지탱할 수 있는 체제유지의 담론을 생산하고 이를 식민지에 널리 전파시킨다. 폭력적이고 강제적인 권력을 동반한 담론의 보급은 미래의 전망을 어둡게 하였고 이 지점에서 여러 갈래의 친일의 경로가 등장하는 것이다. 조선인들에게 남은 선택은 침묵하거나, 순종하거나, 적극적으로 협력하는 일뿐이다. 30여 년에 걸친 일제의 지배에 의해 이미 식민성을 내재화한 피식민지인들이 적극적으로 나서서 식민주의의 정당성을 논하는 역설의 시대에 탈식민의 저항은 부재한 것처럼 보인다.

그러나 저항의 계기는 식민 담론이 생산되어 전파되고, 또 수용되는 그 과정에 이미 내재한다. 지배담론은 자기중심적인 동일성의 논리를 기저로 하지만, 그것이 실제 행사되는 과정에서는 언제나 이질적인 힘들에 부딪혀 양가적으로 분열된다. 호미 바바가 언급한 것처럼 "'교의적' 차원에서 어떤 뚜렷한 의도성을 지닌 담론도 '수행적' 차원에서는 이질적인 대상에 부딪힘으로써 양가적으로 분열"되는 것이다.[2] 일제 말기 전쟁동원 담론이나 신체체론 역시 동일화의 논리에 따라 순수한 형태로 조선에 수용될 수 없었다. 식민지의 타자적 문화는 '응시'[3]로써 지배담론의 양가성과 혼성성을 불러오며 그 분열의 지점에서 저항의 계기가 만들어진다. 그러므로 표면상 견고해 보였던 일제 말기 지배담론도 '모방'[4]의 과정에서 반작용이 일어나 균열되며 불

2 나병철, 『탈식민주의와 근대문학』, 문예출판사, 2004, 71~72쪽.

3 '응시'는 식민자의 시선으로 동일화할 수 없는 타자(피식민자)의 위치에서 식민자에게 되돌아오는 것으로서 상상 속에서의 타자의 시선을 말한다. 이를 바바는 '불길한 눈의 응시'라 칭하는데, '불길한 눈'이란 서구의 인종주의적 시선이 완전히 동화할 수 없는 부재의 위치에서 원주민의 사악한 응시가 되돌아오는 것을 뜻한다. 결국 '응시'는 식민자의 시선의 지배에서 살아남은 피식민자의 시선, 식민자의 시선이 피식민자의 부재 영역에 부딪혀 되돌아오는 것을 의미한다. 호미 바바, 나병철 역, 『문화의 위치』, 소명출판, 2002, 119쪽 참조.

4 '모방'은 거의 동일하지만 아주 똑같지는 않은 차이의 주체로서 개명된 인식 가능한 타자를 지향하는 열망이다. 모방은 그 자체가 부인의 과정인 차이의 표상화로서 나타난다. 호미 바바, 위의 책, 178쪽. 식민적 지배 관계에서 지배자는 "나를 닮아라. 그러나

안정한 양상을 보이게 된다. 더불어 "저항적 문화를 활성화시키는 가장 유력한 방법이 '창조적 예술'을 생산하는 것"이며, "문학 작품에서 지배/피지배 간의 양가성이나 타자의 저항의 계기가 현실에서보다 쉽게 발견"[5]될 수 있다면, 지배담론 분열의 양상을 가장 잘 보여주는 것이 일제 말기 소설일 것이다.

결국 일제 말기 소설에 대한 탈식민적 접근은 일제가 유포한 식민 담론이 조선인의 시점에서 어떻게 균열되는지를 찾아나가는 일이 될 것이다. 전제적인 억압이 강할수록, 균열과 저항은 가시화되기 어려우며, 대서사의 형식으로 논리적 틀을 갖출 수도 없다. 그렇기에 소설 텍스트의 미세한 지점에서 또 무의식의 세계에서 돌출적으로 발견될 수 있는데, 본고는 '가족'과 '일상'의 측면에서 일제 말기 지배담론의 분열과 양가성을 찾아보고자 한다. 일제 말기 대표적인 소설가인 채만식, 이태준, 박태원, 한설야, 김남천 등은 가족과 일상을 모티프로 한 일련의 작품을 발표한다. 이들 중 일부는 작가의 개인적 체험이 반영되어 있어 사소설의 범주로 취급되기도 하며, 또 한설야나 김남천의 경우, 카프활동과 연관지어 '전향소설'로 범주화되기도 하였다. 상당수의 작품이 발표되었음에도 불구하고 이들에 대한 기존의 평가는 임화의 '말하려고 하는 것과 그리려고 하는 것의 분열'로 대표되듯, 저항과 극복 의지를 상실한 작가들의 신변잡기로만 취급되었다. 그러나 '말하려는 것과 그리려는 것의 분열'이라는 언급은 이미 갈등과 양

같아서는 안 된다"라는 허용과 금지의 양가적 요구를 한다. 이에 피식민자는 지배자를 부분적으로만 닮게 되는데, 이러한 '부분적 모방'인 '흉내내기'를 통해 피지배자는 항상 결함이 있는 '혼종'이 된다. 그러나 이 '결함'과 '혼종'은 '순수성'을 공격한다는 점에서 정치적 저항의 가능성을 내포한다. 박상기, 「탈식민주의의 양가성과 혼종성」, 고부응 편, 『탈식민주의 이론과 쟁점』, 문학과지성사, 2003, 233쪽 참조.

5 나병철, 앞의 책, 44쪽, 66쪽.

가성, 혼종성을 담지한 표현이라 볼 수 있으며, 이는 가족과 일상을 다룬 작품군들이 상당히 복잡한 내면을 지니고 있음을 뜻한다. 이에 본고는 상반된 작품 경향을 지녔던 한설야와 박태원의 소설을 대상으로 일제 말기 지배담론에 대한 탈식민적 저항의 구체적 양상을 살펴보고자 한다.

2. 분열된 주체의 적응과 저항–한설야의 경우

일제 말기 한설야는 「귀향(歸鄕)」(1939), 「이녕(泥濘)」(1939), 「보복(報復)」(1939), 「술집」(1939), 「종두(種痘)」(1939), 「태양은 병들다」(1940), 「모색(摸索)」(1940), 「숙명(宿命)」(1940), 「파도(波濤)」(1940), 「아들」(1941), 「유전(流轉)」(1941), 「두견(杜鵑)」(1941), 「세로(世路)」(1941) 등의 한글로 씌어진 단편소설을 다수 발표하였다.[6] 이에 대해 기존의 연구는 "전향자의 소시민성에 대한 합리화 양상을 잘 보여주는 전범"[7]이라든가, "빗나간 열정과 자의식 그리고 현실에 대한 패배감이나 회의가 반복"[8]된다며 부정적으로 평가하거나 혹은 "지식인의 자기 인식과 민중의 강인한 생명력의 발견"[9]이라는 측면에서 긍정적 의미를 발굴하는 정도였다. 다만 최

6 이후 한설야는 일본어 소설 「피(血)」, 「그림자(影)」, 「젖(乳)」 등을 발표한다. 「세로」가 한글로 씌어진 마지막 작품이다.
7 김윤식 · 정호웅, 『한국소설사』, 예하, 1993, 154쪽.
8 서경석, 「한설야 문학 연구」, 서울대 박사논문, 1992, 93쪽.

근 들어 탈식민적 저항의 관점에서, 특히 일본어 소설에 나타난 우회적 비판의 양상을 긍정적으로 평가하는 연구[10]가 이어지고 있다.

가족과 일상의 측면에서 특히 주목할 만한 작품이 「숙명」(1940)이다. 「숙명」은 치술과 그의 아내, 그리고 두 아이로 구성된 가족에게 일어난 소소한 일상의 사건을 다룬 작품이다. 주인공 치술은 과거에 '콩밥술'이나 먹었던 인물이나, 현재에는 공장에 다닌다. 그나마 성실히 다니는 것도 아니어서 나가다 말다를 반복하고, 아내에게 담배 심부름이나 시키며, 어려운 상황을 잘 극복하려는 끈기도 없고 근력도 없는 인물이다. 이에 비해 아내는 그런 남편과 아이들을 먹여 살리고자 알뜰히 절약하며 이러저런 잡역일을 닥치는 대로 하여 기를 쓰고 살아간다. 소설의 주된 사건은 아들 계선의 소학교 입학 과정과, 집에서 기르던 닭을 팔았다가 다시 되사오는 일이다.

아내의 눈에 남편 치술은 "막난이 노토리 모양으로 망녕이나 부리고 그런가 하면 또 어떤 때는 이십 안짝의 빨랑빨랑한 애송이처럼 주책없이 들볶고 화"[11]를 내는 믿지 못할 인물이며, 또 "맥이 빠지고", "김이 빠"져 "가냘픈 여편내 손등을 씻어먹고 살아가면서도 짜장 회심이 안드"(12쪽)는 뻔뻔스런 인물로 묘사된다. 치술 역시 겉으로는 "사람이란 대범하고 덤벙덤벙해야 크게 되는 법이야"(12쪽)라고 큰소리치지만 실제 그의 내면은 그렇지 않다. 그는 스스로 "어째서 살려고 살려고 버티고 버티다가 뼈가 휘어지더라도 버티는 그런 근기가 없을

---

9 강진호, 「1930년대 후반기 한설야 소설과 리얼리즘」, 『현대소설연구』 제1호, 1994.

10 김재용, 「민족주의와 탈식민주의를 넘어서—한설야 문학의 저항성을 중심으로」, 『인문연구』 48, 영남대학교인문과학연구소, 2005; 고명철, 「한설야 문학, 그 탈식민의 맥락」, 『반교어문연구』 20집, 2006.

11 김외곤 편, 『한설야 단편선집 3—숙명』, 태학사, 1989, 11쪽. 이하 소설 본문 인용은 이 책이 출처이며, 해당 쪽수만 표기한다.

까"(20쪽)를 고민하며, 아내처럼 무슨 일이든지 줄기차게 해나가지 못하는 자신을 반성한다. "너무도 김이 빠지고 슬기가 죽어진 자기자신"을 보면서 "울고 싶음보다 더 아픈 심정"(22쪽)을 느낀다. 이와 같은 표면과 내면의 차이는 주체를 이중적으로 분열시킨다. 분열적 존재로서 치술은 자기자신에 대해 거리를 두고 반성적으로 성찰하고 있으며, 그 거리에 의해 비판력이 생산된다. 또한 타자인 아내와의 관계에 의해 자신의 유동적인 정체성을 모색하고 있어 일제가 요구하던 식민지 근대적 인간형 — 노동자형 인간이거나 병사형 인간[12] — 으로부터 멀리 떨어져 있음을 알 수 있다.

그가 노동자형 인간이 될 수 없음은 공장을 나가는 태도에서 확인된다. 그는 노동자임에도 불구하고 마음 내키는 대로 공장에 나갔다 말다 한다. 일본의 근대적 노동자관에서 가장 중요한 항목이 시간관념이며 이외에 근속, 정근, 능률성, 무상해 등이 노동자가 갖춰야 할 도덕으로 요구되었던 것[13]에 반해 치술은 시간관념을 완전히 무시한다. 식민지 조선의 효율적 통치를 위해 식민지 기간 내내 일제가 의식적으로 강조하였던 '노동자형'을 거부하는 것이다. 감옥에 다녀온 후에 다른 사람들은 "철공소도 내고 목수도 되고 양복점도 버리고 신문지국도 하고 농사도 짓고 또 생명보험 외교원이라 상점 사무원이라 해서 모두 남부럽지 않게스리 제 뼈를 놀려서"(11~12쪽) 살아간다. 그러나 치술은 이와 같은 세계에의 적응을 거부하는 것이다. 물론 겉으로야 자신이 끈기가 없어 못 버틴다고 말하고는 있으나, 그의 반성적

12 김진균 · 정근식 · 강이수, 「보통학교체제와 학교규율」, 『근대주체와 식민지 규율권력』, 문화과학사, 1997, 101쪽.

13 강이수, 「공장체제와 노동규율」, 위의 책, 128~129쪽.

의식에 비추어 본다면, 이런 행위는 식민지 체제에 대한 저항이자 비판을 표현한 것이다.

치술의 분열을 강화시키는 또 다른 장치는 소설의 서술 방식에서도 발견된다. 「숙명」은 아내의 내부 시점으로부터 소설이 시작된다.

> 아무리 보아도 남편 자는 숭물이 분명하다. (…중략…)
>
> 남들은 콩밥술이나 먹고 나오면 오히려 정신을 버쩍 차리고 살일을 마련하기에 골몰하다는데 이건 도리어 더 느릉태가 되고 태화탕이 되어서, 백구야 내 배 다치지 말아 하듯이 자빠졌을 궁리나 하니 그러면 대체 콩밥이 부족해서 그렇단 말인가.(11쪽)

총 7장으로 구성된 소설에서 처음 1장과 2장의 중반까지는 아내의 내부 시점으로, 이후에는 남편과 아내가 번갈아 나오다가, 6~7장은 남편 치술의 내부 시점으로 진행된다. 인용문에서와 같이 아내는 남편에 대해 가혹한 평가와 조롱하는 태도로 대한다. 도입부만 본다면 남편 치술은 "도둑눔"(12쪽)에 불과할 뿐이다. 그러나 소설이 진행되면서 치술의 내면이 점차 드러나는데 여기서 그는 전혀 다른 면모를 보여준다. 스스로를 부끄러워하기도 하고, 약자에 대한 연민과 동정을 표현하기도 하는 치술의 행동에서 독자는 또 다른 치술을 발견한다. 즉 도입부의 서술은 풍자로 기능하여 치술의 분열된 자아를 더욱 극적으로 형상화하는 것이다. 소설 전반부와 후반부의 인물 형상화에 나타난 낙차에 의해 치술의 외면과 내면의 거리감이 뚜렷이 인지되는 것이다. 이와 같은 치술의 이중성과 부적응은 일제의 문명화담론, 식민담론이 결코 순수한 양상으로 식민지인을 지배하지 못했음을 보여준다. 피식민자의 분열적 정체성은 내면이라는 부재의 영역에 남아 있다가 문학적 형상물을 통해 식민담론을 혼란시키고 틈새를 산출한다.

식민 권력의 시선이 편재되어 있는 상황에서 치술의 분열은 두 가지의 방식으로 나타난다. 한편으로는 외적 세계를 수용하고 적응하려는 태도로, 또 한편으로는 그런 세상에 대한 혐오와 공포와 저항을 표출하는 태도로 소설 속에 형상화된다.

먼저 세상에 대한 적응의 방식은 아들의 소학교 보내기에서 나타난다. 여기서 치술은 아들을 소학교에 입학시키려 오랫동안 준비한다. 아들 계선은 글재주 손재주가 있어 가르쳐준 것을 잘 익히고 어린애로선 알 필요 없는 것까지 알고 있지만, 지원자가 많아서 경쟁률이 높자 치술은 아들을 앉혀놓고 불필요한 것까지 이것저것 다 가르친다. '학교'는 근대적 지식을 전달하는 장이기도 하지만 동시에 식민주체가 요구하는 새로운 유형의 인간을 만들어내는 공간이기도 하다. 반복적인 훈육과 집단활동을 통해 식민담론을 내재화시키고, 언제든지 통제될 수 있는 식민지인을 생산하는 곳이기도 하다. 열성적으로 아들을 소학교에 입학시키려는 치술의 행위에서 체제 수용의 면모를 읽을 수 있다. 그러나 이러한 태도에서도 피식민지인의 타자성에 의해 식민주체가 내세운 동일화의 논리가 균열되는 양상을 발견할 수 있다.

소학교 입학에서 중요한 것은 학습할 능력이 있는가이지만 현실은 전혀 그렇지 않다. 치술이 사회주의자였던 것, 집이 가난하다는 것, 아이가 건강하지 못하다는 것이 합격을 좌우할 수 있다는 사실은 내선일체와 황국신민화를 주창하였던 지배담론의 반동일성을 보여준다. 특히 '건강한 신체'를 요구하였다는 점은 식민담론의 허구성을 명확히 드러낸다.

> 집이 제 집이 아니오 셋집인 것도 또 어린애 얼굴이 부자집 아이처럼 유들유들하지 못하고 천생 가난뱅이로 뽀닥뽀닥 말라빠진 것도 실없이 시름이 되었다. 그래서 그런 것을 보충하고 남음이 있도록 여러 가지 지혜를 가르처 주려던 끝에 요새는 건강을 많이 본다는데 아침 마당 일즉앗치 일어나서 라디오 있는 집 앞에 가서 라디오 체조도 배우고 또 옛날 풍속을 따라서 집안에서 제사 잘 드리고 귀신 공경하는 것을 장려하는 모양이니 하라버지 할머니 제삿날도 써서 가르처 주고 선형 산소가 어디어디 있다는 것도 적어서 미리 도습을 잘 시키라고 치술에게 미주알꼬주알 일러 주었다.(21~22쪽)

위 인용문을 통해 일제가 개별적 신체를 어떻게 관리하였는지 그 단면을 엿볼 수 있다. 특히 '라디오 체조'는 1938년 이후 '심신의 건전한 발달을 도모함과 동시에 단체훈련을 통해 규율을 지키고 협동심을 가지는 습관을 배양한다'는 국가의 국민 체력 통제, 즉 건민(健民) 정책의 일환으로 강화되었던 것이며, 집단성을 통해 황국 신민을 육성하는 시책으로 자리하였다. 즉 '라디오 체조'의 기원 속에는 이미 '국민의 형성'이라는 목적이 포함되어 있으며, 이는 국민 체력 증진을 통해 전쟁의 자원을 강화시키고 내선일체를 실현하기 위한 도구였던 것이다.[14] 또 동양론과 연계되어 전통의 부활이 논의되는 과정에서 '제사'의 문제가 다시 장려되는 것 역시 대동아공영권의 구체적 표상

14 윤대석, 「1940년대 전반기 황국 신민화 운동과 국가의 시간 · 신체 관리」, 『한국현대문학연구』 13, 2003, 81~82쪽 참조.

이라 볼 수 있다. 그러나 이 소설에서 황국신민의 육성과 대동아공영이라는 목적의식이 강한 거대담론은 고작 소학교 입학을 위해 하루 이틀 연습하는 도구로 전락한다. 피식민지인의 실생활에서 지배담론은 무력하기만 한 것이다.

또한 이와 같은 양상은 '국어(일본어) 사용'의 문제에서도 동일하게 나타난다.

> 그리고 아내는 또 한참 지혜를 짜다가 게선이더러 아버지는 국어로 무어라 하느냐 어머니는 누이는 하고 물은 다음 눈 코 귀 한 것을 묻고, 선생이 묻거든 아버지 어머니가 모두 국어를 잘 하고 집 안에서도 국어를 쓴다고 말하라고 일렀다.
>
> "그건 거짓말 아닌가. 임자 그래 그렇게 잘 하는가. 온"
>
> 하고 치술이가 빙긋하니까 안해는 (…후략…)(22쪽)

창씨개명과 국어로서의 일본어 사용을 강제하던 상황에서 '국어쓰기'의 허구성이 잘 드러난 장면이다. 일본어를 잘하고 상용하는 일이란 결국 거짓말이며, 조롱의 대상으로 전락한다. 동일언어(일본어)를 기반으로 일본인과 조선인의 하나됨을 내세우지만, 이는 오히려 일본어와 조선어의 차이, 일본인과 조선인의 차이를 더 분명히 드러내어, 그 동일화의 전략이 결국 실패하였음을 보여준다. 지배담론은 사적인 공간, 타자의 공간에서 이질성에 부딪히면 언제나 균열되며 이로써 권력의 수행은 불안하고 혼란스럽게 된다. 이것이 시선과 응시의 양가성과 혼종성이라 할 수 있다. 권력의 시선은 타자의 동화되지 않는 이질성, 즉 권력의 시선이 일종의 부재를 경험하는 영역에 부딪혀 응시로서 되돌아오게 되고 여기서 양가적인 분열과 혼종성의 순간이 탄생하는 것이다.[15] 내선일체를 통해 조선인을 전쟁에 동원하고자 하였던 식민의 기획은 가족이라는 사적인 공간에서 여지없이 무너지고, '거짓말'에 의해 희화화되면서 분열의 틈새가 생성되고 그곳에서 저항의 계기가 산출되는 것이다.

외부 세계에 대한 혐오와 공포, 저항의 양상은 순응의 양상에 비해 훨씬 적극적으로 식민주의적 시선을 분열시킨다. 「숙명」에서 이는 닭과 여우 이야기를 통해 드러난다.[16]

우리에 가두고 여우목도리를 만들려고 굶기는 여우와, 생산력이 떨어져 달걀을 제대로 낳지도 못하면서 먹을 것만 축내는 닭은 치술 자신과 세계에 대한 비유이다. 자유를 잃고 오래 굶었던 여우는 결국 무기력하게 죽고 만다. 우리를 뚫고 도망치지 못한 여우에 대한 아내의 비난은 곧 치술 자신에 대한 비난이기도 하다. 자유로운 의지를 박탈당하고 가난에 시달리는 치술의 삶은 저항의 의지가 꺾인 피식민지인의 삶이기도 하다. 그러나 작가는 이 상황을 그대로 용인하지 않는다. 닭 이야기를 통해 간단히 세계를 수용하지 않겠다는 의지를 내보이는 것이다.

아내는 아들의 입학에 맞춰 신발을 사기 위해 집에서 키우던 닭을 내다 판다. 이에 치술은 우연히 그 닭을 다시 보게 되고, 판 값보다 더 쳐서 도로 사온다. 여기서 시장, 곧 외부세계는 교환가치만이 지배하는 죽음의 공간이다. 이와 같은 세계의 논리에서 치술은 교환가치를

15 나병철, 앞의 책, 101쪽.

16 일제 말기 소설에 나타난 동물 모티프는 당대 상황에 대한 문학적 형상물로 한설야 소설의 족제비나 여우, 닭 또 이태준 소설의 토끼 등에 관한 탈식민적 접근은 또 다른 논의를 요한다.

거부하고 아무 쓸모없는 닭을 데려온다. 이는 자본주의에 대한 비판이자 근대 비판이라 볼 수 있다. 다만 일제 말기 자본주의 근대는 식민성과 분리될 수 없으며 그렇기에 근대 비판이 그 근대를 문명화의 논리로 가져온 일제에 대한 비판과 겹쳐진다. 결국 가족이나 다름없던 "우리 닭"을 되사오는 일은 달걀 낳기의 수단으로만 취급되는 것이 아닌, 죽음과 족쇄의 우리에 갇힌 치술 자신을 스스로 구제하는 일이기도 하다.

아시아의 종주국이 되어 조선은 물론, 만주와 중국으로, 남방 아시아로 제국주의의 기획을 펼쳐나가던 일본의 지배담론은 게으른 듯 덤벙거리는 치술의 소소한 가족 이야기에서 동일화의 의지를 잃고 분열된다. 더 나아가 「파도」(1940)에서는 자기 폐쇄와 의처증을 보이는 명수에 의해, 또 「아들」(1941)에서처럼 중학교 입시에 실패한 아들이 벌어온 돈을 모두 술 마시는 일에 써버리는 아버지 학선의 의해 식민담론의 동일화 논리는 허망한 것이 되어 버린다. 식민주체가 배제하려 애쓰던 인간형인 치술이나, 명수 그리고 학선의 등장 자체는 식민담론에 균열을 가하며, 그들의 적응과 저항의 양가적 태도는 목적을 수단으로, 또 수단을 목적으로 뒤집는 역전의 방식으로 식민담론에 대한 비판과 동일화 논리의 실패를 보여준 것이다.

3. 분열된 주체의 모방과 응시—박태원의 경우

박태원은 일제 말기에 「골목안」(1939), 「음우(淫雨)」(1940), 「투도(偸盜)」(1941), 「사계와 남매」(1941), 『아세아의 여명』(1941), 「채가(債家)」(1941), 「재운(財運)」(1941), 『군국의 어머니』(1942), 『여인성장』(1942) 등의 장단편 소설을 발표하였다. 이에 대한 평가 역시 단순하지 않다. 일단 『아세아의 여명』이나 『군국의 어머니』 등 장편은 논의의 여지는 있으나, 대동아공영주의에 부합하는 친일소설로 평가받고 있다.[17] 이에 비해 「골목안」과 「음우」, 「투도」, 「채가」 등 '자화상' 연작 등 단편소설은 신체제론을 비극적이고 "어두운 정조로 수용한 결과물"[18]로 평가받기도 하고, 또 "대일 협력적 태도와는 현격한 거리가 있다"[19]는 평가를 받기도 한다. 단편소설에 대한 평가가 엇갈리는 것은 이 작품들의 내부에서 맥락에 따라 다양하게 해석될 수 있는 담론들이 충돌하고 있으며, 탈식민적 관점에서 새로운 의미를 찾아낼 수 있음을 뜻한다. 일제 말기 소설은 "텍스트 이면에 저항의 칼날을 감추고 있는 작품"이 적지 않으며, 저항의 방식 또한 다양하기에 협력과 저항을 입체적으로 읽어야 한다.[20] 그러므로 상반된 해석이 충돌하는 박태원의

---

17 한수영, 「박태원 소설에서의 근대와 전통」, 『친일문학의 재인식』, 소명출판, 2005; 정현숙, 「박태원 소설에 나타난 신체제 수용 양상」, 『구보학보』 1집, 2006; 고인환, 「소극적 협력의 한 양상—일제 말 박태원의 친일문학」, 『탈식민주의를 넘어서』, 소명출판, 2006; 배개화, 「문장지 시절의 박태원」, 『우리말글』 44, 2008.

18 한수영, 위의 논문, 101쪽.

19 방민호, 「박태원의 1940년대 연작형 '사소설'의 의미」, 『인문논총』 제58집, 서울대인문학연구원, 2007, 303쪽.

20 하정일, 『탈식민의 미학』, 소명출판, 2008, 67쪽.

작품은 세밀하고 수행적인 독서가 필수적이다. 이 글에서는 「골목안」을 중심으로 탈식민의 구체적 양상을 살펴보고자 한다.

「골목안」은 볕과 바람에 말려도 이상한 냄새가 나는 빨래가 하늘을 가리는 골목 안, 막다른 집에 살고 있는 순이네 이야기이다.

> 어려운 사람들이 모여 사는 곳이란 으레들 그러하듯이, 그 골목안도 한 걸음 발을 들여놓기가 무섭게 홱 끼치는 냄새가 코에 아름답지 않았다. 썩은 널쪽으로나마 덮지 않은 시궁창에는 사철 똥오줌이 흐르고, 아홉 가구에 도무지 네 개밖에 없는 쓰레기통 속에서는 언제든지 구더기가 들끓었다.
>
> 제각기 집안에 뜰을 가지지 못한 이곳 주민들은 그들이 「넓은 마당터」라 부르는 이 골목 안에다 다투어 빨래들을 널었다. 이름은 넓은 마당터라도 고작 여남은 평에 지나지 않는 터전이다. 기둥에서 기둥으로, 처마 끝에서 처마 끝으로, 가로, 세로, 건너매어진 빨랫줄 위에, 빈틈없이 빽빽하게 널려진, 해어지고 미어지고 이미 빛조차 바랜 빨래들은 쉽사리도 하늘을 가리고 볕에 바람에 그것들이 말라갈 때, 그곳에서도 이상한 냄새는 끊이지 않고 풍겨지는 것이다.[21]

『천변풍경』에서처럼 특정 공간 안에 살고 있는 여러 사람들의 이야기를 전개하는 듯 보이나 실제 이야기는 순이네 가족의 일상적 삶의 모습을 집중적으로 그려내고 있다. 순이네에는 늙은 내외와 까페 여급인 큰딸 정이, 집안에는 아무짝에도 소용없는 큰아들 인섭, 둘째 아들 충섭 그리고 열일곱 된 둘째 딸 순이와 철도 안 난 막내 아들 효

---

21 박태원, 「골목 안」, 『박태원단편집』, 학예사, 1939, 7쪽. 이하 소설 본문 인용은 이 책이 출처이며 해당 쪽수만 표기한다. 다만 필자가 현대어법에 맞춰 띄어쓰기를 하였다.

섭이 있다. 집안에서 돈 벌어오는 이는 여급인 큰딸 정이뿐이다. 이외에도 골목 안에는 복술이 할머니네, 청대문집 행랑에 살고 있는 갑득이네, 집안 형편이 가장 나은 불단집 가족 등이 살고 있으나 이들은 순이네와 관련된 사건에서만 잠깐 등장한다.

순이 아버지는 복덕방의 집주릅 일을 하지만, 칠백 원짜리 전셋집에 살고 있으며, 또 근래에는 집 계약이 없어 어두컴컴한 방 속에서 신문이나 뒤적이며 시간을 보낸다. 이 많은 가족이 그나마 살 수 있는 것은 여급인 큰딸의 수입 덕분이다. 큰 아들, 둘째 아들은 실종 혹은 실직의 상태이고 카페 여급인 큰딸에게 전적으로 의지하는 모습에서 식민지하 조선인의 소외와 궁핍이라는 부정적 근대상을 읽어낼 수 있다.

그러나 박태원이 그려낸 골목 안 순이네의 이야기는 단순히 근대의 그림자에만 해당하지 않는다. 여기에는 식민지인의 우울한 삶이 투영되어 있으며 그 우울의 정조가 신체제담론의 '희망찬 미래상'에 응시의 반작용을 가하는 것이다. 일제가 1938년 국가총동원법을 공포한 이래 "경제와 문화 등 주민들의 모든 분야에 대한 통제"는 본격화되고, "내선일체로 대표되는 황국신민화의 기제인 국어상용운동, 창씨개명, 내선통혼, 국체 명징 등은 징병제로 수렴"되었다. 이에 조선 지식인들은 징병제를 통해 차별없는 내선일체가 구현되었다고 생각하였다.[22] 그러나 식민지-피식민지 간의 "차별없는" 체제는 허위에 불과한 것이었다. '차별없음'을 강조하는 담화 방식에는 이미 차별을 전제한 이데올로기가 놓여 있으며, 모든 조직과 제도 내에서 소외를

22 윤대석, 앞의 논문, 90쪽.

경험하였던 조선인들에게 동일화 담론은 허망한 것일 뿐이었다. 지배이데올로기의 허위성은 그것이 등장하는 순간 이미 스스로 균열될 수밖에 없다. 그 균열의 과정을 「골목안」은 담담한 묘사의 방식으로 보여주는 것이다.

소설은 막내 아들 효섭이 신체검사에서 떨어져 중학교 입학에 실패하였다는 사건이 제시되면서 시작한다. '건강한 신체'와 관련된 논의는 앞 장에서도 언급하였거니와, 이 작품에서는 결국 신체검사 때문에 진학하지 못하는 모습을 보여준다. 후생성이 생기면서 정부의 교육방침이 학력보다 신체에 치중하였고, 어릴 때 열병을 앓아 고개가 약간 외로 삐뚤어진 막내 아들은 중학교에 입학할 수가 없었던 것이다. 이는 '근대적 주체'를 생산하기 위한 '규율 권력'의 우생학적 논리에서 비롯된 것이며, "실제로 일본 식민지배 당국은 1930년대에 접어들면서 '학교신체규정'이나 '입학규정'에서 체격과 신체에 관한 비중을 대폭 강화하여 신체에 이상이 있는 학생은 상급학교로 진학이 불가능한 상황이 생겨났다."[23] 체격과 신체에 관한 규율권력은 근대적 인간 주체를 생산하기 위한 것만은 아니다. 여기에는 '라디오 체조'에서 지적했던 것처럼 건강한 신체를 지닌 황국의 신민을 길러내 전쟁 자원을 강화시키려는 식민주의의 맥락이 내포되어 있다. 그렇기에 일제가 기획한 신체제에 어울리는 인간상에서 '고개가 외로 삐뚤어진 사람'은 당연히 배제된다. 공부에서 "밤낮 우등 첫찌만 했"(11쪽)던 효섭의 입학 실패를 작품 속에 형상화하는 작업은 곧 타자성을 배제하는 전제적인 식민담론이 부당한 것임을 우회적으로 표현하며,

23 한수영, 앞의 책, 92~93쪽.

나아가 순이 아버지(영감)의 속엣말 "온, 고현 놈의……"(12쪽)의 중얼거림을 통해 더욱 분명히 드러낸다.

두 번째로 큰 사건은 순이의 사랑 이야기이다. 둘째 딸 순이는 부잣집 아들 문주와 사랑에 빠지지만 서로 집안이 기우는 것이 가장 큰 고민거리였다. 남자의 집안은 "수삼십만의 자산가"일 뿐만 아니라, "그의 아버지는 외과 전문의로서 전에 부회의원을 지낸 일이 있었으며 그의 큰형은 XX은행 전주 지점장으로, 이를테면, 모두 사회 유지이었다."(50쪽) 결국 이들의 사랑은 당사자의 문제로만 남은 것이 아니라, 남자 부모의 귀에 들어가 남자의 아버지는 둘을 갈라놓을 계책을 세우게 된다. 아무것도 모르던 순이 아버지는 남자의 아버지인 청진동 정의사 댁 사랑방에 드나들던 김덕수의 방문을 받고 딸의 행실이 단정하지 못하다는 소리를 듣게 되면서 엄청난 충격에 휩싸인다.

순이와 문주의 사랑은 둘 다 피식민지인이면서도 식민주체와 식민타자의 형상을 상기시킨다. 문주는 제국의 남성으로 모든 것을 소유한 자라면, 순이는 식민지의 여성으로 아무 것도 소유하지 못한 자라 할 수 있다. 마치 유럽의 동양 재현 행위가 '오인'이자, '지적 폭력'이기에 오리엔탈리즘이 허구이자 관념이듯이, 그들의 사랑 역시 실체를 지닌 것이라기보다는 '오인'의 과정으로 이뤄져 있다. 순이는 "희다 못하여 푸르른" 살결을 지닌 '귀공자'이자, 둘째 오빠와 너무나 다른 사람이었기에 문주를 사랑하게 된다. 자신의 종족과는 유다른 존재이기에 끌린 것이다. 문주 역시 순이의 가정형편에 연민을 가지면서 순이를 연모하게 된다. 실체로서의 순이가 아니라, 집주릅의 딸이자, 카페여급의 동생으로서의 순이를 사랑하는 것이다. '오인'으로 시작된 이들의 사랑은 허구이므로 언제든지 무너질 가능성이 있었다. 그리고 그 계기는 문주 집안의 모사꾼인 김덕수에 의해 발생한다. 김덕수는 문주에게 석달 만 지방에서 지내고도 그 색시를 잊을 수 없다면 부친이 결혼시켜 준다고 거짓말을 하고, 또 순이 아버지에게는 공부해야 할 나이의 학생이 행실이 단정치 못하고 남자에게 편지나 하고 다닌다고 모욕을 준다. 결국 그들의 사랑은 자신들의 의사가 전혀 반영되지 않은 채 조작의 대상이 되어 버린다.

표면적으로는 자유연애인 듯이 보이는 순이의 사랑이 결국 좌절될 수밖에 없었던 것은 스스로를 사랑하기보다는 열등감에 시달리던 순이의 내면이 작용한 결과이며,[24] 동시에 타자를 억압하려는 식민 논리를 내재화한 사람들의 폭력 때문인 것이다. 작가는 김덕수의 조작과정을 세밀하게 서술함으로써 동일화 담론의 균열 양상을 보여준다.

「골목안」의 세 번째 사건은 '심상고등소학교 후원회 발기회'에 영감이 참석하면서 진행된다. 고등소학교는 중학교 진학에 실패한 학생들이 일년 더 공부하면서 중학 진학을 준비하는 곳이다. 그렇기에 말이 고등소학교이지, "금년도 중등학교 불합격 아동 학부형 좌담회"(93쪽)라 할 수 있다. 식민체제에서 배제된 타자들이 모인 좌담은 자연스럽게 식민지의 그늘을 보여주며 동시에 지배담론의 동일화 의지를 균열시킨다.

예를 들어 "의무교육제도두 조선엔 아직 실시가 되지 않았지만, 적어두 중등학교까지는 지원자는 다 뽑아야만 허죠"(93~94쪽)의 발언에서는 내선일체의 논리에 따라 '동등한 황국의 신민'임에도 불구하고

---

24 파농에 의하면 억압받는 존재들이 자신의 소외와 분열에서 벗어나기 위해서는 스스로를 사랑함으로써 자신의 정체성과 영혼을 회복해야 한다.(고부응 편, 앞의 책, 55쪽 참조) 그러나 순이의 사랑이 열등감에서 출발하였다는 사실은 결국 억압의 논리를 내재화한 식민성을 보여준 것이라 할 수 있다.

약속한 의무교육조차 실시가 되지 않고 있으며, 90%의 지원자를 탈락시키는 교육정책의 부당성을 고발한다. 또한 "입학시험에 다 같이 합격이 못 되더래두, 실력이 없어 그런 게라면, 아동이나, 학부형이나, 어느 정도까지 단렴도 하겠지만, 이건 학력이 남만 못하지 않은데, 불행히, 신체가 좀 허약하다든지 그러한 이유로 떨어테려버리는 건, 너무나 억울허구 분허단 말씀이에요"(94쪽)라는 언급 역시 군사 동원력 차원에서 진행된 신체의 규율화에 대한 비판이다.

이상에서 살펴본 일련의 사건들은 모두 식민지 근대와 일제의 전쟁담론에 대한 비판이라고 할 수 있다. 특히 이 비판의 과정은 식민자를 닮아가려는 '모방'의 과정과 연결되어 있다. 중등학교에 진학하는 일이나 서로 유다른 존재간의 사랑에 성공하는 일은 모두 식민주체가 피식민지인을 예속화시키기 위해 유포한 근대화, 문명화 담론의 논리를 따른다. 그러나 이 모방의 과정은 피식지인의 타자성에 의해 분열될 수밖에 없으며 여기에 양가성과 혼종성이 나타난다. 문제는 양가성과 혼종성의 틈새에서 저항의 주체가 생산되어야 하나, 박태원의 「골목안」에서는 식민담론의 허위성을 보여주는 수준에 머문다. 그것은 순이 아버지의 거짓말에서 확인할 수 있는 바이다.

작품은 후원회 발기회에 참석한 순이 아버지가, 자녀에 대해 묻는 주변 사람들에게 거짓으로 꾸며대는 장면으로 마무리되고 있다. 순이 아버지는 얼마 전 들은 다른 사람의 일, 의사가 된 큰 아들과 광산기수가 된 둘째 아들이 아버지에게 집을 사주었다는 이야기를 마치 자신의 일인 것처럼 꾸며서 말한다.

모두 사람의 입에서 찬탄하는 소리가 새어 나왔다.

『큰아드님두, 큰아드님이지만, 작은 자제두 또 무던헙니다그려』

『아, 영감께서 자제는 모두 잘 두셨는데요』

『그 고생을 허시면서 공부시키신 보람이 과연 있습니다』

『광산과가 그 실없이 유리헌게거든』

어느 틈엔가, 그 곳에 다액납세자 권오순씨가 나타나 있었다. 그는 너무 늦기 전에 그만 회를 시작하여야 하겠다고 생각하였던 것이나— 아무도 그의 편을 돌아다보지 않았다. 몇 번이나 입을 열려 하면서도, 그는 못하였다. 그래 그도 사람 틈에 끼어 노인편만 바라보았다.

국방복이 따라준 차를 또 한 모금 마시고 난 노인은, 당당한 태도로,

『그 댐은, 내 큰 딸년인데……』

하고 언제 끝날지 모르는 이야기를 또 계속하는 것이었다…….(105쪽)

이미 여자에 미쳐 집을 나가 소식을 단절한 큰 아들과 건달 출신으로 권투를 배웠지만 여전히 집에 손만 벌리는 둘째 아들의 사정이 사실로 놓여 있고 의사와 광산 기수라는 거짓이 그 위에 놓이면서, 사실과 거짓 사이의 거리만큼 순이 아버지의 내면은 분열되는 것이다. 인용문에서처럼 순이 아버지가 점점 더 당당한 태도로 말할수록, 그의 분열은 심화된다. 순이 아버지의 거짓말은 식민자의 지배 담론에 동화되어 규율화되는 과정, 즉 모방의 과정에서 나타나는 자신의 타자성에 대한 '부인(disavowal)'이라고 할 수 있다. '부인'된 타자성은 그 이질성을 기반으로 저항의 계기를 마련할 수 있으나, 순이 아버지의 '부인'은 그 순간에 멈춤으로써 더 이상 적극적인 저항으로 전환되지 못한다.

다만 사실과 거짓 사이에서 발생하는 비극적인 아이러니는, 피식

민지인은 결코 식민지인이 될 수 없다는, 일제의 내선일체론이 지닌 기만과 허위를 드러내는 기능을 한다. 이러한 측면에서 한설야의 「숙명」이 보여준 비판과 저항의 계기가 박태원의 「골목안」에서는 상대적으로 축소되고 미약한 것으로 보인다.

이외에도 박태원의 자화상 삼부작(「음우」(1940), 「투도」(1941), 「채가」(1941))에서 반복적으로 등장하는 '글쓰기'나 창씨개명에 대한 태도 등에서 식민담론에 대한 문제제기를 읽어낼 수 있다. 그러나 박태원의 경우 이러한 저항의 몸짓이 '다짐'의 차원에만 머문 것으로 보인다. 1942년을 넘어가면서는 '글쓰기' 등을 통한 자기 정체성 찾기가 적극적으로 드러나지 않으며, 오히려 생활세계의 가중에 눌려 '글쓰기'가 수단화되는 경향을 보이기 때문이다.

4. 나가는 말

1930년대에 비해 창작 활동이 급격히 줄어들었다고는 하나, 1940년부터 1945년까지 발표된 소설이 대략 440여 편이며 여기에는 친일소설을 비롯하여 사소설, 농촌소재 소설, 실향의식을 다룬 소설, 애정서사가 중심인 대중소설, 역사소설 등 다양한 작품군이 놓여 있다. 즉 일제 말기는 문학이 부재하였던 것이 아니라, 제국의 전쟁기를 견딘 식민지 조선인들의 현실인식과 대응이 다양한 방식으로 형상화된 시기라 할 수 있다.

이에 본고에서는 일제 말기 내선일체, 신체제론, 대동아공영권 등과 같은 식민주의 담론이 조선인의 삶을 어떻게 규제하였는지, 또 지배담론에 대하여 피식민지 조선인은 어떻게 저항하였는지에 관해 한설야와 박태원의 작품을 대상으로 간략하게 고찰해 보았다. 주로 가족과 일상을 다룬 작품을 중심으로 구체적 삶의 현장에서 식민논리를 분열시키는 응시와 저항, 반작용의 여러 양상을 규명하였다.

한설야의 「숙명」에서 주인공은 분열적 주체로서 식민담론을 수용하기도 하고 이에 저항하기도 한다. 이로써 그는 일제가 내세운 동일화의 전쟁담론이 일상의 공간에서 스스로 모순을 드러내며 분열되는 과정을 보여준다. 박태원의 경우, 「골목안」을 통해 식민지의 일상적 삶에 침투하는 일제의 강력한 권력을 보여준다. 권력의 침투는 우울과 역설을 가져오지만, 이에 대한 인물들의 '응시'는 예속된 주체의 반성이며 저항이라 할 수 있다. 이렇게 일제 말기 소설에서는 저항과 협력의 경계에서 혼란스러웠고 정체를 찾기 위해 고민하였던 작가의 내면이 고스란히 스며있는 것이다.

그러나 이상에서 다룬 탈식민의 저항은 작은 부분에 지나지 않는다. 대동아공영권과 연계되어 동양과 조선의 재발견이라는 전도된 오리엔탈리즘의 문제나, 역사와 전통의 신체제적 호출이라는 점에서 순응과 저항의 양가성을 드러내는 역사소설, 또 대중소설, 농촌소설 등 여전히 일제 말기 문학에는 논의해야 할 문제가 여럿이다. 이러한 구체적인 작품 분석의 과정이 병행되어야 일제 말기 문학의 탈식민성은 실체를 드러낼 수 있을 것이다.

남정현 소설과 탈식민주의

담화 전략과 여성 표상을 중심으로

1. 들어가며

우리 현대문학사가 작가 '남정현'을 기억하는 방식은 대개 「분지(糞地)」(1965) 사건[1]과 관련되어 있다. 문학가의 '표현의 자유'와 국가기관의 정치적 억압, 그리고 민족주의와 반공이데올로기라는 낯익은 대결의 구도가 처음으로 우리 앞에 현시되었던 지점이 바로 「분지」 사건이다. 덕분에 작가의 작품 세계와 그에 대한 평가에는 언제나 '민족주의 문학', '반미문학', '풍자문학'의 수식어가 뒤따른다.

---

1 1965년 『현대문학』 3월호에 발표되었던 「분지」는 몇 달 후 그 전문이 북한 노동당기관지에 전재되었고, 남정현은 반공법 위반으로 구속되어 2년 가까이 재판을 받게 된다. 징역 7년형을 구형받았지만, 결과적으로 선고유예판결이 내려진다. 긴 재판 과정에서 작가는 "한국정부는 미국이 조종하는 대로 움직이는 허수아비고, 식민지에 다름 아니다"라는 뼈아픈 진실을 인정하게 된다.(『오마이뉴스』, 2003.1.14, 작가 남정현 인터뷰)

남정현 소설에 대한 연구는 1987년 해금된 직후부터 본격적으로 시작되었는데, 그 흐름을 정리해보면 크게 세 가지 정도로 나뉜다. 첫째는 작품이 드러내는 내용적 측면 즉 반외세의 지향성, 민족 정체성 추구, 세태 비판 등에 초점을 둔 연구 경향이다.[2] 이는 민족문학적 입장에서의 접근이라 할 수 있으며, 남정현 문학의 주제의식을 적절히 규명해 낼 수 있는 방법이다. 둘째로 풍자에 초점을 맞춘 연구들이다.[3] 작가의 예리한 현실비판은 작품 속에서 주로 풍자의 양상으로 드러난다. 즉 현실의 부정성을 비판하기 위해 작가는 풍자, 알레고리, 아이러니, 그로테스크적 형상화 방식을 자주 사용하는데, 여기에 초점을 둔 연구가 상당한 분량을 차지한다. 풍자 및 알레고리에 대한 분석은 궁극적으로 첫 번째 연구 경향과 맥이 닿아 있다. 풍자를 통해 나타내고자 하였던 바가 바로 '민족적 정체성의 확립'이기 때문이다. 세 번째 연구 경향은 최근 들어 나타난 것으로 탈식민주의적 접근 방법이다.[4] 탈식민주의 비평 방식이 도입되면서 민족문학적 경향을 보여

---

2 김병걸, 「상황악에 대한 끈질긴 도전」; 임헌영, 「승리자의 울음과 패배자의 웃음」(이상 『분지』, 한겨레, 1987); 최원식, 「민족문학과 반미문학」(『창작과비평』, 1997 겨울호); 이성욱, 「반미문학의 전개과정과 과제」(『실천문학』, 1989 봄호).

3 이봉범, 「남정현 문학의 알레고리와 풍자」(『반교어문연구』 제8집, 1997); 강진호, 「외세의 질곡과 민족의 주체성」; 장영우, 「통곡의 현실, 고소의 미학」; 류양선, 「풍자소설의 민족문학적 성과」; 김상주, 「남정현 소설의 기법 고찰」; 김양선, 「허허(虛虛)한 세상을 향한 날 선 풍자」; 황도경, 「역설의 미학, 풍자의 언어」(이상 『남정현문학전집』 3, 국학자료원, 2002); 오양진, 「캐리커처의 인류학—남정현 소설의 풍자와 아이러니에 대하여」(『한국 근대문학 연구』 제7권 제1호, 2006). 이외에 풍자를 정신분석학으로 접근한 논문으로 김형중, 「남정현 소설의 정신분석학적 연구 시론—풍자와 정신병리」(『한국문학 이론과 비평』 제26집, 2005) 등이 있다.

4 김효석, 「민족주의 담론에 가려진 과거 복원의 욕망—남정현론」(『탈식민의 텍스트, 저항과 해방의 담론』, 문학과비평연구회, 이회, 2003); 김윤정, 「남정현 소설의 탈식민주의적 담론 연구」(이화여대 석사논문, 2005); 장 현, 「1960년대 한국소설의 탈식민적 양상 연구—이호철, 최인훈, 남정현의 소설을 중심으로」(가톨릭대 박사논문, 2005).

주었던 작가들이 주목받게 되는데, 그 중 하나가 남정현인 것이다. 작가는 일제 식민의 잔재, 미국에 의한 신식민의 상황, 민족적 정체성, 분단 문제 등에 천착했기에, 그의 소설은 "노골적이면서도 날카롭게 우리 민족의 비극을 조장한 외세를 공격함으로써 끊임없이 탈식민의 문제의식"을 보여주고 있으며, "풍자와 해학, 그리고 알레고리는 민중문학의 전통을 이음과 동시에 새로운 형태의 제국주의와 정치적 억압에 대한 저항의 소산인 탈식민의 모습"을 드러낸다는 것이다.[5]

탈식민주의는 식민지 시대뿐만 아니라 독립한 후에도 여전히 남아 영향력을 행사하는 식민지의 잔재를 탐색하여 그것의 정체를 밝혀내고 이에 대항하려는 담론체계라 할 수 있다. 이는 지식 내지 담론과 권력의 연관성, 이분법적 대립 구도의 해체라는 후기구조주의적 입장과 상당 부분을 공유한다. 그러므로 탈식민주의 비평에서도 식민 권력과 피식민의 이항대립을 극복하는 탈중심을 시도하거나 담론체계와 관련된 내부 식민화의 문제를 제기한다. 탈식민주의가 궁극적으로 민족운동이듯, 탈식민주의 문학 역시 곧 민족문학이 될 수 있다. 다만 민족문학이 제국의 논리적 함정에 빠지지 않기 위해 '문학의 복합적 문제'들을 다뤄야 하며, 동시에 알레고리나 아이러니나 마술적 리얼리즘이나 단절된 내러티브의 전략 등도 포용할 필요가 있다.[6] 그러므로 기묘한 세태묘사와 풍자, 우화적 풍경과 과장을 통해 외세를 비판하고 민족 정체성을 추구한 남정현의 소설은 탈식민적 관점에서

---

5 장 현, 위의 논문, 141쪽.

6 김성곤, 「탈식민주의 Post-Colonialism 시대의 문학」, 『외국문학』 31, 1992 여름호, 14~17쪽 참조. 문학의 복합적 문제라 함은 망명의식, 소유권 및 상속권 박탈의 문제, 파생과 제휴의 문제, 정체성의 위기, 중심문학과 주변문학, 소속과 자리뺏김의 문제, 지배문화의 불가시적인 억압과 임의적인 정체성 부여 문제 등이다.

분명히 의의를 지닌다.

그러나 남정현 소설에서 직접적으로 발견되는 탈식민주의 문학의 가능성을 있는 그대로 긍정할 수 있는가는 다소 의문스럽다. 그의 요설스런 담화 구성 방식이 때론 지나치게 일방적이어서 타자를 배제시키는 것으로 보이기도 하고 또 여성인물에 대한 인식 역시 여전히 가부장적 이데올로기의 범주를 벗어나지 못하고 있는 것으로 보이기 때문이다. 이에 여기서는 탈식민주의 비평의 관점에서 남정현 소설에 나타난 담화 구성 방식과 여성인물에 대한 형상화 방식에 대하여 좀더 면밀히 고찰하고자 한다.

남정현은 '민족적 정체성 추구'라는 주제의식을 드러내기 위해 특이한 형상화 방법을 택한다. 그것은 직접 말하기가 아닌 '둘러말하기'다. 여러 연구자에 의해 '풍자'라 총칭되지만, 그 안에는 풍자는 물론, 아이러니한 상황, 과장법, 그로테스크한 묘사, 대상에 대한 조롱, 천연덕스러운 가장(假裝) 등이 포함된다. 작가는 "풍자란 형식의 저항정신이 외세를 물리칠 수 있는 그런 어떤 힘의 근간"이며 "한 시대의 진실을 가리고 있는 장막, 그러니까 그 장막 뒤에 숨어있는 진실에 접근하기 위한 수단으로서 가장 효과적인 방법"[7]이기에 이를 선택하였다고 말한다. 결국 '둘러말하기'의 담화방식이 어떻게 구조화되어 있는지를 분석하는 일은 작가의 현실인식과 문학적 형상화를 규명하기 위해 필수적으로 수행되어야 할 작업이다.

특히 본고는 그간 연구에서 간과되어 왔던 소통의 문제를 중심으로 텍스트의 담화 분석을 시도하고자 한다. 이는 '둘러말하기'가 궁극

---

7 남정현 · 강진호, 「대담－험로를 가로지른 문학의 도정」, 『남정현문학전집』 3, 국학자료원, 2002, 29～30쪽.

적으로 독자와의 효과적인 소통을 위한 장치이기 때문이다. 문학적 소통의 구조[8]가 직접 작품의 문면에 명시되는 양식은 서간체소설이다. 서간체 소설은 1인칭 서술자가 극화된 화자로 작품 안에 등장하여 명시된 청자를 향해 자신의 내면을 드러내므로 소통 양상이 비교적 분명하다. 남정현 소설 중 서간체 소설은 「부주전상서(父主前上書)」(1964)와 「분지」다. 이 작품을 대상으로 소통의 담화방식을 분석하되 특히 여성 이미지를 중심으로 그 관련성을 규명할 것이다. 담화 전략과 대표적인 타자로서의 여성 문제는 탈식민주의 비평에서 핵심적 요소이며 이에 대한 분석은 궁극적으로 남정현 문학의 탈식민주의적 접근의 가능성과 한계를 보여줄 것이다.

2. 담화의 소통구조와 단성성

1) '신빙성 없는 화자'와 내포작가

「부주전상서」는 용달이라는 화자가 아버지에게 보내는 편지고, 「분지」는 홍만수가 죽은 어머니에게 보내는 편지로 구성되어 있다. 각 화자는 아버지와 어머니에게 현재 자신이 처한 기묘한 상황과 이

8 문학적 소통의 구조는 채트먼의 실제작가→내포작가→화자(서술자) → 청자(피화자) →내포독자→실제독자를 뜻한다. 시모어 채트먼, 김경수 역, 『영화와 소설의 서사구소』, 민음사, 1990, 183쪽 참소.

에 이르게 된 그간의 사정을 설명한다.

「부주전상서」에서 용달은 아내를 죽이고 판사로부터 '영구보존'의 판결을 받아 '짐승'이 되어 입에 재갈이 물린 채로 창경원에 감금된다. 창경원 우리에 갇힌 상태에서 용달은 자신이 왜 아내 청자를 죽이게 되었는지 그 경과를 아버지에게 보고한다. "내 조국 대한민국에서는" 믿을 수 없는 일도 믿어야 하는 것이 상식이라며, 용달은 아내 청자가 바람을 피운 것은 용서할 수 있으나, 가족계획을 한다며 피임을 하는 것은 "당신의 귀중한 손(孫)들을 살해"하는 일이기에 아내를 죽이게 되었다는 것이다. 이에 판사는 "사람의 모양을 한" "괴상한 짐승은 학문의 재료로서뿐만 아니라 외화(外貨)를 벌어들이는 데 있어서도 영구보존할 가치"가 있다며 창경원으로 보낸다.

「분지」에서 "홍길동의 제 10대손이며 동시에 단군의 후손인 나 만수"는 현재 향미산에서 죽음을 기다리면서 자신이 살아온 지난날을 회고한다. 홍만수의 어머니는 해방 직후 미군한테 겁탈을 당하고 정신을 놓은 채 죽은 인물이다. 어머니의 광기어린 모습을 잊기 위해 살아온 그는 여동생 분이마저 미군 스피드 상사의 현지처로 갖은 폭행과 굴욕을 당하자 스피드 상사의 미국인 본처를 성추행하고 그로 인하여 펜타곤의 폭격을 맞을 처지에 놓인 것이다. 그러나 그는 결코 자신이 용이하게 죽지 않을 것을 선언한다.

각 소설의 '나'는 극화되고 인격화된 1인칭 화자이며, 각각 청자인 아버지와 어머니에게 특정 상황에 관하여 발화하고 있다. 1인칭 화자가 부모에게 내면을 드러내므로 독자는 그 내용이 반성적이고 진실할 것이라고 생각한다. 서간체 소설은 대개 고백적 발화상황이고 더욱이 화자와 청자가 부모-자식의 관계이므로 독자는 '나'를 신뢰할 만한 화자로 예상한다. 그러나 이 소설에 등장하는 화자 '나'는 여러 가지 측면에서 신빙성을 의심받는다.

'신빙성 없는 화자'는 내포작가와 일정한 거리를 유지할 때 설정된다. 이는 일반적으로 1인칭 극화된 인물이 등장하는 소설에서 자주 발견되는데 이때의 화자는 인식력에 한계를 지닌다. 그로 인하여 작품의 규범을 관장하는 내포작가와 분리되는 것이다.[9] 부스는 소설에서 화자의 "도덕적 · 지적 특성"이 중요하며, "화자가 신용할 수 없는 사람이라는 사실이 드러나면 그가 전달하려는 작품의 전체 효과는 완전히 변"하게 된다고 지적한다.[10] 신빙성 없는 화자는 도덕적 · 지적으로 한계를 지니므로 내포작가의 규범으로부터 상당히 떨어져 있고 거리가 명확하기 때문에 독자와의 공감도 얻지 못한다. 그렇기에 독자는 신빙성 없는 화자의 발화 내용을 의심하고 내포작가가 은닉해 놓은 의미를 새로이 찾아 나선다.

우선 화자가 놓인 상태를 보면, 「부주전상서」의 경우, '나'는 짐승으로 판정받고 동물원에 곰, 표범과 이웃하여 앉아 있다. 「분지」의 '나' 역시 미군 아내를 강간했다 하여 향미산에서 꼼짝하지 못한 채 미군의 미사일 공격을 기다리는 중이다. 더욱이 「부주전상서」의 '나'는 아내의 질 근육을 잡아꺼내는 바람에 아내를 죽였고, 「분지」의 '나'는 여동생의 성기가 작다고 폭행한 미군 상사의 아내를 성폭행한다. 짐승이 되어 동물원에 앉아 있다는 사실을 천연덕스럽게 보고하는 화자(「부주전상서」)나, 미세스 스피드의 '밑구멍의 구조'가 절박하게 궁금하였다는 '나'(「분지」)의 태도를 접할 때 독자는 그 신뢰성에 의문을 갖는

---

9 나병철, 『소설의 이해』, 문예출판사, 1993, 458쪽.

10 웨인 C. 부스, 최상규 역, 『소설의 수사학』, 예림기획, 1999, 217쪽.

다. 즉 비상식적이고 비이성적 행위와 사건을 대하면서 독자는 각 소설의 화자와 내포작가의 거리를 인식하게 되고 씌어지지 않은 내포작가의 규범을 찾게 된다. 소설에서 표면의 서술과 심층의 의미가 완전히 분리되어 아이러니가 발생하고 작가의 의도가 분명하지 않을 때, 독자는 작품의 전체적 상황과 당대의 문제점, 작가의 성향 등을 고려하면서 숨겨진 의미를 찾는다.

그러나 남정현의 소설에서 그것은 쉽게 발견된다. 즉 소설의 사건 설정이나 행위의 측면에서 화자는 비이성적이고 윤리 의식이 없는 것처럼 보이지만, 자신의 생각이나 주장을 드러내는 관념의 체계, 세계 인식의 체계에서 보면 대단히 논리적이며 비판적이고 합리적이다. 이 지점에서는 화자는 내포작가의 규범과 일치하고 그것을 대변한다. 결국 작품 전체에서 '나'는 논리적 사고 체계와 비논리적 행위 양상이 뒤섞인 인물로 설정되어 있으며, 그로 인하여 내포작가와의 거리도 멀어졌다 좁혀졌다를 반복한다.

① 하지만 거센 풍랑과 싸우기를 연 이틀. 급기야 배가 뒤집히고 그리하여 풍랑 속으로 몸이 잠기면서 그들은 겨우 깨달았을 겁니다. 만각(晩覺). 믿고 살던 정부란 그게 실은 하나의 신기루(蜃氣樓)였다는 사실을 깨닫고 그들은 늦게나마 통곡했을 것이란 이야기인 것입니다.

그런데 어찌하여 통곡한 사람들이 비단 공공호의 선원들뿐이었겠습니까. 방치되어 있기는 우리도 그들이나 마찬가지인 것입니다. 폐허(廢墟) 위에 뒹구는 한 알의 돌멩이처럼, 썩은 나무토막처럼 우리도 그냥 그렇게 방치되어 있는 상태가 아니겠습니까. 그렇습니다 아버지. 우리는 정말 하나의 허상(虛像)을 상대로 하여 꼬박꼬박 세금을 바쳐왔는지도 모르겠습니다. 넌센스.[11]

(「부주전상서」, 275쪽)

② 아버지, 사람이 많으면 양식도 많이 생산하면 될 노릇이 아니겠습니까. 말하자면 인구증가율(人口增加率)에 경제성장율(經濟成長率)을 앞세우면 될 것이 아니냔 말씀입니다. 지하자원만 자원(資源)이고 인구자원은 자원이 아닌가요. 흘러넘친다는 이 풍부한 인적 자원을 경제개발에 효율적으로 이용하기만 하면 젠장 못 할일이 무엇이겠습니까 (…중략…) 당신이 더 잘 아시겠지만 지금 당신 계신 농촌만 돌아보아도 좀 할일이 많습니까. 농촌의 논두렁마다 잠재해 있는 봉건유제(封建遺制)의 타파와 함께 지목변경(地目變更), 토질개량, 수리시설, 사방공사, 조림사업, 종자개량, 현대적인 경종법 알선 등등. (「부주전상서」, 287~288쪽)

③ "이 견딜 수 없이 썩어 빠진 국회여 정부여, 나같은 것을 다 빽으로 알고 붙잡고 늘어지려는 주변의 이 허기진 눈깔들을 보아라. 호소와 원망과 저주의 불길로 활활 타는 저 환장한 눈깔들을 보아라. 너희들은 도대체 뭣을 믿고 밤낮없이 주지육림(酒池肉林) 속에서 헤게모니 쟁탈전에만 부심하고 있는가. 나오라, 요정에서 호텔에서 관사에서, 그리고 민중들의 선두에 서서 몸소 아스팔트에 배때기를 깔고 전세계를 향하여 일대 찬란한 데몬스트레이션을 전개할 용의는 없는가. 진정으로 한민족(韓民族)을 살리기 위해서 원조를 해줄 놈들은 끽 소리없이 원조를 해주고 그렇지 않은 놈들은 당장 지옥에다 대가리를 처박으라고 전세계를 향하여 피를 토하며 고꾸라질 용의는 없는가. 말하라 말하라." (「분지」, 332쪽)

---

11 인용된 작품의 출처는 『분지 — 남정현 대표 작품선』(한겨레, 1987)이며 이하 작품명과 쪽수만 밝힌다.

「분지」보다 「부주전상서」의 경우 훨씬 빈번히 1인칭 화자는 내포작가의 규범과 일치하는 양상을 보여준다. ①의 예문은 피랍되었다가 돌아온 어선을 정부가 받아주지 않아 결국 침몰하게 한 사건에 대한 화자의 비판이고, ②는 가족계획이라는 정부 정책에 대한 비판이다. ③은 「분지」의 예문으로 「부주전상서」에 비해 그 빈도는 낮으나, 국회와 정부 그리고 외세를 비판하는 화자의 주장이 인용부호를 사용하면서 직접적으로 선포된다.

화자와 내포작가와의 거리가 멀수록 아이러니의 효과는 배가된다. 그러나 위의 예문과 같이 화자가 내포작가의 의식을 그대로 전달하는 지점에서는 아이러니가 소멸되고 서술 대상에 대한 공격적인 비판의식만 생경하게 드러난다. 두 소설이 대상에 대한 풍자를 위해 작품 전체를 우화적으로 설정했다 하여도 부분적으로 나오는 화자-내포작가-작가의 의식상 중첩은 독자를 혼란스럽게 만든다. 문학작품을 통한 미적 체험의 순간이 현실 체험으로 직접 치환되는 것이다.

내포작가와 화자 진술간의 불일치는 흔히 "개인이나 사회에 대한 풍자, 폭로, 논평을 위한 것일 수도 있고, 익숙해진 역사적 사건이나 당대의 현실성에 대한 새롭고 독특한 관점을 제시하는 것"일 수도 있다. 따라서 독자가 '내포작가의 진실'을 읽어내어 "그와 공모하고 있는 듯한 반어적 흥미를 느끼려면 어떤 가치가 보류되어 있는지 또 은밀하지만 실제로 작용하는지" 찾아내야 한다. 이것이 "독자가 구성해야 하는 씌어지지 않은 텍스트의 실질적 차원"이며[12] 독서의 즐거움인 것이다. 그러나 남정현 소설에서처럼 내포작가의 규범, 윤리의식,

12 이수정, 「'믿을 수 없는' 일인칭 서술」, 한국소설학회 편, 『현대소설 시점의 시학』, 새문사, 1996, 175쪽.

가치관이 노골적으로 드러날 때 독자는 상상을 멈춘다. 상대를 존중하는 척하면서 비난하고, 말도 안 되는 이야기를 당연한 것으로 취급하며 천연덕스럽게 이야기를 이끌어가던 화자의 다성적인 울려퍼짐이 한순간에 단성적이고 계몽적인 목소리로 변모하는 것이다.

2) 청자의 반응과 화법

화자의 신빙성 문제와 더불어 이 서간체 소설에 나타난 담화의 특성은 '청자의 반응'에서도 찾을 수 있다. 서간체 소설은 극화된 1인칭 화자에 의해 발화 전체가 장악되기 때문에 특별한 서사적 계기, 즉 답신과 같은 것이 설정되어 있지 않으면 청자의 반응을 알 수가 없다. 그러나 이 소설의 경우, 표면적으로는 일방적인 발화 상황이 아니라 대화적 양상을 보여준다. 「분지」에서는 이미 죽은 어머니의 반응이 '나'의 발화 안에 간접적으로 드러나 있고, 「부주전상서」에서는 아버지의 반응이 직접화법과 간접화법으로 제시되고 있다.

> ④ "듣자 하니 너 이놈, 참말 너무하는구나, 너무해."
> 제가 확실히 너무하는 것일까요? 그렇다고 고함을 치실 필요는 없습니다. 한 인간이 악을 쓰거나 고함을 친다고 해서 어떻게 되는 세상이 아니니깐요.
> (「부주전상서」, 270쪽)

> ⑤…… 뭐라구요 아버지? 그 점이 저의 결정적인 잘못이라구요? 원 천만의 말씀이십니다. 그럼 당신 같으면 어떻게 하셨겠습니까. 겨우 두 살짜리 자식인 준이와 기저귀를 가지고 다투는 소위 어미라는 철부지 여인 앞에서 당신

이면 도대체 어떠한 방법으로 처신을 하셨겠느냔 말씀입니다. 왜 우물쭈물 하십니까 아버지, 얼른 대답을 좀 해 보세요. 뭐 자신이 없으시다구요. 그러시겠지요 (…중략…) 그러기에 아무리 자식 앞이라곤 하지만 그렇게 자신 없는 말씀은 삼가셔야 하는 겁니다. 너 이놈, 애비보고 지금 훈계냐구요. 훈계가 아닙니다. 저는 다만 사실을 밝혔을 뿐입니다. (「부주전상서」, 281쪽)

④의 예문은 '나'의 말에 대한 아버지의 대응이 직접화법으로 표현되고 있으며, ⑤의 경우에는 "그 점이 저의 결정적인 잘못이라구요?"라는 표현에서 보이듯 아버지의 말을 다시 화자가 자신의 말로 전환하여 간접적으로 그 내용을 전달하고 있다. 또한 화자는 청자에게 질문도 던진다. "당신이면 어떠한 방법으로 처신하셨겠"냐고 묻고 대답하지 않는다고 추궁하기도 한다.

「분지」의 경우 과거 어머니가 죽게 된 경위를 서술할 때 어머니의 발화가 직접화법으로 제시되지만, 현재 이 편지를 보내는 상황에서의 어머니의 반응은 직접적으로 드러나지 않는다. 모두 '나'의 발화 안에서 어머니의 반응이 간접화되어 제시된다.

⑥ 자, 보십시요, 왜 당신의 눈에는 잘 보이질 않습니까. 뭐라구요. 눈이 썩어서 아주 엉망이 되셨다구요. 하, 참 당신은 왜 그렇게 저승에 가셔서까지 융통성이 없으신가요. 이용하십시오. 썩어 없어지는 육체의 눈이 아니라 영원히 남아서 초롱초롱 빛나는 당신의 그 아리따운 영혼의 눈동자를 말입니다. (「분지」, 315~316쪽)

위 예문의 "뭐라구요. 눈이 썩어서 아주 엉망이 되셨다구요"라는 표현에서처럼 마치 상대방이 말하고 있는 듯이 되묻고 그 말을 다시 받아 '나'의 언술로 변화시켜 처리한다. 이에 대해 다음과 같은 평가가 가능하다. 즉 「분지」에서 어머니는 "단순히 고백의 대상으로 설정된 추상체가 아니라 몸을 떨고, 말을 하고, 눈과 귀를 사용하고, 호통을 치는 구체적이고 실제적인 존재"로 등장하며, 이는 곧 "삶과 죽음, 육체와 영혼의 경계를 허물고 진정한 생명의 힘을 확인하고자 하는 의도"[13]에서 나온 것이라는 평가다. 독백성이 강한 서간체 소설을 대화성이 강한 형태로 전환시킴으로써 남정현 특유의 서간체 소설 담화 방식을 생산하고 있는 것이다. 작품들은 독백이 지닌 단성성을 극복하고 청자의 반응을 표기함으로써 다양한 세계관의 충돌의 현장을 생생히 되살려낸다. 그런 점에서 다성적 양상을 보여준다고 할 수 있다.

그러나 담화 구성 방식을 좀더 면밀히 분석하면, 청자의 반응과 응답이 '나'의 담화에서 결코 벗어나지 않고 있다는 사실을 발견할 수 있다. 위의 예문에서 보이듯 어머니의 말은 전적으로 '나'의 말에 녹아 있다.

⑦ 뭐 제가 지금 죽을 것 같아서 그러신다구요. 참 걱정도 팔자시군요. (「분지」, 314쪽)

⑧ 이삼 억 불이면 뭐 집 한 채값이나 되느냐구요. 당신도 참 왜 그렇게 한심스러운 말씀을 하십니까. (「분지」, 315쪽)

⑨ 너 이놈, 뭣을 믿고 그렇게 뻥뻥거리느냐구요. 당신도 참 점잖지 못하게 뻥뻥이 다 무엇인가요. 뻥뻥이란 차륜의 경적을 본딴 아이들의 낱말인 것입니다. (「분지」, 318쪽)

---

13 황도경, 앞의 논문, 255쪽.

위와 같이 어머니의 직접발화는 없고 모두 '나'의 말 안에 어머니의 말이 간접적으로 드러날 뿐이다. 전체 담화는 여전히 '나'의 발화체계에 지배된다. 더욱 문제는 청자의 반응을 서술한 뒤 그에 대한 화자의 평가와 태도에 있다. 즉 청자의 생각, 태도, 말에 대해 1인칭 화자는 즉각적으로 비판하고 반박하는 태도를 보인다. 타인의 반응을 기록함으로써 그들의 생각을 보여주기 위한 것이라기보다 오히려 상대의 주장을 반박하기 위해 그 반응을 기록한 것으로 보인다. "~다(냐)구요"의 청자의 반응을 확인하는 서술어미 뒤에 이어지는 표현은 대부분 반박이거나, 비난, 조롱인 것이다. 이는 청자의 말이 틀렸음을 지적하고 자신의 주장을 좀더 강조하며 부각시키기 위한 발화 장치이다.

「부주전상서」의 경우 아버지의 직접발화를 인용부호로 처리하고 있기 때문에 그에 이어지는 화자의 대응은 반박이나 비난이라기보다 설득을 위한 오류 지적의 경향이 강하다.

⑩ 그렇습니다 아버지. 우리는 정말 하나의 허상(虛像)을 상대로 하여 꼬박꼬박 세금을 바쳐왔는지도 모르겠습니다. 넌센스. 아버지, 지금이 어느 때라구요. 좀 정신을 차리셔야 하겠습니다.

"휴우."

아, 아버지, 심호흡을 하시는군요. 이제 좀 정신이 드시나요. (「부주전상서」, 275쪽)

⑪ "너 정말이냐?"

그러믄요 아버지. 아까도 말씀드렸지만 저의 말에 의심을 품으셔선 안 됩니다. 그러시면 자꾸 이야기가 길어지거든요. (「부주전상서」, 276쪽)

⑫ "여자가 대학을 나왔는데두 별것이 아니라구."

그렇습니다 아버지. 당신은 청자를 굉장한 여인으로 보신 모양이지만, 제가 보기엔 참 유치한 종자더군요. (「부주전상서」, 277쪽)

아버지의 말에 이어지는 반응이 「분지」에 비해 공격적이지 않으며 일단 "그렇습니다"로 긍정을 하고 다시 자신의 주장을 펼친다. 이와 같이 상대의 말에 대응하는 형식이 아버지와 어머니의 경우가 다르다. 어머니의 경우, 청자의 말이 틀렸음을 분명하게 지적하거나, '한심스러운 말'이라고 비난하기도 한다. 그에 비해 아버지의 경우, 해명하고 설득하려는 경향이 더 강하다.[14] 약간의 차이를 보이고는 있으나, 궁극적으로 1인칭 화자의 담화 방식은 상대의 의견을 듣기보다는 상대의 말에 반박하고 상대의 주장이 틀렸음을 입증하거나, 정당한 '나'의 주장에 동조하도록 만들려는 화법을 구성하고 있다.

결국 청자의 반응 및 대응의 표현을 통해 획득될 수 있었던 소설의 대화성, 다성성이 오히려 단성화되는 것이다. 즉 상대의 말을 기록하기는 하지만, 이는 화자의 담화 지배력을 강화하기 위한 장치이며 자신의 주장을 관철하기 위한 서술 전략인 것이다.

그러므로 이 소설들의 화자는 '청자 → 내포독자 → 독자'로 연결되는 존재의 반응을 일정한 방향으로 유도하려는 계몽적 성격을 지닌다고 할 수 있다. 일반적으로 예상할 수 있는 독자의 반응을 청자의 말로 대변시키고 곧 이를 다시 반박하여 지적, 인식적 차원에서 우위를 점한 '작가 → 내포독자 → 화자'의 연속체가 자신의 주장을 펼치는

14 어머니에 대한 강력한 비난을 통해 작가의 여성의식을 부분적으로 엿볼 수 있으나, 좀 더 자세한 사항은 3장에서 상론할 것이다.

담화방식이다. 즉 열린 소통을 위한 것이라기보다 화자의 담화에 전적으로 수긍할 것을 강요하는 폐쇄적인 방식이다. 이렇게 내포독자의 반응을 제한한다는 점에서 보면 이 소설들은 오히려 단성적이라 할 수 있다.

이상 담화방식에서 알 수 있는 것은, 「부주전상서」와 「분지」는 아이러닉한 우화체 소설이면서도 내포작가의 직접 발화가 등장하기도 하고, 청자의 반응을 설정하여 표면상 대화적으로 보이지만 궁극적으로는 단성적인 특성을 보인다는 것이다. 대화적 구성이나 풍자가 가져올 수 있는 풍부한 의미망들이 오히려 협소해지고 지나치게 일방적인 양상을 드러낸다. 풍자의 효력 약화와 대화성의 상실은 결국 탈식민주의적 비평의 관점에서 보면 부정적으로 평가될 수밖에 없다. 절대 권력을 지닌 단 하나의 중심(예를 들어 '서구중심주의')을 해체시키고, '지배와 피지배'와 같은 엄격한 이분법적 사고틀로부터 벗어나고자 했던 탈식민의 담론 구조를 보여준다기보다는 오히려 새로운 중심(민족주의)의 구축과 그것의 강화라는 양상을 읽어낼 수 있기 때문이다. 타자의 목소리를 허용하지 않는 단성성과 작가의 권위적이고 계몽적 목소리는 또 다른 중심으로 자리한다. 제국주의 비판이 제국의 억압적 담론방식을 재생산할 수도 있다는 위험이 남정현 서간체 소설의 담화방식에서도 엿보이는 것이다. 더 나아가 작가의 강렬한 민족주의적 사고는 때에 따라 타자에 대한 재식민화의 양상을 보일 수가 있는데 그 대상이 바로 여성인 것이다.

3. 여성 이미지와 식민성

1) 하등동물로서의 여성과 생물학적 결정론

「부주전상서」에서 작가는 현실의 비현실성, 믿기지 않는 일이 일어나는 '조국'의 현실을 조목조목 고발한다. 조폐공사에서 위조지폐가 흘러나오고, 부정부패를 일소해야 할 사람들이 나라의 토지를 팔아먹고, 납북되었던 어선이 돌아와도 정부가 받아주지 않으며, 국민이 세운 정부를 총으로 뒤엎기도 하는 등 현실의 많은 문제점이 제시되고 있다. 그러나 무엇보다 이 소설의 핵심 사건은 '나'가 아내 '청자'를 죽였다는 사실이다. 그렇기에 여기에 등장하는 여성 이미지는 많은 것을 함축한다.[15]

결혼 전 '나'에게 여성은 "제가 바라는 모든 것의 화신(化神)"이었고, "저의 슬픔과 허전함과 그리고 부족함을 능히 채워 주고 보살펴 줄 수 있는 그러한 경지의 구원의 신"으로 여겨졌다. 그러나 결혼 후 그러한 기대는 부서진다. 그 이유는 우선 아내가 기저귀를 차고 있기 때문이다. 그것은 '해괴한' 일이며, '유치한 습성'이기에 아내는 '철부지 병신'이라는 것이다. 아들과 같이 기저귀를 차는 존재이므로 "청자와는 영원히 통화(通話)가 되지 않는다고 판단"한다. '나'는 변소에 가듯 생리작용으로 청자와 잠자리를 할 뿐, 청자의 말은 "무조건 홍홍하고 마이

---

15 남정현 소설에 나타난 '여성'의 이미지와 그 의미를 규명한 논문으로 장영우, 김효석, 김종욱(「민족담론과 여성의 이미지―남정현론」, 『한국 현대문학연구』 13, 2003), 이미정(「전후문학에 나타난 남성성의 내면화 과정 연구―남정현 소설의 '반미감정'을 중심으로」, 『겨레어문학』 제37집, 2006) 등의 연구가 있다.

동풍으로 흘려"보낸다. 아내가 "딴놈하고 얼려 다니"고 외박을 하여도 관용하였으나, 다만 그녀가 피임을 한다는 사실만큼은 그냥 넘어갈 수 없었다.

정부가 시행하는 '가족계획'에 따른 피임을 보면서 '나'는 그것이 "당신의 귀중한 손들을 살해"하는 일이요, 다남(多男)하여 여기저기 뿌리를 많이 박아 놓으라던 아버지의 말씀을 거부하는 일이며, '나' 자신도 "이 세상에 출현"한 이상 "후세를 위해 인적 자원이나 풍부하게 생산해 놓을 생각"이었는데 이를 아내가 방해한 것이다. 더욱이 아내가 의사 친구에게 유산할 사람들을 소개했다는 사실과 '루프 피임법'을 사용했다는 사실을 듣고는 분노하여 아내의 자궁 안 루프를 꺼내려다, 대신 질내의 근육을 꺼내는 바람에 아내를 죽인다.

이 그로테스크한 정경을 통해 작가가 전달하고자 했던 바는 외세를 등에 업은 무능한 정부에 대한 비판이다. 그것은 아내의 "하반신을 흘러넘치는 피"를 고름으로, "정부의, 조국의, 좌우간 어디에선가 크게 곪은 부종(浮腫)"이 흐르는 고름으로 환치시키는 것에서 노골적으로 드러난다.

여기서 문제가 되는 것은 그것을 주장하기 위해 작가가 선택한 매개체가 아내의 몸 특히 자궁이었다는 점이다. 육체와 정신의 이항대립과 정신의 중심적 지위는 근대 철학을 지탱하는 핵심 개념 중 하나다. '인간은 생각하기에 존재'하는 것이며 특히 이때 인간은 남성으로만 국한된다. 그렇기에 육체성으로 대표되었던 여성은 태어날 때부터 신체적, 생리적 차이 때문에 열등한 존재로 취급받았다. 여성과 관련된 월경, 임신, 출산 등은 인간의 존재와 관련된 문제가 아닌 동물적 문제로 생각하였던 것이다. 또한 여성의 신체적 기능에 대한 통념은 여성의 전인적 기능에 대한 평가로 연결되어 여성의 사회적 열등성을 주장하는 근거가 되어 왔다. 남성이 주체가 되어 여성을 객체로, 또한 성적인 존재로 대상화하는 것이 당연시되었다.[16] 「부주전상서」의 '나' 역시 이와 같은 사고틀을 그대로 보여준다. 월경[17]하는 여성은 기저귀 찬 아이나 마찬가지이기에 이야기를 나눌 수 없는 하등동물로 여긴다.

또한 출산의 문제에 대해서도 '나'는 전근대적이고 도구적 세계관을 노출한다. '나'에게 아이는 아버지의 성을 물려줄 수 있는 가부장적 대잇기의 매개물인 것이다. 그렇기에 자기 몸에 대한 여성의 자기 결정권을 부정한다. 피임은 곧 살인계획일 뿐만 아니라, 아버지의 가부장적 결정권을 약화시키는 것이라고 생각한다. 남성의 전유였던 여성의 육체가 부권으로부터 분리되어 여성주체의 몸으로 돌아오기 위해 성적 자기결정권은 중요한 측면이다. 그렇기에 출산을 조절하는 피임과 가족계획은 가부장을 위협하는 것이며,[18] 남성 중심의 대잇기의 방해물이었던 것이다. 이는 곧 신체결정론적 사고라고 할 수 있다. 신체결정론은 사회적으로 지배집단이 억압집단을 비하하는 수단으로 사용한 것으로 지배집단은 신체적 결정론을 통하여 현재의 권력

16 장필화, 「몸에 대한 여성학적 접근」, 『한국여성학』 8, 1992, 10쪽.

17 크리스테바에 의하면 인간이 상징계에 진입해 통합된 주체가 되기 위해서는 어머니의 몸으로부터 분리되어 경계가 분명한 깨끗하고 고유한 몸의 존재를 확립시켜야 하는데 그 과정에서 우리의 몸과 관련해 더럽고 끈적거리는 것은 축출되고 비천하게 된다는 것이다. 특히 여성 몸에서의 분비물은 근대 이후 확립된 문명제도를 위협하는 더러움을 대표한다. 태혜숙, 「몸, 바흐친, 페미니즘」, 『영어영문학』 제48권 1호, 2002, 88쪽.

18 근대 서구 사회의 가부장들은 여성들이 스스로 자기 육체를 관리하고 출산을 조절하는 행위를 원천 봉쇄함으로써 섹슈얼리티와 여성육체의 통제권을 완전히 장악하게 되었고 그 결과 여성들은 근대기획에서 근대주체로서의 위상을 부여받을 여지를 본원적으로 박탈당하게 된다. 이수자, 「몸의 여성주의적 의미확장」, 『한국여성학』 제15권 2호, 1999, 174~175쪽.

관계를 유지, 강화, 정당화하고 피지배집단을 무기력하게 만든다.[19]

이와 같은 인식체계는 제국의 논리를 그대로 닮고 있기 때문에 상당히 위험하다. 제국주의가 식민지를 침탈하면서 내세운 논리가 '문명화된 식민주체' 대 '열등한 피식민'이라는 이항대립이었고, 낙후된 야만의 세계(식민지)를 문명화시키기 위해 식민주체의 지배와 계몽이 절실히 필요하다는 것이었다. 이는 남성과 여성의 관계에서도 그대로 적용된다. 정신적 존재인 남성과 동물적 존재인 여성의 이항대립 그리고 동물적이기에 야만적이고 문명화되지 못한 여성에 대한 억압의 구도는 (신)식민의 상황에 놓인 여성을 이중으로 식민화한다.

물론 '기저귀 차는 열등한 존재로서의 여성'에 대한 발화는 특유의 아이러니로서 신빙성 없는 1인칭 화자의 발화 내용이라 할 수도 있으나, 궁극적으로 내포작가의 규범이 화자를 통해 직접적으로 전달되는 부분에서조차 여전히 여성의 이미지는 열등한 존재이자 '철부지'로 취급된다.[20] 또한 작품을 통해 작가가 전달하고자 했던 바도 우리가 굶주리는 것은 사람이 많아서가 아니라 정치를 '개똥'같이 해서라는 것이다. "지금 정치인들은 자기들이 저지른 해방 이후 십수년간의 그 악마적인 실정(失政)의 책임을 귀중한 사람의 목숨에 전가시키려

19 '신체결정론'이란 남녀의 차이가 선천적 인간 본성에 기인한다는 주장이다. 신체결정론자들은 특정한 정치적 성향을 갖는다. 극우파들, 파시스트들은 그들의 인종차별주의, 여성차별주의 등을 지지할 과학적 근거로서 사회생물학의 주장들을 이용한 것이다. 그러므로 신체적 결정론은 현상유지를 위한 보수적인 논리라고 할 수 있다. 장필화, 앞의 논문, 20쪽 참조.

20 장영우 역시 「부주전상서」의 상황설정에 대해 알레고리나 풍자의 차원에서 해석하는 것은 무리며, 이는 작가가 여성 존재 자체를 무시하거나 폄하하는 가부장제 사회의 남근중심주의의 폭력에 얼마나 익숙해있는가, 그리고 그러한 관습적 사고에 대해 얼마나 무비판적으로 대응하고 있는가를 드러내는 증거라 평한다. 『남정현문학전집』 3, 국학자료원, 2002, 81쪽 참조.

음모(陰謀)하고 있"으며 제대로 정치한다면 오히려 사람이 부족할 것이라는 주장이다. 결국 이는 노동력의 재생산을 위한 출산, 아동 및 여성의 도구화를 보여주는 것이며, 피임한 아내를 징벌하는 행위를 통해, 가족계획의 주체는 아내가 아닌 남편이어야 한다는 것을 강조한다.

이와 같이 여성이라는 존재 자체를 '자궁' 중심으로 사고하는 태도는 결국 가부장적 모성신화의 반복일 뿐이며, 여성을 육체 중심의 성적 대상이자 물화된 존재로 도구화시키는 성차별적 인식체계를 보여준다. 정부와 외세에 대한 강력한 비판의식이 설득력을 잃게 되는 지점이 바로 여기다. 인간으로서의 여성에 대한 심각한 폄하와 비하는 작품이 지닌 탈식민의 주제의식을 무화시키고 여성을 또다시 강력한 가부장적 이데올로기의 속박 아래 재식민화시키는 것이다. 여성의 도구화와 희생을 딛고 민족의 담론을 펼치는 행위는 결국 그토록 벗어나고 했던 제국의 식민담론을 여성을 대상으로 하여 다시 펼치는 일이 되는 것이다.

2) 훼손/복원된 여성과 공격적 민족주의

「분지」의 경우, 이 작품 속에 드러나는 여성 이미지 역시 전형적인 남성의 시각이다. 이 작품에 등장하는 여성 인물들은 모두 성적 폭력에 노출되어 있다. 어머니는 해방과 더불어 진주한 미군에게 강간당했고, 여동생인 분이 역시 6.25 직후 미군의 첩이 되어 남편인 미군으로부터 무자비한 폭력에 시달린다. 이에 분노한 '나' 홍만수는 우연히 한국을 방문한 동생 남편의 본처를 강간한다. 즉 작가가 드러내고자 했던 외부의 세력에 의해 훼손된 국가는 바로 여성 몸을 매개로 하여 표현된 것이다. 어머니와 분이는 미국이라는 외부세력에 의해 훼손된 조국이고, 이에 대한 저항으로 또 다른 여성으로 상징되는 미국에 상처를 내는 것이다.

1인칭 화자 홍만수는 그 이름부터 풍자적으로 느껴지는 향미산(向美山)이라는 상상적 공간에서 어머니를 향해 독백한다. 그에게 여성, 특히 어머니는 양가적 의미망을 지니고 있다. 그리워하며 되돌아가고픈 정신적 고향 또는 안락한 이상향으로서의 공간이자, 외부의 강력한 힘에 의해 상처받은 현실의 공간이기도 하다. 현실의 공간인 홍만수가 숨어있는 향미산은 그 명칭에서 드러나듯 미군에 의해 점령당했거나 미국을 동경하는 사람들이 살고 있는 지역이다. 그리고 그곳에서 그는 '청신한 하늘'로 상징되는 어머니 즉 훼손되지 않은 완전한 국가를 꿈꾼다. 그러나 다만 꿈꿀 수 있을 뿐이다. 현실의 부정성과 그에 대비되는 이상향의 설정은 화자의 강렬한 유토피아적 지향을 드러낸다.[21]

이와 같이 어머니(여성)에게 훼손되지 않은 순결한 이상향과 훼손된 현실이라는 이중적 메타포를 부여하는 방식은 '여성 수난'을 모티프로 삼는 소설에서 자주 발견되는 양상이다. 전후 한국 민족주의의 서사가 형성되는 과정에서 나타난 특징 중 하나는 가족(그 의미확산으로서의 민족과 국가)이라는 개념을 둘러싸고 상실과 회복이라는 표상작업이 동시적으로 형성되었다는 점이다. 가족이 깨진 것이고 손상된 것인 동시에 바로 복원되어야 할 이념적인 것으로 설정되는 것과 마찬가

21 홍혜원, 「한국 근현대소설에 나타난 여성이미지」, 충남대 여성정책연구소 편, 『한국사회와 여성』, 이화, 2006, 178~181쪽 참조.

지로, '모성'과 '민족' 역시 훼손과 복원이라는 현실과 이념의 갈등적 관계를 동시적으로 표상한다. 즉 이들 서사에서 모성과 여성은 훼손의 지표와 복원되어야 할 이념적 가치를 동시에 내포하게 된다. 여성의 이미지 속에 투영되는 이 상이하고 이질적인 감정의 복합태는 여성의 이미지로 표상되는 '민족'의 이미지 속에 고스란히 내포되는 것이다.[22]

홍만수에게 현실 속 '여성'의 존재는 남성 혹은 외부의 강한 힘에 의해 언제든지 더렵혀질 수 있는 대상이다. 어머니(여동생)에 대한 기억도 '미군'과 '음부'로 연결되듯, 여성은 외적인 힘에 의해 훼손된 '자궁'을 지닌 존재일 뿐이다. 그렇기에 만수는 인간의 개발논리에 의해 파괴되기 이전의, 즉 근대 이전의 자연을 그리워하듯, 현실과 외세에 의해 훼손되기 이전의 여성을 그리워한다. 이는 「부주전상서」에서 결혼하기 전의 '나'가 상상하던 '구원의 신'과 동일한 이미지다. 「분지」의 '나'는 죽음을 앞둔 절체절명의 순간에 '청아한 코발트, 투명한 성수의 빛깔'을 지닌 하늘을 보면서 어머니와 순결한 조국을 상상한다. 이는 곧 순결한 조국, 외세에 의해 훼손되지 않은 국토를 여성으로 상징화시키는 가부장적 이데올로기의 관습적 상상력이다. 미군에 의해 더렵혀진 어머니, 그리하여 광기어린 모습으로 죽어간 어머니이기에 만수는 지난 세월 그와 관련된 기억을 지우려 애쓴다. 그가 어머니를 다시 과거의 기억 속에서 불러낼 수 있었던 것은 미국에 대항하는 순간, 가능해진다. 그때의 어머니는 과거 기억 속의 어머니가 아니라, 청명한 하늘과 동일시된 순결한 어머니다. 그리고 그 안에서 '나'는 위

22 권명아, 「모성신화와 가족주의, 그 파시즘적 형식에 대하여」, 『현대문학의 연구』 13호, 한국문학연구학회, 1999, 184~185쪽.

로받고 재생할 수 있는 것이다.

> 이렇게 질기고 질긴 한(恨)으로 사무친 저와 같은 인종은 누가 죽인다고 해서 죽는 것이 아니랍니다. 그저 죽고 싶을 때 죽는 거지요. 그보다도 지금 저 소나무 가지 사이사이로 수정처럼 말갛게 흐르는 제 조국의 청신한 하늘이나 좀 감상하여보십시오.
>
> 얼마나 흐뭇하고 아름다운가를. 참으로 오래간만에 사지를 쭉 뻗고 이렇듯이 한가한 마음으로 하늘을 쳐다볼 수 있는 기회를 얻어 그 하늘을 통하여 처음으로 당신의 음부가 아닌 당신의 자애로운 모습을 대하게 되었다는 사실만으로도 저는 지금 흡족합니다.
>
> (…중략…)
>
> 앞으로 단 십초. 그렇군요. 이제 곧 저는 태극(太極)의 무늬로 아롱진 이 러닝샤쓰를 찢어 한 폭의 찬란한 새 깃발을 만들 것입니다. 그리고 구름을 잡아타고 바다를 건너야지요. 그리하여 제가 맛본 그 위대한 대륙에 누워 있는 우윳빛 피부의 그 윤이 자르르 흐르는 여인들의 배꼽 위에 제가 만든 이 한폭의 황홀한 깃발을 성심껏 꽂아 놓을 결심인 것입니다. 믿어주십시오. 어머니, 거짓말이 아닙니다. 아 그래도 당신은 저를 못 믿으시고 몸을 떠시는군요. 참 딱도 하십니다. 자, 보십시오. 저의 이 툭 솟아나온 눈깔을 말입니다. 글쎄 이 자식이 그렇게 용이하게 죽을 것 같습니까, 하하하.(「분지」, 336~337쪽)

여성의 몸을 국가의 대응물로, 잃어버린 혹은 복원해야 할 대상물로 취급하는 작가의 상상력이 가장 분명하게 드러나는 지점이 소설의 마지막 부분이다. 여기서 '나'는 외세에 의해 훼손당한 자신(남성)의 상처와 고통을 치유하기 위해 '위대한 대륙'의 '여인'을 정복할 것을 결심한다.

식민주체에 의해 이미 타자화된 남성인물은 자신이 당한 굴욕과 자괴감을 더 약자이자 타자인 여성에게 전가함으로써 극복하려 한다. 식민주체인 미국의 여성을 정복하고 그 배 위에 태극기를 휘날리겠다는 상상력은 "훼손에 대한 죄의식"이자 "복원의 욕망"[23]인 것이다. 즉 조국을 지켜내지 못했다는 남성의 자괴감을 치유하기 위해 국토로 상징되는 여성의 몸을 정복하려는 것이다. 일제 식민지의 체험과 해방 후 미국의 원조에 의한 신식민지의 경험은 당대 남성들에게 민족의 자존심과 정체성을 어떻게 지키는가라는 과제를 부여한다. 그러나 외세와 결탁한 군사독재체제는 개인의 모든 자유를 면면히 억압하였고 강력한 물리적 힘 앞에서 개인이 대항할 수 있는 방법은 없었다. 상처 받은 민족의 정체성, 남성의 주체성을 지켜내기 위해 결국 선택한 길은 여성의 타자화, 여성의 식민화였던 것이다.

이렇게 여성 이미지가, 훼손된 국가와 민족의 비유 혹은 은유로만 작용한다면 여성 주체는 스스로 아무것도 해명할 수 없고, 말할 수도 없는 존재가 된다. 여성의 표상은 "식민지 모순이나 이념 대립, 전쟁, 분단 등 역사의 모순을 이야기하는 매우 거대한 의미를 지니는 것 같지만 이러한 방식의 서사화는 여성 표상 각자의 개별적이고 구체적인 의미를 지우고 그것을 상징과 비유로 대체해 버리고 스스로 말할 수 없는 존재로 여성을 의미화"한다. 즉 여성에 대해 말할수록 여성의 존재 의미가 지워지는 것이다. 결국 이와 같은 서사 방식에서는 "민족과 외세의 대립항이 잠재적으로 여성적인 것과 남성적인 것의 대립

---

23 위의 논문, 185쪽.

적(지배/피지배적인) 관계를 재생산"한다.[24] 「분지」 역시 남성 주체의 시선에 의해 재현된 양가적이고 허구적 여성상을 제시함으로써 여성의 식민화 과정을 제국의 논리로 보여주는 것이다.

이러한 시선이 위험한 것은 타자를 고려하지 않은 그 폭력성이 결국 "한국 여성의 몸을 폄하한다는 의미에서 제국주의 지배자와 공모"[25]하는 것이기 때문이다. 더불어 작가의 공격적이고 극단적인 민족주의는 한편으로는 제국주의에 대한 극단적 부정이기도 하지만 또 다른 한편으로는 제국주의의 역사를 베껴나가는 아이러니[26]를 보여줄 수 있기 때문이다.

4. 나가며

남정현 소설이 알레고리적인 풍자의 방식으로 '민족의 정체성'을 찾고자 노력하였다는 점, 또 외세와 그 허수아비로서의 정부, 식민 잔재, 내부식민화 등에 대해 통렬히 비판하였다는 점 등에서 작가가 보여준 현실 인식의 예리함은 긍정적으로 평가할 만하다. 더욱이 1960

24 권명아, 「여성 수난사 이야기와 파시즘의 젠더정치학」, 김철 · 신형기 외, 『문학 속의 파시즘』, 삼인, 2001, 302쪽.

25 최정무, 「한국의 민족주의와 성(차)별 구조」, 일레인 김 · 최정무 편, 『위험한 여성』, 삼인, 2001, 35쪽.

26 김효석, 앞의 논문, 216쪽.

년대부터 그 모든 문제의 핵심으로 '외세의 침범과 식민화'라는 우리의 우울한 자화상을 그려내고 있다는 점에서 작가의 예지 능력 역시 탁월하다 할 수 있다.

그럼에도 불구하고 그의 소설이 보여준 담화 방식은 대화적이기보다는 단성적이고, 또 그로 인하여 지배담론을 뒤흔들 수 있는 풍자와 알레고리, 아이러니의 장치들은 오히려 힘을 잃고 독단적 발화로 변모할 가능성을 안고 있다. 또한 그의 독백적 발화는 여성 이미지와 결부되면서 비현실적이고 폭력적인 양상으로까지 변모된다. 민족적 정체성을 회복하려던 작가의 열정이 민족 안의 또 다른 타자인 여성을 왜곡하고 주변화시키는 결과로 나타난 것이다.

탈식민주의 담론은 궁극적으로 민족의 문제를 제기한다. 그러나 민족을 구성하는 다양한 타자들의 존재와 차이를 전제하지 않고, 집단과 전체로서 상상된 민족의 범주를 설정한다면, 그 폭력성과 획일성으로 인하여 또다른 제국주의 담론이 될 수 있다. 때때로 민족주의는 강력한 배타주의와 작위성을 작동원리로 삼기 때문이다. 남정현 소설 역시 단성적인 담화 구조와 식민화된 여성 이미지로 인해 강렬한 민족주의와 탈식민의 지향이 오히려 제국의 서사로 변모되는 역설적 상황을 보여준다.

2부

젠더의 경계에서

이광수 소설의 여성과 근대성

이태준 소설과 식민지 근대성
여성인물을 중심으로

여성 젠더의 포섭과 배제
일제 말기 한설야 소설과 신경증

자전적 여성소설에 나타난 주체 구성과 글쓰기
김형경과 린바이의 소설을 중심으로

이광수 소설의 여성과 근대성

1. 이광수와 여성의식의 모순성

이광수 소설에 나타난 여성의식을 고찰한 논문은 작가와 그의 작품을 다루고 있는 다른 연구에 비해 양적으로나 질적으로 상당히 미흡한 편이다.[1] 최근 몇 편의 주목할 만한 논의가 전개되고는 있으나, 이들은 이광수의 논설과 『무정』을 중심으로 사랑과 연애, 결혼, 근대성 등의 문제를 다루고 있어[2] 작가의 소설 전반에 나타난 여성의식을

---

1 여성 인물을 전반적으로 고찰한 논문으로 대표적인 것은 구인환(「이광수 소설의 여인상」, 『이광수 소설 연구』, 삼영사, 1983)의 것이 있고, 신헌재(『이광수 소설의 분석적 연구』, 삼지원, 1986)는 이광수 소설의 인물 전반을 다루면서 여성인물을 고찰하였다. 또한 송명희(『이광수의 민족주의와 페미니즘』, 국학자료원, 1997)는 『무정』, 『개척자』 등을 페미니즘의 관점에서 분석하였다.

2 최혜실, 「『무정』에 나타난 근대성, 사랑, 성」, 『여성문학연구』 창간호, 1999; 정혜영, 「근대를 향한 시선—이광수 『무정』에 나타난 '연애'의 성립과정을 중심으로」, 『여성문학연

고찰하기에는 다소 무리가 있다. 더욱이 이광수의 경우, 계몽사상이나 민족의식에서도 그러하지만, 여성에 대한 인식에 있어서도 상반된 논리가 등장하고 있어 작가의식의 규명이란 측면에서 그에 대한 해석이 필요하다. 또한 그의 작품들이 '근대'의 출발점에 놓여 있고 사랑과 연애의 삼각관계를 주로 보여주고 있으므로, 여성인물을 어떻게 다루고 있는지를 고찰하는 것은 당대 문학의 근대성을 밝히는 데에도 중요한 작업이 될 것이다.

이광수 소설에 나타난 여성 의식은 초기 논설[3] 및 『무정』, 『개척자』 등의 작품과 『재생』 이후의 중 · 후기 작품들이 모순적 양상을 띤다. 초기 작품의 여주인공 영채나 성순의 경우, 봉건적이고 전통적인 관습을 거부하고 자아의 정체성을 찾아나가려 애쓰는 여성으로 묘사되고 있다. 그에 반해 『재생』 이후 『사랑』까지의 여성상은 자신의 물적 · 성적 욕망을 제어하지 못하고 파멸의 길을 걷거나, 순종적이고 순결하며 남성을 위해 헌신하는 여성의 이미지를 보인다. 즉 1920년대에 들어서면서 자유연애나 여성의 해방 등과 같은 근대적 사상이 변질되고 있음을 확인할 수 있다. 논설에서도 '여자의 사명의 주체가 모성'[4]에 있다며 이를 위한 여성 교육을 주장하거나, 인내하는 구원의 여인상을 소설에서 보여줌으로써 가부장적 이데올로기를 그대로 노출시키는, 전통적이고 보수적인 여성상을 적극적으로 옹호한다.

이와 같은 여성상의 변화는 단순히 이광수의 여성의식의 변화만을

구』 3호, 2000.

3 여성의 문제를 다루는 대표적 초기 논설은 다음과 같다. 「조혼의 악습」(1916), 「조선 가정의 개혁」(1916), 「혼인론」(1917), 「혼인에 대한 관견」(1917), 「자녀중심론」(1918), 「신생활론」(1919).

4 이광수, 「여성교실」(1936), 『이광수전집』 10권, 삼중당, 1971, 283쪽.

의미하지 않는다. 그것은 '근대'를 받아들인 작가의 태도와 밀접하게 관련된다. 근대를 받아들이고 수용하는 과정에서 여성의 주체적 자각을 주장했기에, 근대의식의 변화와 여성관의 변화가 서로 연관될 수밖에 없다. 계몽성으로 대표되는 근대의식이나, 민족주의 그리고 여성상에 이르기까지 이광수 의식의 굴절과 모순성은, 특히 그의 친일 때문에 더욱 주목받아왔다. 그렇기에 지금까지 이광수와 그의 문학을 평가하는 데 있어 핵심은 그의 사상과 태도의 모순성이었다. 사상에 있어 일관성을 유지하지 못했다는 것, 민족을 내세우면서도 친일을 했다는 것, 또 문학이론과 전혀 상반되게 작품을 산출하였다는 것 등은 모두 그의 모순성을 문제삼는 것이었다.[5]

이 글에서는 이광수 장편소설에 나타난 여성상의 변모 양상을 고찰하고 그것이 지닌 의미를 규명하고자 한다. 여성상의 변모 과정은 작가의 근대의식의 변화와 맞물려 있으므로, 여성상의 모순성이 나타나게 된 계기를 근대성의 측면에서 탐색하려는 것이다. 이는 식민지 근대를 살아간 지식인으로서 양가적이며 복합적인 근대를 받아들여야 했던 이광수의 의식을 밝혀내기 위한 연구의 일환이며, 또 후기 작품에 대한 '봉건성으로의 회귀'라는 기존의 평가에 질문을 던지는 작업이기도 하다.

---

5 이선영이 이광수 작가론에서 지적했듯이 그의 "계몽사상가로서의 虛實"은 명백한 것이다. 그는 문필 생활을 "한국인의 전근대적인 인습과 편견에 대하여 비판과 도전을 감행"하는 것으로 시작했다. "한국인의 폐습과 유교 윤리에 도전하여, 자유・자율・자동을 내세우고, 자유연애와 자아중심주의를 부르짖으며, 새로운 교육과 지식의 필요를 역설하는 계몽사상을 보여준다." 그러나 이광수가 전통을 부정하면서도 새 문화창조를 주장하고, 또 후반에는 전통 긍정의 태도를 보이는 것은 상반된 논지이다. 또한 초기의 개인주의가 후에 집단주의로 변모한다는 점이나, 민족주의의 문제에 있어서도 초기 열렬하게 애국적 주장을 했던 것에 비해 21년 귀국 후 자민족에 대한 지나친 부정과 자학의 태도를 가지는 것도 모순적이다. 이선영, 「이광수론」, 동국대 부설 한국문학연구소 편, 『이광수연구(상)』, 태학사, 1984 참조.

2. 여성상의 변모 과정과 그 의미

이광수 소설에 나타난 여성들은 크게 세 부류로 나뉜다.

① 전통적 사고를 지니고 있었으나, 새로운 지식의 자각에 의해 스스로의 정체성을 획득하는 여성 : 『무정』의 영채, 『개척자』의 성순.

② 돈에 대한 욕망이 강하고, 성욕을 탐하다가 파멸하는 여성 : 『재생』의 순영, 『사랑의 다각형』의 은희, 『그 여자의 일생』의 금봉, 『혁명가의 아내』의 방정희.

③ 순결하고 성스러운 여성, 모성상을 지닌 고결한 여성 : 『흙』의 유순, 『애욕의 피안』의 혜련, 『유정』의 정임, 『사랑』의 석순옥.

근대 의식의 각성과 계몽성의 강조가 작품 표면에 드러나던 초기작에서는 ①의 여성들이 등장하나, 『재생』 이후 이광수 소설의 전반적인 양상은 ② 부류의 여성에 대한 경계와 ③ 부류 여성들의 선호라고 할 수 있다. 특히 ③ 부류의 여성들은, 그들의 존재 자체가 "문명의 속박에서 벗어날 수 있는 구원의 피난처" 역할을 하고 있어, 작가가 "여성성을 과거에 대한 향수어린 관점에서"[6] 바라보고 있으며, 또한 궁극적으로 지향하는 여성인물임을 알 수 있다.

1) 계몽의 대상으로서의 여성

『무정』의 영채는 이광수 소설의 여주인공 중 가장 주목받은 인물

6 리타 펠스키, 김영찬 · 심진경 역, 『근대성과 페미니즘—페미니즘으로 다시 읽는 근대』, 거름, 1998, 43쪽.

로 그녀의 근대적 의식의 자각 과정이 소설의 전체 흐름에 주요한 부분을 차지하고 있다. 특히 강간이라는 사건을 계기로 구도덕의 봉건적 윤리의식에서 벗어나[7] 근대적 주체로서의 인식을 받아들이면서 새 시대가 요구하는 긍정적 인물로 형상화되어 있다. 영채는 어린 시절 아버지 박진사가 던진 '형식의 아내가 되어라'는 말 한 마디에 자신의 인생을 걸고 정조를 지키면서 형식을 찾아온 여성이다. 그러나 봉건 사회에서 '기생'은 아버지를 죽이고 오라비를 죽일 수 있는, '죽음'을 상징하는 존재였다. 그런 신분에 놓인 그녀가 7년 만에 만난 형식에게 쉽사리 다가갈 수 없었던 것은 당연한 것이고, 거기에 정절의 훼손이라는 충격적 사건이 일어나 그녀는 이제 결코 과거 인연의 끈을 이어갈 수 없게 된다. 그러나 역설적으로 영채는 완전하게 봉건의 세계에서 분리되고 근대의 세계로 나아가게 된다. 여기에서 매개자로 등장하는 것이 병욱이다. 그녀는 영채의 저간 사정을 듣고 "그럼 지금도 그 형식을 사랑하시오?"라고 묻는다. 여기서 '그' 형식이란 바로 봉건세계에 속한 인물로서의 형식이다. 그러나 영채도 형식도 이미 봉건의 세계를 지나온 인물들이다. 그렇기에 병욱의 질문에는 이미 부정적 답변이 전제되어 있다. 이제 영채의 의식은 차차 깨어진다.

"여자도 사람이지요. 사람일진대 사람의 직분이 많겠지요. 딸이 되고, 아내가 되고 어머니가 되는 것도 여자의 직분이지요. 또 혹은 종교로, 혹은 과학으로, 혹은 예술로, 혹은 사회나 국가에 대한 일로 인생의 직분을 다할 길이 많겠지요. 그런데 고래로 우리나라에서는 남의 아내되는 것만으로 여자

7 김경수, 「현대소설의 형성과 겁탈」, 『문학사와 비평 – 한국 현대문학과 근대성의 탐구』 7집, 새미, 2000, 127쪽.

의 직분을 삼았고, 남의 아내가 되는 것도 남의 뜻대로, 남의 말대로 되어왔어요. 지금까지 여자는 남자의 한 부속품, 한 소유물에 지나지 못하였어요. 영채씨는 부친의 소유물이다가 이씨의 소유물이 되려 하였어요. 마치 어떤 물품이 이 사람의 손에서 저 사람의 손으로 옮겨 가는 모양으로…… 우리도 사람이 되어야 합니다. 여자도 되려니와 우선 사람이 되어야 합니다. 영채씨께서 할 일이 많지요……"

"인제부터는 제 뜻대로…… 살아간단 말이야요."(『전집』 1, 156쪽)[8]

이런 사상을 지닌 병욱과 같이 지내면서 영채는 새로운 의식에 눈을 뜨고 더 나아가 병욱(의 집안)의 도움으로 유학의 길에 올라, 삶의 전환을 가져오게 된다.

『개척자』의 성순을 보자. 성순의 의식이 자각되는 과정에는 '민'이라는 인물이 중요한 계기로 작용한다. 오빠 성재의 실험 실패와 아버지의 죽음으로 기울어진 집안을 살리기 위해 성재와 그의 모친은 성순을 부자이지만 상처한 '변'에게 시집보내려 한다. 그러나 성순은 화가인 '민'을 사랑한다. 이에 성순은 모친과 오빠의 말을 따라야 옳다고 생각하나 자신의 마음을 다스릴 수가 없어 어찌할 바를 모른다. 이때 민이 등장하여, 그녀의 의식을 변화시킨다. 결혼은 "자기가 가장 옳다고 생각하는 바를 따라서 행한다. ―그것뿐이지요. 성순씨는 성순씨의 성순이지요. 어머니의 성순입니까, 오라버니의 성순입니까?" 그리고 자신의 주체성을 지키기 위한 전쟁을 치르라고 요구한다. "암 전쟁이지요. 첫째 부모의 권력에 대하여, 둘째 사회 인습의 권력에 대하여

---

8 이하 인용은 『이광수 전집』(삼중당, 1971)이 출처이며, 권수와 인용 쪽만 표기한다.

전쟁을 해야지요." 또한 '민'은 "금일의 사회는 남자와 여자의 공통한 소유물이다. 남자와 여자가 각각 그 천품의 특장을 따라서 최선의 노력을 다하여 우리가 이상하는 바 사회를 실현하여야 된다. 여자에게 남자 동양(同樣)의 교육을 해방하고, 직업을 해방하고……"(『전집』 1, 258쪽)라고 말한다.

사랑하는 '민'의 말을 그대로 받아들인 성순은 과거의식으로부터 벗어나 근대적 주체로서 자신의 사랑을 지키고자 하였지만 그녀의 정절에 대한 오해로 말미암아 결국 자살하게 된다.

위의 두 작품은 주인공 여성이 봉건적이고 가부장적인 이데올로기로부터, 인간으로서의 여성으로 해방되는 과정이 공통적으로 나타나고 있다. 이러한 과정에서 특징적인 것은 그것이 '사제관계'[9]에 의존해 있다는 것이다. 물론 이는 이광수 소설의 보편적인 구조라 할 수 있는데, 여성 의식의 자각화 과정 역시 사제의 논리에서 벗어나지 못하고 있다. 즉 봉건적 사고를 가진 여성 인물이 대상화되어 다른 우월한 주체에 의해 신사상이 주입되는 것이다. 근대성의 특징인 주체/타자의 이분법적 사고와 주체중심주의가 여성의식의 자각 과정에서도 그대로 드러나고 있다.

근대적 사유 방식의 특징 중 하나는 세계에 대한 이분법적 구분이다. 세계를 주체/타자, 선/악, 안/밖, 정신/육체, 본질/현상, 동일성/차이, 이성/감성, 현전/부재 등과 같이 두 개의 대립적 개념에 의해 사유하는 것이다. 그러나 이분법적 구분에서 하나의 항은 다른 하나의 항에 대해 억압적 위치를 가진다. 이분법적 대립은 결코 두 개념들의 1 : 1 정면 대

9 김윤식 · 정호웅, 『한국소설사』, 예하, 1993, 66쪽.

립이 아니다. 그것은 위계적이고 종속적인 질서 안에 놓여 있어서 한 개념은 다른 대립 개념을 가치론적으로, 논리적으로 억압한다.[10] 주체로서의 자각이 근대 의식의 출발이라면 '폭력적 위계질서'라 할 수 있는 이분법적 인식은 이성적으로 우월한 주체와 그렇지 못한 타자를 설정한다. 또 근대의 발전사관과 계몽의식은 그 우월하지 못한 타자의 교화를 목적으로 한다. '미성년의 상태'에 놓인 타자는 열렬히 계몽해야 할 대상이 되는 것이다. 그리고 그 타자의 대표 형상이 여성이다. 그렇기에 사상적으로 우월한 주체가 그렇지 못한 여성을 교화하는 담론이 초기 이광수 작품의 중심적 양상으로 드러나는 것이다.

특히 남성주체가 우월한 존재이고, 미몽의 상태에 놓인 여성이 계몽되는 구조를 가진 『개척자』[11]는 주체의 조건에 남성이라는 성적 기표가 첨부되어, 남성성이 지배적인 근대성의 구조를 보여준다. 작품에서 여성의 자아각성과 주체성 확립을 강조한 서술에 이어 "상술한 사상과 그 중에 인용한 비유와 문자는 지금까지 민의 말에서 얻은 것이다. 민이 자기의 낡은 사회에 대하는 태도를 말할 때에 쓰던 것을 성순이가 지금 응용하는 것이다"(『전집』 1, 259쪽)라는 언급이 부기되어 있는 것에서 이를 확인할 수 있다.

다만 여기서 『무정』이 돋보이는 것은 교화 주체인 병욱이 여성이라는 점이다. 그러나 병욱의 존재는 여성으로서의 특성이 거세되어

---

10 김혜숙, 「해체논리, 해체놀이 – 데리다를 중심으로」, 김혜숙 편, 『포스트모더니즘과 철학』, 이화여대 출판부, 1995, 34쪽.

11 송명희는 『개척자』의 평가에서, '작가는 전체적으로 자유연애혼의 주제와 함께 여성의 자아각성과 주체성 확립을 강조한 페미니스트로서의 면모를 보여주지만 부분적으로 남성중심적 관점에서 여성을 부속적 존재로, 남성의 교화대상인 미숙한 존재로 그린다'고 지적한다. 송명희, 「이광수의 『개척자』와 나혜석의 「경희」에 대한 비교 연구」, 앞의 책, 305쪽 참고.

있다. 병욱은 여성으로서의 자기 정체성을 부정한 인물로, "처음 이름은 병옥이었으나 너무 부드럽고 너무 여성적이므로" 병욱이라 고쳤다는 것이다.[12] 그렇다면 영채의 의식화 과정은 여성에 의해 여성이 교화되는 과정이 아니라 여성이 아닌 존재에 의해 여성이 교화되는 과정이라 할 수 있겠다.

이와 같이 초기 이광수 소설에 나타난 여성상에는 근대적 사유가 지닌 이분법적 구분이 그대로 반영되어 있고, 남/녀, 주/종의 역할 구분과 가치 판단의 개입은 결국 여성을 종속적 위치에 놓게 되어, 여성의 고유성을 인정하지 못하는 결과를 가져온다. 더욱이 소설의 세계에서 '주입식 자각'은 주체의 능동적인 변모가 동반되지 않는 한 한계를 지닐 수밖에 없다. 그것은 영채에게서처럼 당위적이고 관념적인 의식의 차원에서만 머무르거나, 혹은 성순의 자살에서 볼 수 있는 것처럼 현실 속의 실제 문제에 부딪히게 되면 존재 소멸의 방식으로 이를 회피하는 양상을 통해 증명된다.

2) 욕망하는 여성

근대화란 '합리화의 과정'(베버)이기도 하지만, 또한 '산업화된 세계의 동의어'(기든스)이기도 하다. 이때의 "산업주의는 생산과정에서의 물리력과 기계의 광범위한 사용에 내포된 사회적 관계"[13]를 지칭한

---

12 병욱이란 이름 전에 병목이라 하였으나, 이것 역시 너무 억세고 남성적이므로 그 중간을 잡아 지은 이름이라고 한다. 병욱은 남성도 여성도 아닌 존재, 그렇다면 아마도 '이상적인 인간상'을 지향하는 인물이라고 할 수 있다. 그러나 문제는 이로 인해 병욱의 인물이 관념적이고 이상화되어 현실성이 부족하다는 점이다.

13 앤소니 기든스, 권기돈 역, 『현대성과 자아정체성』, 새물결, 1997, 58쪽.

다. 이는 대량 생산과 대량 소비를 사회의 구성요소로 갖고 있음을 뜻한다. 그렇기에 소비 욕구는 단순히 경제적 이해관계의 수동적인 반영이 아니라 상대적으로 독립적인 다양한 문화적 이데올로기적 요인에 의해 형성되는 것이다. 근대의 담론은 공적·사적 영역의 구분에 의해 여성을 사적 존재로 타자화시켰으면서도 동시에 생산물을 소비할 존재로 여성을 놓으면서, 스스로 규정했던 공/사적 영역의 구분을 다시 무시한다. 특히 '탐욕스런 여성 구매자'의 이미지는 "여성성의 지배적인 이미지 속에 경제적 무절제와 성적 무절제"의 이미지를 결합시켜 여성을 부정적이고, 악마적 존재로 평가하게 한다.[14] 이와 같은 관점이 이광수 소설의 또 다른 여성상에 반영되어 있다.

이광수 소설에서 부정적으로 형상화된 여성은 항상 두 가지의 계기에 의해 세계와의 대결에서 참혹하게 패배한다. 돈과 성적 욕망이 그것이다. 이들 욕망하는 여성상에 대해 작가는 가혹하리 만큼 부정적으로 묘사하고 있으며, 동시에 비극적 결말을 맞게 한다. 『재생』의 순영이나, 『사랑의 다각형』의 은희 그리고 『그 여자의 일생』의 금봉과 『혁명가의 아내』의 방정희는 '세속형 여인'[15]으로 이기적인 물욕과 향락적인 육욕으로 인해 자신에게 다가오는 순수한 사랑의 신의를 저버리는 인물들이다. 여기서 이들의 등장이 단순히 "당대의 퇴폐적 新女性의 恥部를 드러냄으로써 3.1 運動 以後 해이해진 民族精氣와 타락해가는 愛情風土에 경종을 울리"[16]기 위해서만 의미를 가지는 것은 아니다. 이광수가 부정한 이들 역시 전형적인 근대의 표상으로 의

14 리타 펠스키, 앞의 책, 106~107쪽.
15 신헌재, 앞의 책, 65쪽.
16 위의 책, 71쪽.

미를 가진다. 이들은 자본주의와 가부장제가 부정적 양상으로 여성에 투사한 이미지인 것이다.

『재생』의 순영은 "호리호리한 키와 날씬한 몸맵씨, 얌전하게 틀은 윤이 흐르는 머리 모양"이 어여쁜 여학생이었고, "학교 안에서 소문이 나도록 순영은 화장에 힘을 쓰고, 또 화장하는 솜씨가 있으며, 옷감 고르는 것이라든지 옷고름 매는 것까지 모두 남보다는 모양"이 있는 재주를 지닌 여성이다. 이와 같은 인물 설정은 앞으로 순영의 삶에서 소비적 욕망이 전환의 계기가 될 것을 암시한다. 결국 순영은 백윤희의 돈에 스스로를 내던진다.

> 이것을 순영은 생각하지 않으려고 애를 썼다. 그것은 순영이가 지금까지에 받아온 교육이 금하는 까닭이다. 그러나, 백을 생각할 때마다 동대문 밖 집이 보이고, 그 집이 보일 때마다 선주의 「아무리 사랑이 좋더라도 먹고야 산다」 하던 것과, 「내 동무도 사랑만 찾아다니다가 행랑살이를 하게 되었다우」 하던 것이 생각되었다. 또 백과 혼인만 하면 미국 유학도 내 마음대로요, 영국유학도 내 맘대로다. …… 그의 손바닥에는 수백만원의 재산이 놓였다. 그의 몸은 동대문 밖 백씨의 집 양실 침대 위의 포근포근한 새털 요와 가쁜한 새 이불에 싸였다. (『전집』 2, 51~52쪽)

이렇게 '백'과 혼인한 순영의 결혼생활은 곧 파탄에 이르게 되고, 순영은 자신을 진심으로 사랑하던 봉구의 용서를 받지 못한 채 금강산 구룡연에 몸을 던진다.

『흙』의 경우, 정선과 숭이 헤어진 계기가 된 사건은 다름아닌 돈 문제였다. 변호사인 허숭이 거절한 사건은 '이 남작집 소송'으로 '간음,

이혼, 동거 청구, 재산 다툼 같은 것을 포함한 추악한 것'이었으나, 착수금이 이천 원이나 되어 다른 변호사들은 탐내고 있었다. 이 사건을 거절한 숭에게 정선은 "에이 시골뜨기, 에끼 똥물에 튀길 녀석"이라고 욕을 퍼부으며 세수대야를 뒤집어 씌운다.

> 「이 세상에 돈이 제일이지」 하는 것이 정선의 근본 사상의 제일조였다. 둘째는 그가 말로 발표는 아니하더라도 또 한 가지 근본사상이 있는 것을 숭은 정선에게서 발견하였다. 그것은 성욕을 중심으로 한 향락생활이었다. (『전집』 3, 69쪽)

허숭이 떠난 후 성욕을 참지 못한 정선은 김갑진과 '불륜'을 저지르게 되고, 결국 불구의 몸이 된다.

『그 여자의 일생』의 금봉이 손명규와 혼인하게 되는 가장 큰 계기 역시 돈이었다. "백원짜리 십원짜리가 덕시글덕시글 하는 커다란 지갑"을 본 금봉은 "더욱 요술쟁이 굴에 들어 온 듯함을 느끼"고 "만족의 감정을 깨"닫게 된다. 병든 본처가 있었고 또 자신의 선생이었던 손명규와의 결혼에 윤리적 죄책감을 느끼던 금봉이었으나, 결국 "이만원의 당좌예금이 든 저금통장"을 보고는 그와 결혼하게 된다.

가부장제와 자본주의가 만나 근대의 형상을 이루어낼 때, 여성의 위치는 이중적이 될 수밖에 없다. 가부장제는 공적 영역과 사적 영역으로 남성과 여성의 역할을 분리시켰고, 자본주의는 이를 더욱 공고화했을 뿐만 아니라 생산력 제고의 논리에 따라 여성을 공적 영역으로 끌어내기도 한다. 즉 여성의 존재가 도구화되어 목적에 따라 남성의 세계에 편입되기도 하고 혹은 배제되기도 하는 것이다. 사회적으로 여성노동력이 필요한 경우, 사적 가정의 신성함을 지키던 여성들은 '사회화'의 이름 아래 공적 영역으로 나오게 되는 것이다. 이는 자본이 노동을 통제하기 위한 수단으로 노동의 성별분업을 이용한 것이라 할 수 있다.[17] 이와 같은 참여와 배제의 논리는 소비의 영역에서도 동일하게 나타난다. 대량생산과 대량소비에 의해 지탱되는 자본주의 체제는 여성에게 가정 내 사적 영역에서는 절약과 검소를 요구한다. 그러나 동시에 공적 영역에서는 소비의 주체가 될 것을 권장하는 것이다. 즉 자본의 논리가 여성 개인의 삶의 양식을 규제하고 욕망을 통제함으로써 여성을 이중적 위치에 놓았던 것이다.[18]

소비의 영역에 자본의 논리가 숨어 있듯 성욕의 문제도 마찬가지다. 성욕(Sexuality)은 '관계들이 드러내는 사회적 맥락을 설명하는 개념'이 될 수 있다. 성욕이란 단순한 개인적인 욕망이 아니라, 그 사회가 욕구하는 권력의 관계가 육체에 각인된 상황인 것이다. 그러므로 성과 신체는 육체의 산물이 아니라 사회적 산물로 간주되어야 하며, 자아를 형성하는 핵심적 요소가 될 수 있다.[19] 개화 초기 신여성에게 인간으로서의 자아를 확인하는 하나의 방법이 자유연애였다. 자유연애는 부모의 간섭에서 벗어나 자신의 판단과 결단에 의해 사랑의 대상을 선택하는 일이다. 그러나 1930년대 신여성이 사랑의 대상으로 선택한 남성은 대개 고향에 조혼한 아내가 있는 기혼자였고,[20] 일부일처제가 근간인 사회에서 이 같은 사랑의 방식은 불행과 파멸의 길을

---

17 김양선, 「근대극복을 위한 여성문학의 논리」, 『창작과 비평』, 1996 겨울, 139~141쪽.
18 위의 논문, 141쪽.
19 이태숙, 「여성성의 근대적 경험 양상－1920년대~30년대 문학을 중심으로」, 고려대 박사논문, 2000, 30~31쪽.
20 김동식, 「낭만적 사랑의 의미론」, 『문학과 사회』, 2001 봄, 161쪽.

걸을 수밖에 없었던 것이다. 이렇게 근대적 욕망에는 사회경제적 권력관계가 내재되어 있기 때문에 신여성의 물욕과 성욕을 다룰 때에는 당대의 물적, 이데올로기적 토대가 충분히 고려되어야 한다.

그러나 이광수 소설에서 물욕과 성욕의 문제는 모두 개인적 인격의 부족함, 인간적 자질의 결여 때문에 생긴 것으로 치부되고 있다. 『재생』의 순영이 1919년 만세 때의 숭고한 의식을 버리고 세속화되는 것은 그녀 자신이 정신적인 가치를 중시하지 않고 돈을 탐하기 때문이며, 약속을 쉽게 저버리는 그녀의 성격 때문인 것이다. 그렇기에 그녀들은 모두 응분의 벌을 받게 된다. 금봉의 비참한 일생, 또 순영의 비극적 최후는 작가가 자본의 논리와 사회적 권력관계의 희생물인 여성들에게 개인적인 단죄를 내리는 양상이라 할 수 있으며, 이로써 이광수의 '시각적'[21]이고 단선적인 여성관이 드러나는 것이다. 결국 작가에게 여성은 끊임없는 교화의 대상으로 자리한다. 『사랑』에서 안빈의 사상에 감화받은 석순옥과 박인원은 근대적 주체로서의 여성이 아닌, 남성에 의해 자신의 존재가 규정되는 타자의 모습을 보여주고 있으며, 더욱이 그 타자성이 '희생'의 허울에 의해 포장되고 있는 것이다.

그러므로 욕망하는 여성상에 대한 평가에서도 "타락해 가는 애정풍토에 대한 경종의 차원"을 넘어서야 하며, 또 개인적 탐욕 때문에 좌절하는 것을 당연히 여기는 관점도 극복해야 한다. 이는 이윤동기의 이해관계 속에서 계산과 합리화의 논리에 의해 조작되는 관리된 욕망[22]이기 때문에 근대성의 경험이 여성의 욕망에 투사되어 나타난

---

21 김봉구, 「신문학초기의 계몽 사상과 근대적 자아」, 동국대 부설 한국문학연구소 편, 『이광수연구(상)』, 태학사, 1984, 107쪽.

현상이라고 파악해야 할 것이다.

3) 구원자로서의 여성

(1) 동양적 · 고전적 여성과 낭만적 사랑

이광수 소설에서 구원자로서의 여성상은 낭만적 사랑을 구성하는 데 중요한 요소이다. 이광수 소설에서 사랑의 문제는 초기 단편 「어린 벗에게」부터 마지막 장편 『사랑』에 이르기까지 지속적으로 다룬 주제이다. 「어린 벗에게」를 보면, '생명을 바치'는 사랑을 지향하고, '사랑한다'는 말 한마디만 해 준다면 평생 떨어져 살아도 상대를 사랑할 것이며, 사랑의 대상이 이 세상에 존재하지 않는다 하여도 가슴속에 영원히 남아 있으리라는 절대적 사랑에의 동경을 관념적으로 형상화하고 있다. 또한 이는 장편소설에서도 그대로 나타난다. 『무정』이 추구하는 사랑은 "한 개인의 내면의 사랑, 육욕과 영욕의 분리라는 점에서 전형적인 낭만적 사랑의 범주에 속한다."[23] 정신과 육체의 분리와 정신주의적 사랑에의 편향은 『개척자』, 『유정』, 『사랑의 다각형』, 『애욕의 피안』, 『사랑』 등에서 두드러지게 표현되고 있다. 이렇게 정신적 사랑에의 강렬한 동경을 동반한 낭만적 사랑에는 전형화된 남성상과 여성상이 등장한다. 남성상은 안빈과 허숭처럼 조선의 미몽을 타파하여 식민지의 상황을 해결하려는 대의를 품고 이를 향해 모험을 감행하는 능동적 인물들이다. 여성상은 상대적으로 수동

22 리타 펠스키, 앞의 책, 106~107쪽.
23 최혜실, 앞의 논문, 176쪽.

적인 인물로, 남성인물이 대의를 성취하는 데 보조 역할을 한다. 여성 인물을 자세히 보면 외모도 아름답고(『유정』의 정임), 선한 성품을 지니고 인내심도 강하기 때문에 어떤 역경도 극복(『사랑』의 순옥)해내는 성격의 소유자이며, 이들은 대개 정신주의의 경향(『애욕의 피안』의 혜련)을 보인다. 또한 이들은 돈에 대한 욕심이나 성적 욕망을 다스리지 못해 파멸하는 욕망의 여성들과 대비되어, 낭만적인 사랑을 지향하는 구원적 여성상이라 할 수 있다.

> 그 투명한 살이 전깃불에 비친 양은 참 아름다웠고 가벼운 비단 양복이 그리는 몸의 선, 그리고 고개를 푹 수그린 양은 말할 수 없이 아름다왔소. 나는 처음 이렇게 아름다운 정임을 발견하였소.
>
> 다음 순간에 정임이가 혼란하던 어떤 감정을 진정하고 고개를 가만히 들어 정면을 정향 없이 바라볼 때에는 그 두 뺨에는 홍훈이 돌고 검고 큰 눈에는 눈물이 빛났소. 정임이 다시 고개를 숙여 하얀 목덜미를 보이며 소매 끝에 넣었던 손수건으로 두 눈을 잠깐 눌러 눈물을 찍어내었소. 어떻게도 가련한 동양적, 고전적 미인의 선인고! 리듬인고! (『전집』 4, 22쪽)

이광수 소설에 긍정적으로 묘사된 여성의 이미지는, 요란한 꾸밈이 없는, '분도 바른 듯 만 듯'한 자연미를 갖추고 있으며, 정신적 순결함, 몽상적 · 순정적인 성격을 지니고 있다. 이러한 여성상은 위의 예문에서처럼 『유정』의 동양적 · 고전적 여성의 이미지로 요약될 수 있다. 이광수의 대표작이라 할 수 있는 『흙』, 『유정』, 『사랑』에서 주인공 남성은 이들 여성에 의해 자아 성찰과 구원의 계기를 발견하고, 자신의 과업을 수행하거나 자신의 정체를 새로이 구성해 나간다.

'동양적, 고전적 미인'으로 지칭되는 여성의 이미지가 지닌 근대성을 규명하기 위해서는 우선 낭만적 사랑의 의미를 파악해야 하고, 또한 이광수의 후반기 소설에 나타난 복고주의, 옛 조선주의, 집단주의의 성격이 규명되어야 한다. 이 두 맥락이 만나는 지점에 보수적이고 복고적인 여성상이 놓여있기 때문이다. 낭만적 사랑의 경험은 "근대의 산물이며 근대성의 구성요소의 하나"이다. 서구의 경우 근대적인 사랑 또는 연애를 특징짓는 낭만적인 사랑은 '근대적 개인성의 출현'과 관련을 갖는다. 그러므로 "낭만적인 사랑과 새로운 라이프 스타일의 창출은 근대적인 것이며, 푸코가 지적하고 있듯이 부르주아 계급이 자기 정체성을 확립하는 정치적 윤리적 과정의 역사적 산물"이다. 이것의 지향성은 "열렬하면서도 낭만적인 연애, 부모세대의 구속으로부터의 해방, 사랑으로 지속되는 부부생활, 친밀하면서도 민주적인 원칙이 지켜지는 공간으로서의 가정"이라 할 수 있다.[24] 표면상 낭만적 사랑은 남녀간의 자유로운 결합과 평등성을 포함하고 있기에 근대적 개인성을 지닌 주체는 남성과 여성 모두에게 요구되는 것이다. 그러나 실제 근대의 경험은 남성에게 낭만적 사랑의 능동성을 부여하여 주체로 자리하게 하고, 여성에게는 기다림과 수동성의 자질을 부여함으로써 낭만적 사랑의 대상으로 머무르게 한다. 더욱이 식민지 상황이라는 조선의 특수성은 낭만적 사랑의 주체(남성)조차도 왜곡되게 만들었다. 식민지적 근대로 인하여 계몽적 주체[25]의 경험은

24 김동식, 앞의 논문, 147쪽.

25 여기에서 언급하는 근대주체는 '어떤 주어진 형태'로서가 아니라, 근대사회의 산물이면서 동시에 근대사회의 요건인 존재로 이해할 수 있는데, 즉 '하나의 완결된 존재라기보다는 형성적 존재'이다. 근대적 주체는 모순과 혼돈으로 가득찬 근대적 삶의 경험들을 답파해가는 과정 속에서 스스로를 형성해나간다. 김철, 「친일문학론—근대적 주체의 형성과 관련하여」, 『민족문학사연구』 8호, 1995, 14~15쪽 참조.

불완전하고 불안한 것이 될 수밖에 없었던 것이다. 이와 같은 계몽적 주체의 혼돈으로 인해 서구에서처럼 근대적 자아가 '근대국가'의 완성을 목표로 하는 것이 아니라, '생활과 풍속의 개량' 혹은 "민족이나 국가를 완전히 추상화, 신비화하는 방향"으로 나아간다. 이광수는 "이 추상화된 관념적 국가를 하나의 절대적 귀의처로 상정"하고, '옛 조선의 정신', '개인주의, 자유주의에 대한 우리주의, 단체주의, 전체주의'에 복귀한다.[26] 결국 낭만적 사랑은 수동적이고 인내하는 여성을 선망하게 하고, 또 이광수의 복고적 태도는 봉건 조선의 여성상에서 구원자를 발견하게 한 것이다. 이광수의 후기 소설에 나타난 복고지향성이 식민지 근대의 불완전한 경험으로 인한 것이라면, 여성상의 복고성 역시 근대 경험의 불안함이 가져온 결과이며, 그 불안을 과거 조선 여인이 지녔던 특질을 미화하는 것에서 보상받으려 했던 것이라 볼 수 있다. 이로 인해 낭만적 사랑의 대상이 되는 여성들은 모두 "고개를 푹 수그"린 채 남성을 위한 희생을 최우선으로 여기는 삶을 살게 된다. 『흙』의 유순이나, 『유정』의 정임, 그리고 『사랑』의 석순옥이 그러한 인물들이다.

고전적 여성상의 정신절대주의는 또한 이광수의 육체/정신의 이분법적 사고에서 연원한다. 앞서 주체와 타자의 이분법적 논리에서처럼, 정신/육체의 이분법도 폭력적인 위계질서를 갖게 된다. 정신의 우월성과 육체적 욕구의 비하는 이광수 인물의 주요 모랄이었던 금욕주의[27]와 결합하여 극단적이면서 비현실적인 형태의 여성인물을 만들어 낸다. 『사랑』의 석순옥은 안빈에 대한 헌신으로 점철된 삶을

26 위의 논문, 15쪽.
27 홍혜원, 「이광수 소설의 서사성 연구」, 이화여대 박사논문, 2000, 140쪽.

산다. 그를 위해서라면 사랑하지도 않는 사람과 결혼할 수도 있으며, 또 저 멀리 이국의 땅으로 타향살이를 떠날 수도 있는 것이다.

이와 같은 낭만적 사랑과 복고적 여성상, 정신절대주의에 의해 이광수가 가장 선호했던 구원자로서의 여성 인물이 산출된다. 이들은 모두 전통적이고 순종적이며 수동적인 인물로 가부장제가 사적 영역에 여성을 묶어두기 위해서 요구했던 자질들을 두루 갖추고 있어 현실적인 여성상 자체를 왜곡하고 있다. 그러나 이들이 등장한 것만으로 작가를 '봉건주의로의 회귀'라고 평가할 수는 없다. 이는 왜곡되고 불완전한 근대를 경험한 작가가 근대의 부정적 양상을 극복하기 위한 대안으로 제시한 것이기 때문이다.

(2) 자연으로서의 여성과 이상향

구원의 여성상은 특히 농촌사회로의 지향에 의해 더욱 부각된다. 구원자로서의 여성들을 긍정적으로 묘사하는 데에는 근대의 분열과 모순에 의해 유기적 전체성이 훼손되지 않았던 과거의 이상적인 사회에 대한 향수가 내포되어 있는 것이다. 이는 『재생』에서 그 기미를 보이다가 『흙』에서 집약적으로 나타난다. 『흙』의 유순은 농촌을 대표하는 여성이고, 정선은 경성을 대표하는 인물이다.

> A. 그들은 어느 한 사람의 이익을 위하여 어느 한 사람에게 손해를 지우는 것은 말할 것도 없거니와, 무릇 온 동네의 이익이라든지 명예에 해로운 일을 생각할 줄 몰랐다. 그것이 이 회나무가 가장 잘 안다. 개인과 전체, 나와 우리와의 완전한 조화 — 이것을 이상으로 삼았다. (『전집』 3, 76쪽)

B. 경성역에 내린 때에는 숭은 꿈에서 깬 것 같았다. 바쁜 택시의 떼, 미친 년 같은 버스, 장난감 같은 인력거, 얼음가루를 팔팔 날리는 싸늘한 사람들. (『전집』 3, 18쪽)

C. 십년 전 여성들의 입에 오르내리던 애국이니 이상이니 하는 도덕적 말들은 긴 치마 자주 댕기와 같이 영원한 과거의 쓰레기통에 집어던지고 말았다. (…중략…) 이것이 현대인의 비위에 맞는지도 모른다. 또는 이것이 병균이라고 하면 현대인은 현대의 시골인 조선 여성도 거기 대한 저항력을 잃어버렸다.(『전집』 3, 114쪽)

A는 농촌과 그곳의 사람들을 서술한 것이고, B와 C는 경성과 그곳의 사람들을 묘사한 글이다. A에서 드러나듯 농촌사회는 '개인과 전체, 나와 우리'가 완전하게 조화를 이룬 곳이고, 그렇기에 '성문율(成文律)'이 없어도 갈등이나 분규가 일어나지 않는 곳이다. 그와 대조되어 B의 도시는 싸늘한 사람들이, 더 이상 도덕적인 삶의 태도를 지니지 않은 채, 이기주의와 향락주의에 빠져 살아간다. 이와 같은 농촌과 도시의 비교에 의해 작가의 이상적 사회가 A에 집중되어 있음을 알 수 있다. 분화되지 않고 비합리적이지만, 조화로운 과거 공동체의 이상이 『흙』에 내재되어 있는 것이다.

이러한 과거 공동체에 대한 향수는, 여성에 대한 의식과 겹쳐진다. 위의 인용 C는 도시 여성의 모습이다. 매일 모여 잡담이나 나누고, 남자 교제에 있어서도, "이 남자에서는 얌전을 맛보고 저 남자에서는 시어시언의 내를 맡고 또 다른 남자에서는 육체의 미를 감상하고 그리고 또 다른 남자에서는 자동차 값과 저녁 값의 재원을 찾"는 여성들이다. 그에 비해 농촌의 여인들은 상당히 긍정적으로 형상화되어 있다.

한갑 어머니는 "속으로 무한한 슬픔과 불안을 가지면서도, 도회 여자 모양으로 그것을 말이나 몸짓으로 발표하지는" 아니하는 '조선의 어머니의 자제력'을 가진 인물이다. 또한 유순도 "그가 조선의 딸의 맘을 그대로 지니지 아니하였다 하면 그가 도회적, 이른바 신식 여자라 하면, 울고 원망하고 미쳐 날뛰고 혹은 서울로 달려 올라가 허숭의 결혼식에 또는 가정에 한바탕 야료라도 하였을 것"이지만, 유순은 "가슴에 어이는 듯한 아픔을 품고도 겉으로는 아무 일도 없는 듯한 태연한 태도를" 보인다.

이렇게 농촌 여인을 긍정적으로 묘사하는 것은 소외되지 않은 자연이나 유기체적 공동체와 여성이 친화성을 지닌다는 생각에서 비롯된 것이다. 또한 여성의 존재 자체를 근대의 경계 밖에 설정함으로써 허구적이며 이상화된 전근대적 과거에 대한 향수가 여성으로 치환되는 것이다. 이와 같이 여성을 "물질주의의 증가, 과학적 이성의 숭상, 소외된 도시 환경 등과 동일시되고 있는 근대 문명의 구속에서 벗어날 수 있는 구원의 도피처로 삼는 양상"은 "친밀함과 진정성과 같은 여성적 가치가 근대성의 논리 바깥에 존재한다"는 근대 담론의 전형인 것이다.[28] 결국 "여성은 남성에 비해 전문화와 분화가 덜 되어 있고 가정과 가족 관계의 사사로운 관계망 속에 존재하며 생식 능력을 지니고 있어 자연과 보다 밀접하게 연관된 존재로 간주되었기 때문에, 외관상 근대적 삶의 소외와 파편화에 의해 손상되지 않은 무시간적 진정성의 영역을 구현"[29]한다고 보았던 것이다. 특히 현실적으로 조국을 상실한 식민지 시대 지식인에게 여성은 "훼손될 수 없는 조국이

28 리타 펠스키, 앞의 책, 74쪽.
29 위의 책, 43쪽.

자 자연이며 언제라도 귀향할 수 있는 정결한 공간"[30]으로 여겨졌다. 이광수 역시 초기에는 이론적으로 여성의 권리를 옹호하고 혁신적으로 봉건의 유제를 타파하고자 했으나, 실제 다가온 근대의 경험은 그리 긍정적이지도, 이상적이지도 않았던 것이다. 이로써 문명과 대비되고 자연과 동일시된 여성인물을 등장시켜 부정적 근대를 치유하고자 하였다.

그렇기에 앞서 언급한 대로 구원의 여성상은 봉건성에의 편향이라기보다 근대 담론의 전형인 것이다. 여성을 자연으로 치환하는 사고틀을 '봉건적'이라 평가한다면, 오히려 여성의 경험을 근대에서 제외시키는 결과를 가져올 수 있다. 근대의 경험이 가져온 주체의 분열을 극복하기 위한 한 방편으로 선택한 경로 — 과거 · 자연으로서의 여성지향 — 역시 근대를 구성하는 또 다른 경험이며 근대를 지탱하는 또 다른 축이기 때문이다.

3. 여성의식의 모순성과 근대성

이상의 작품 분석을 통해 이광수 여성상은, 여성으로서의 자각과 정체성 획득을 위한 노력에서 성적, 물적 욕망의 부정성을 부각하는

30 이은경, 「단군신화 바깥에서 유랑하는 신여성 – 탄실 김명순」, 『여/성이론』 2호, 1999 겨울, 305쪽.

과정을 거쳐 순결하고 성스러운 모성상을 지닌 여성으로 변화해왔다고 정리할 수 있다. 이와 같은 변모 과정은 근대성의 다양한 경험이 작품 속에 반영되었기 때문에 나타난 현상이다. 초기소설에서 주체로서의 자아를 확립하려 하나 주체/타자라는 이분법의 위계적 논리에 의해 타자는 좌절할 수밖에 없었다. 또『재생』에서처럼 여성의 욕망이 내재한 근대의 사회적 권력관계를 보지 못했기에 여성의 타락을 자질의 부족으로 평가하고 개인적 단죄를 내렸던 것이다. 구원자로서의 여성은 부정적 근대의 도피처이자 대안일 수 있었으나, 이로 인해 여성인물의 비역사성만 강조하는 결과를 가져왔다.

이와 같은 변모 양상을 통해 이광수 소설에서는 여성을 타자의 위치에 놓고, 사적 공간에 가두거나 남성의 조력자로 위치지움으로써 오히려 인간으로서의 여성이라는 의미를 퇴색시킨 것이라고 볼 수 있다. 이는 곧 여성주의적 시각에서 보면 전통적이고 보수적인 여성상을 '문학'의 제도를 통해 재생산해내려는 결과를 가져온 것이라고도 파악할 수 있다.

이상과 같이 여성상을 근대성의 측면에서 해석함으로써, 후기 작품에 대해 기존의 평가와는 다르게 접근할 수 있다. 이는 작가의 의식이 보수적이고 봉건적인 태도로 변화하면서 나타난 현상이기보다는, 양가적 근대를 경험하는 과정에서 일어난 굴절로 볼 수 있다는 것이다. 근대가 사적 영역과 공적 영역을 구분하고 남성과 여성을 특정 영역에 가두어두었다고 해서, 사적 영역이나 여성적 경험이 전근대이거나 봉건적일 수는 없다. 오히려 사적 영역은 근대화 양식이나 사회변화과정과 긴밀하게 결합되어 있다. 다시 말해 공적 영역과 사적 영역은 근대라는 동전의 양면이며, 여성 역시 근대적 경험을 남성들과 함께 동시기에 치러낸 주체이고 그렇기에 이제 남성적 경험뿐만 아니라 여성적 경험들까지도 근대성의 자기 규정에 포함되는 것이다. 이렇게 근대성을 다양한 경험의 총화로 규정하게 되면, 이광수의 후기 소설에 나타나는 종교적이고 전근대적 형상들은 '소급' 혹은 '향수'를 또 다른 본질로 갖고 있는 근대성의 한 양상이라 평가할 수 있다. 그리고 이는 근대성의 특징이자, 모순이고, 더욱이 우리는 그것을 식민지에서 경험함으로써 더욱 극단적으로 나타난 것이다.

근대의 경험은 이중적이고, 양가적이다. 『무정』의 형식에서처럼 미래에 대한 확신과 진화론적 발전 모델에 기대어 낙관적인 미래를 향한 진보가 나타나기도 하나, 또 다른 측면에서 보면 근대의 도래로 잃어버린 세계에 대한 근원적 그리움과 소외, 연대감의 상실, 파편화된 삶을 보상하려는 노력은 상상적 과거에 대한 다양한 욕망을 표현하게 한다. 그러므로 기존에 여성적 경험으로 타자화되어 그 의미가 적절히 발굴되지 못했던 이상적 사랑에의 동경과 도피주의적 환상과 결합된 구원의 여성상 등은 중심부재의 근대를 보여주는 중요 기표라 할 수 있다. 다만 과거에 대한 동경은 역설적으로 대안적 미래를 건설하려는 적극적 시도이며, 향수가 근대 비판의 기제가 될 수 있어야 한다. 그러나 이광수에게 전통과 여성은 상상 속의 낙원이었고, 실체로서 존재가 아니었다. 이미 근대의 출발에서 실체로서의 과거는 완전히 부정되었기 때문이다. 여기서 대안적 미래를 위한 새로운 실체 — 일본 — 를 찾아 나선 것이다.

이태준 소설과 식민지 근대성

여성인물을 중심으로

1. 들어가며

「구인회」의 결성, 상고주의 혹은 전통지향성의 표방, 해방 이후 자기비판과 월북, 북조선문예총 활동과 숙청 등 일련의 사건은 한국 근대소설사에서 이태준의 작가적 비중이 어느 정도인지를 보여준다. 이태준이라는 코드를 해석하지 않고는 중층적 구조를 지닌 (식민지)근대소설의 지형도를 그려낼 수 없는 것이다. 이는 1988년 월북 작가의 해금 이후에 본격적인 연구가 시작되었음에도 불구하고, 현재 산출된 방대한 분량의 연구업적이나, 이태준 연구사론, 단일 작가 관련 학회의 결성[1] 등에서 충분히 확인할 수 있는 바이다.

---

1 2004년까지 100편 이상의 학위논문과 422편 이상의 논저가 있는 것으로 조사되었다. 연구사론으로는 이병렬(「이태준 문학연구, 그 성과와 한계」, 상허학회, 『근대문학과

이렇게 이태준이 주목받는 이유는 그가 누구보다도 치열하게 식민성과 근대성을 그리고 식민지 근대의 또 다른 얼굴인 민족과 제국주의를 고민했으며 소설 창작을 통해 그에 대한 다양한 대응 방식을 보여주었기 때문이다. 단편과는 모순되는 미학을 보여주는 장편소설을 창작했다는 사실, 「구인회」라는 순문학 단체를 이끌면서도 작품은 모더니즘이 아니라 리얼리즘에 가깝다는 사실, 일제 말기 친일적 성향의 작품을 생산했다는 사실, 순문학을 지향하면서도 해방과 더불어 북한을 조국으로 선택하고 작품을 창작하였다는 사실 등은 바로 이태준의 현실 대응 방식의 복잡성과 다양성을 드러낸다. 이와 같이 모순된 양상을 해독할 수 있는 지점은 결국 작가가 터한 현실, 즉 식민지 근대와 작가의 길항관계라 할 수 있다. 식민지 근대를 경험하면서 때때로 이를 받아들이기도 하고, 또 거부하거나 비판하고 극복하고자 했던 과정이 문학적 험로로 나타난다고 할 수 있다. 결국 이 관계를 적절히 해독하는 과제가 우리에게 부과되는 것이다.[2]

(식민지)근대의 경험이 압축적으로 표상되는 지점은 곧 소설의 재현체계 내에서 주체가 구성되는 방식에서 발견할 수 있다. 이 글에서는 이태준 소설의 여성 주체와 남성 주체의 정체성 형성과정을 분석함으로써 작가가 드러내는 식민지 근대성의 본질을 규명하고자 한다.

이태준』, 깊은샘, 2000)과 강진호(『현대소설사와 이태준의 위상』, 『상허학보』 13집, 2004)의 논문이 있다. 이들 작업에 기반을 제공한 것은 1992년 이태준 연구자들이 모여 결성한 「상허문학회」이다.

2 물론 이전의 이태준 연구사 역시 이 문제에 대한 해답을 찾고자 했던 것이라 볼 수 있다. 그러나 이 글에서는 이태준 연구사에서 여전히 남아 있는 문제들, 단편과 장편의 차이를 어떻게 해석할 것인가, 해방 전과 이후 작품은 불연속적인가, 친일적 성향을 드러내는 작품을 어떻게 이해할 것인가 등의 문제를 종합적으로 설명할 수 있는 핵심적 코드를 발견하고자 한다.

특히 여성 인물의 재현 방식에 나타나는 특성에 주목하고자 하는데 이는 근대성의 모순적이고 양가적 특성이 이중화된 타자—식민의 상황에 의해 그리고 다시 남성에 의해—인 여성 이미지에서 집중적으로 드러나기 때문이다.

'근대성=남성성', '근대적인 것=공적인 것', '근대화=경제적 발전' 등과 같은 근대담론체계에서 여성은 전근대, 전통, 자연, 사적 영역의 범주로 계열화되고 역사와 사회의 바깥에 위치한 타자로 설정된다. "여성은 남성에 비해 전문화와 분화가 덜 되어 있고 가정과 가족 관계의 사사로운 관계망 속에 존재하며 생식능력을 지니고 있어 자연과 보다 밀접하게 연관된 존재로 간주"[3]되었다. 이 맥락에서 여성은 열등한 존재이며, 억압의 대상이자, 훈육의 대상이 된다. 대타적 존재인 열등한 여성이 있기에 남성주체는 근대가 요구하는 자기정체성을 적절히 구성할 수 있다. 그러나 근대는 필요에 따라 여성을 근대주체로 호명한다. 남성이 부재한 시기이거나 공적 영역이 지나치게 제도화되어 억압적이거나 경제발전을 위해 적절한 소비가 필요한 때에 여성은 원하든 원치 않든 근대담론체계로 편입되는 것이다. 즉 전쟁 등으로 인하여 남성이 부재한 시기 또 식민지 상황이나 독재정권의 지배하에서 공권력의 강력한 힘에 의해 남성이 소외되어 있는 시기에 이를 극복할 '강한 이미지의 여성'을 요구하거나 혹은 산업자본주의의 발달과 상품의 과잉 공급 시기에 대두되는 '소비하는 여성의 이미지' 등이 포섭의 계기를 보여준다. 이것이 바로 근대성의 자기모순이며 '배제와 포섭'의 논리인 것이다. '배제와 포섭'의 논리를 규명하는

3 리타 펠스키, 김영찬 · 심진경 역, 『근대성과 페미니즘』, 거름, 1998, 43쪽.

일은 근대성을 남성성이라 단정하는 방식에 대한 문제제기이며, 또한 근대담론의 분열된 지점을 찾아내어 해체시키기 위한 시도이기도 하다. 근대성은 여성에게도 동일하게 경험된 것이며 남성주체가 그것의 유동성과 양가성에 곤혹스러워한 만큼 여성 역시 혼란스러웠던 근대적 삶과 경험을 내재화시켜야 했다.

식민지라는 불구의 상태에서 근대사회의 체제를 갖춰나갔던 조선의 경우, 근대담론은 강력하고 또 가혹한 형태로 배제와 포섭 전략을 펼친다. 예를 들어 '신여성'의 기표는 근대화의 도정에서 초기에는 봉건적 유제를 타파하고 근대적 여성으로 재탄생하기 위해 모든 여성들이 지향해야 할 목표점이었다. 그러나 근대적 여성의 활동 영역을 사적 영역, 특히 가정에 국한함으로써 여성 삶의 목표 역시 생식과 양육에 놓이게 된다. 이때 신여성의 자유분방한 사고와 행동은 순수혈통과 출산 가능한 건강한 몸이나 건전한 아동 교육에 방해가 되고, 이로 인하여 신여성은 부정적 기표가 되어 사회 밖으로 추방된다.[4]

이태준 소설에 나타난 여성의 재현 방식 역시 근대담론의 '배제와 포섭' 전략을 드러낸다. 즉 남성주체의 정체성을 구성하기 위해 여성인물을 타자화시켜 배제하거나 혹은 남성인물의 주체 구성이 쉽지 않은 상황에 이르면 타자화된 여성인물을 근대담론의 기제 안으로 호명한다. 이는 이태준의 소설에 나타난 식민지근대의 양상이 결코 단일하지 않으며 유동적이고 불안정적인 것이었음을 보여준다. 다음에서 이태준의 소설을 통해 그 구체적 양상을 확인해 보자.

---

4 나혜석의 일대기는 바로 근대 담론이 여성을 어떻게 포섭하고 배제하는지를 보여주는 서사이다.

2. 훼손된 여성과 식민담론

이태준 단편소설에서 여성인물이 등장하는 경우, 대개 부정적으로 형상화되어 있다.[5] 작가는 가난 때문에 성을 매매할 수밖에 없는 존재(「그림자」, 「산월이」, 「아무일도 없소」, 「어떤 젊은 어미」, 「바다」, 「사막의 화원」, 「꽃나무는 심어놓고」, 「패강냉」)로 여성을 그려내거나, 신여성이 드러내는 경제적 혹은 도덕적 허위의식을 소재로 삼거나(「천사의 분노」, 「슬픈 승리자」, 「순정」, 「철로」), 아이를 버리고 도망간 아내(「달밤」, 「밤길」), 병을 앓고 있는 여성(「까마귀」), 불행한 결혼으로 눈물짓는 여성(「온실화초」) 등을 형상화한다.

여기서 확인할 수 있는 바는 대부분의 여성 주체가 훼손되어 있다는 사실이다. 정도의 차이는 있지만 육체적인 것이든 정신적인 것이든 상처입은 존재인 것이다. 특히 성매매 소재 작품의 경우, 이태준 단편에서 상당수를 차지하고 있으며 성매매가 여성 몸을 타자화하고 도구화하는 방식의 전형을 보여준다는 점에서 주목할 만하다. 여기에서는 대표적 작품으로 「그림자」(1929)를 분석해보고자 한다. 「그림자」는 성매매 여성인물이 등장하고 있는 초기작으로 이태준의 여성 인식과 형상화 방식, 작가 의식 등에서 원형적 특질을 추출할 수 있는 작품이라 생각된다.

「그림자」는 첫사랑의 대상인 기생 소련과 소설의 화자 '나'의 연애담이다. 고요한 달밤에 '나'는 사오년 전의 일, '아무 쓸데없는 지나간

5 몇 개의 작품에서 사랑을 지켜내는 긍정적 신여성을 그려내고는 있으나, 이는 예외적 작품이라 할 수 있다.(「결혼」, 「코스모스 이야기」)

일' 하나를 추억한다. 유학생 시절 명월관 본점에서 남도기생 소련이를 만나 그녀의 기품과 슬픔 어린 얼굴에 반하게 된다. 당시에는 다시 만나지 못하나 그리움을 가슴에 지니고 있던 중 일 년 후 다시 소련이와 만나 본격적인 사랑에 빠진다. 그러나 그녀에게는 어린 딸이 있었고, '나'와의 사랑을 위해 그 딸을 독살하려 했다는 사실을 알고 결별하게 된다. 삼 년 후 결혼한 '나'는 친정가는 아내를 전송하러 청량리 역에 갔다가 우연히 소련이와 그의 딸을 보게 된다. 이에 당황한 '나'는 소련이를 외면하지만 곧 자신에 대한 부끄러움과 허무함을 느낀다.

이 글에서 '나'가 사랑에 빠지는 계기는 소련이의 복고적인 이미지 때문이다. 소련이라는 인물과 대비되는 기생 향화는 음란하고 천박하며 소리도 변변하지 못한 인물이다. 그에 비해 소련이는 '조예깊은 기생'으로 옷매무시와 말솜씨가 "여염부녀와 같이 단정"[6]하여 객의 홍취를 결코 상하게 하지 않는 인물로, 향화를 '닭'으로 비유한다면 소련이는 '학'으로 비유할 수 있다는 것이다. 또 "일요학교에서나 볼 수 있는 천진한 소녀와 같은" 눈을 지녔을 뿐만 아니라, "홍취깊은 남도 소리와 능란한 가야금"(40쪽)의 재주를 지니고 있다. 이와 같이 소련은 전통적이고 고아한 이미지와 재주를 지닌 여성이다.

1930년대 후반에 가면 이태준은 전통지향적인 경향을 뚜렷이 드러내는데, 이때 전통의 범주에 포함되는 것은 소멸하는 것들, 자연적인 것, 옛것, 정신적 경향성 등이다. 근대 발전의 담론에 의해 배제되었던 '과거'가 민족 상실의 위기와 근대 비판의 관점이 대두하면서 다시 호출된 것이다. 이미 물적 토대를 잃어버린 '과거'가 재현되고 실현될

---

6 이태준, 「그림자」, 『이태준문학전집 1－단편 I』, 서음출판사, 1988, 40쪽. 이하 「그림자」 관련 인용은 이 책의 쪽수만 밝힌다.

수 있는 매개물은 상상적이거나 미적인 형상물이다. 그러므로 미적 자율성의 이름으로 호명된 전통지향성은 이태준의 식민지 근대에 대한 비판의식[7]을 보여주며 동시에 식민지 근대담론의 배제와 포섭 논리를 드러낸다.

「그림자」의 소련이에 대한 '나'의 경도는 바로 이태준의 상고주의적 경향의 초기 모습이라 할 수 있다. 근대담론에서 봉건적이고 전통적인 여성상은 배제의 대상이었다. 그러나 근대의 양가성은 '과거'에 속한 전통적 여성을 근대담론으로 다시 불러들인다.[8] 그것은 남성주체가 정체성 구성에 혼란을 느끼거나 정신적 안식처를 구하고자 할 때 복원된다. 역사의 경계 밖으로 내몰았던 타자가 주체의 자기정립을 위하여 새로 등장하는 것이다. 사랑의 열정을 쏟아부을 대상을 지니지 못했던 일본유학생 '나'가 발견한 것은 '학'처럼 단정하면서도 슬픔을 지닌 듯한 복고적 이미지의 소련이었던 것이다. 그녀는 '나'의 연애의 대상이 되어 낭만적인 열정을 드러낼 수 있는 기표가 된다. 그러나 근대적 이성의 체계에서 과잉된 감정의 노출은 열등한 것으로 치부되었기에 남성 인물의 주체 형성을 위해 오래 지속될 수 없다.

사랑과 그리움의 대상이었던 전통적 여성이 현실의 맥락으로 들어오는 순간 그녀는 자신의 아이를 독살하려한, 반인륜적 행위를 저지른 인간으로 변모한다. 이와 같은 소련이의 행위로 인하여 '나'는 '관

7 이러한 작가의 태도가 가장 잘 드러나는 작품이 「패강랭」일 것이다. 「패강랭」은 평양 여인들의 흰 머릿수건과 기생의 존재를 통해 현재와 과거, 경제 논리와 정신세계, 서구와 조선을 대비시켜 후자의 우월성을 증명하려 한 소설이다.

8 근대의 텍스트에서, 여성은 산업화로 인한 물질주의의 증가, 과학적 이성의 숭상, 소외된 도시환경 등과 동일시된 근대문명의 구속에서 벗어날 수 있는 구원적 도피처로 자주 묘사된다. 여기서 여성은 타락하기 이전의 상태, 자연적인 과거를 상징한다. 리타 펠스키, 앞의 책, 74쪽 참조.

념의식'을 다시 지니게 된다. 여기서 '관념의식'이란 감정 내지는 정서, 열정, 육체성 등과 이항대립을 이루는 것으로 이성적이고 냉정한 지적 능력을 의미한다.

> 솔직히 말하자면 내가 그 전해 가을같이 소련이에게 대한 인상만으로 그를 그리워했을 것 같으면 그가 살인을 범하는 독부라 하더라도 나는 서슴지 않고 찾아갔었을 것이다. 그러나 이 때엔 벌써 바닥이 드러나도록 소련이의 고운 것이라고는 다 행락해본 때였었다.
>
> 이와같이 나의 정열이란 벌써 꺼지려는 촛불과 같이 흔들리고 있는 틈을 타서 뿌리깊이 자라고 있던 얼음 같은 이지는 나의 전의식력을 지배할 수 있었다.(51쪽)

위의 인용에서 소련이는 '나'의 감정의 소비 대상이었다는 사실, 정열은 순간적이고 소모적이나 이지(理智)는 지속적이며 의식을 지배하는 것이라는 인식이 드러난다. 즉 타자의 존재를 통하여 '나'의 정체가 구성되는 것이다. 이때 타자에 속하는 것은 여성, 감정, 정열 등이고 주체인 '나'는 그것을 다 '행락'했다면 언제든지 버릴 수 있다. 남성 주체가 스스로를 정립하는 데 있어 여성은 도구적인 존재이기에 쉽사리 포섭되고 배제된다.

그러므로 이 소설은 단순히 젊은 시절 사랑했던 기생의 이야기에만 머무르는 것이 아니라, 남성 주체의 성장을 담고 있다. 남성 주체의 성장 — 감정을 조절하고 지성을 우선시할 수 있는 능력을 지닌 존재 — 을 위해 과거 속에 머물던 복고적 여성의 이미지를 재등장시키지만, 그것이 근대적 주체로의 정립에 방해가 되자 다시 타자화 · 도구화시키는 것이다.

이와 같은 양상은 「그림자」의 서술방법에서도 이미 내재되어 있다. 「그림자」는 액자형의 서사구조를 지니고 있으며 1인칭 화자가 오래 전 자신의 이야기를 들려주는 형식이다. 외부액자는 회고 행위에 대해 서술하고, 내부액자는 실제 연애담에 관한 것이다. 외부액자에서 화자 '나'는 '고요하고 아름다운 달밤'에 우연히 생각난 '조그마한', '아무 쓸데없는 지나간 일' 하나를 회고한다. 여기서 조그마하다는 표현이나 쓸데없다는 표현은 사랑의 감정이나 연애의 과정이 별로 중요한 일이 아니라는 태도를 드러내며 또 감정의 양상을 여성화하여 타자의 위치에 밀어넣는 역할을 한다. 동시에 하찮은 일이었다는 태도를 보임으로써 과거 이야기와의 거리감을 유지한다. 물론 액자의 구조나 시간적 경과(사오 년 전) 등이 이미 대상과의 일정한 거리를 형성케 하나, 하찮은 것이라는 표현 역시 이런 거리두기의 효과를 가져온다. '나'와 대상의 명확한 거리감은 대상을 객관화시키고 변별시킴으로써 '나'의 정체를 확인할 수 있게 한다.

이상의 독법에서 머문다면 「그림자」는 전형적인 남성중심적 근대서사를 형상화한 작품으로만 취급될 수 있다. 그러나 문제는 「그림자」의 '나'란 남성주체가 소련이에 대한 연민의 감정을 노출시키고 있다는 점이다. 소련이와 청량리에서 재회한 후에 '나'의 반응은 지극히 감정적인 것이다.

> 푸파소리와 함께 달빛 희미한 언덕 너머로 사라져 가는 차를 바라볼 때 가엾은 소련이가 죽어서 나가는 상여를 바라보듯 나는 울음이 복받쳐 나왔다. 이 세상에 소련이와 같은 계집이 얼마나 많으며 또한 나와 같은 사나이는 얼

> 마나 많을까. 나는 오늘에 있어서도 나보다 약한 사람들, 나보다 어리석은 사람, 그들에게 그들의 행복을 약속하며 그들의 장래를 보증하는 것이 아닌가?
>
> 과연 나에게 그만한 힘이 있는 것인가?
>
> 아아 소련이는 얼마나 나를 원망할 것인가?(54쪽)

더욱이 이와 같은 감정은 더욱 깊어져 "오늘 나에게 그를 위로할 만한 무슨 말"도 없음을 안타까워하고 모두가 한낱 그림자임을 느낀다. 이런 식의 연민의 감정은 타자를 배제에서 다시 포섭의 계기로 끌어당긴다. 연민이라는 '감정'의 지위가 '이지'에 의해 타자적 위치로 전이되었다가 다시 회복되는 것처럼, 소련이와의 사랑은 단순한 감정 낭비의 사건이 아니라, '나'라는 주체의 정체성을 구성하는 데 있어 중요한 일부분임을 보여준다. 그렇기에 소련이와의 관계가 위의 예문에 나타난 것처럼 보편적 인간관계로 확산되고 있다.

기생 소재 소설이나 성매매를 문제삼는 소설에서 이와 같이 작가는 여성을 타자화시키면서도 다시 연민의 시선을 보내는 태도를 보인다. 특히 가난을 계기로 성을 상품화해야 하는 여성에 대해서는 '쓰라림', '외로움', '울음' 등으로 반응한다. 「아무 일도 없소」에서 기자 K는 '크게 센세이션을 일으킬' 에로를 찾아 유곽을 방문하지만 나이 어린 창기와 그들의 슬픈 사연에 '울음'이 터져 나오려 하고, 「바다」나 「꽃나무는 심어 놓고」에서는 돈에 팔려가거나 인신매매당하는 여성에 대한 '탄식'이 등장한다. 이는 곧 여성이 형상화되는 방식이 배제와 포섭의 계기를 끊임없이 넘나들고 있음을 보여주는 것이다.

또한 이를 확장하여 본다면 식민지근대에 대한 이태준의 대응방식을 발견할 수 있다. 식민지의 상황과 일제에 의해 속속 들어오는 근대적 제도와 이념들을 수용할 수밖에 없지만 그의 내부에는 이에 대한 비판과 거부가 자리하고 있는 것이다. 그러나 식민지의 상황은 국가 장치이자 제도로써 견고한 것이었고 식민지 지식인의 저항은 막연하고 절망적일 수밖에 없었다. 그의 단편소설에서 선택한 인물들이 주변적 존재로 훼손되어 있다는 사실은 이를 증명한다. 다만 여기서 문제가 되는 지점은 훼손된 존재에 대한 연민의 감정이 때에 따라서는 식민의 상황을 정당화시키는 담론으로 이용될 수도 있다는 점이다. '연민'은 감정의 계열체이며 감정은 지성의 이항대립으로 근대담론에서 여성과 더불어 부정적이며 열등한 기표이다. 그렇기에 연민을 드러내는 일은 스스로를 타자의 위치에 놓은 것이며 스스로 여성화되는 것이다. 식민담론이 식민지를 여성, 야만, 미몽의 범주에 포함시켜 열등한 존재로 치부하여 문명화된 남성적 식민주체의 지배를 정당화시켰다는 관점에서 본다면, '연민' 드러내기는 결국 스스로 식민지인임을 인정하는 태도가 될 수 있는 것이다. 이와 같이 이태준 단편소설에 나타난 주체의 형성과정은 식민지 근대담론에 포획되기도 하고 그로부터 이탈하기도 하는 작가의 의식을 보여준다.

3. 위대한 어머니와 민족담론

이태준의 장편소설은 단편에 비해 통속적인 성격, 즉 연애의 삼각관계나 정형화된 인물 구성, 우연적 플롯 등으로 인하여 상당기간 주목받지 못하였다. 또한 작가 자신이 신문연재 소설에 대해 일종의 '일탈' 혹은 '여기(餘技)' 아니면 먹고 살기 위한 한 '방편'[9]으로 여기고 있었기에 적절한 평가 작업이 이뤄지지 않았다. 이태준 장편소설이 통속적 대중소설의 경향을 보이는 것은 분명하다. 다만 이 글에서 주목하고자 하는 바는 장편에 등장하는 여성인물의 형상화 방식에 드러난 식민지 근대담론의 양상이다. 장편소설이 보여주는 반복적인 인물 구성 방식, 스테레오타입의 인물, 세태묘사적 측면 등은 소설의 구성에 있어 약점이 되기도 하지만, 여성인물의 측면에서 보면 당대 일상세계에 침투한 식민지 근대담론의 복잡다기한 층위를 읽어내는 데에는 유효한 측면이 있다. 특히 『성모』의 경우, 남성이 지닌 모성 이데올로기의 특성을 두루 보여주고 있으며 나아가 근대성의 수용과 비판, 식민성의 내재화 등의 문제를 적절히 보여주는 텍스트이다.[10]

『성모』(1935~1936)는 신여성의 연애와 실패, 동거와 이별, 미혼모와 자녀교육 등의 사건을 한 여성의 성장 과정에 맞춰 순차적으로 배치하고 있다는 점에서 일종의 여성성장소설로 볼 수 있다. 여주인공 안순모는 김상철과 사랑하는 사이였으나 순모의 선배 이덕인의 방해로 멀어지게 되자, '반동적 감정'에 휩쓸려 상철의 친구인 화가 박정현과 밤을 보낸다. 집안에서 상철과의 혼인말이 오고 가지만 이제 정현에

---

9 채호석, 「통속과 계몽, 그리고 「제국」의 논리」, 상허학회 편, 『이태준과 현대소설사』, 깊은샘, 2004, 91쪽.

10 다른 장편에 비해 『성모』에 대한 페미니즘적 접근은 어느 정도 진행된 상태이다. 주목할 만한 연구로 심진경(「이태준의 『성모』 연구」, 『상허학보』 제8집, 2002), 김양선(「식민지 시대 민족의 자기 구성 방식과 여성」, 『한국 근대문학 연구』 8집, 2003) 이명희(「이태준 소설의 여성주의적 층위」, 『상허학보』 제6집, 2000), 김주리(「이태준 장편 소설에 나타난 모성의 의미 고찰」, 『여성문학연구』 14호, 2005) 등의 논문을 들 수 있다.

게로 사랑의 감정이 옮겨간 순모는 가출하여 정현과 동거를 시작한다. 그러나 경제적 궁핍으로 생활은 순탄치 못하고 박정현은 화실에 그림을 배우러 온 부잣집 딸 윤부전과 동경으로 떠나버린다. 정현이 떠난 후 임신한 사실을 알게 된 순모는 어찌할 바를 몰라 고민하지만 새 생명에 대한 경이와 자녀 교육에 대한 의지를 갖게 되면서 아이를 낳기로 결심한다. 다시 순모에게 돌아오려는 상철도 거부하고 이제 순모는 강한 어머니로 재탄생한다. 아들 철진을 얻고 그를 민족의 아들로 키우기 위해 스스로를 희생하고 갖은 정성을 들인다. 순모는 이상적 어머니, 현명한 어머니가 되고자 노력하였고 철진 역시 훌륭한 조선의 청년으로 성장한다. 작품의 말미에서 비밀결사조직인 연구회 활동이 경찰에 발각되어 철진은 중국으로 떠나고 순모는 일꾼을 길러내는 일을 하고자 결심한 후 철진의 애인이자 상철의 딸인 옥경과 편물강습회로 향한다.

소설의 시작에서 안순모는 성에 관한 인식이 부족하고 또 이성과 접근하는 모든 행동을 죄악시하는 태도를 보인다. 아름다운 외모 때문에 덕인의 질투와 견제의 대상이면서도 성관념은 무지하며 금욕적 태도를 지닌 존재였다. 그런 순모에게 상철과의 연애는 쉬운 일이 아니다. 감정상으로는 상철에게 끌리지만 그것을 드러내는 일이나 신체적 접촉에 대해서는 민감하게 반응하는 것이다. 이로 인하여 상철과 의남매라는 우회적 방식으로 연애를 하게 된다. 순모에게 이성과의 교제는 신기한 일이면서도 한편으로는 두렵고 무서운 것이었다. 그렇기에 다가오는 상철에 대해 항상 불안과 '겁'을 느낀다.

순모의 두려움과 망설임은 오랜 세월 여성을 규제해온 순결이데올로기를 순모 자신이 내재화하고 있었기 때문이다. 여성의 모든 국면을 순결이라는 단 하나의 기준으로 평가해내는 방식에서 성장한 여성이라면, 당연히 이성과 가까이 하는 행동을 죄악시하고 불결한 것으로 느낄 수밖에 없다. 그렇기에 상철과의 연애에서 능동적 태도를 보이지 못한다. 연애의 감정이 진행되어도 상철이 지닌 열정에 비해, 순모는 그것을 선뜻 받아들이지도 못하고 오히려 '냉수 같은 남자', '찬물 같은 남자'를 이상으로 생각하게 된다. 이러한 순모의 소극적 태도와 덕인의 적극적인 태도를 비교하던 상철은 결국 덕인의 유혹에 빠지게 된다. 이에 순모는 이전부터 냉정한 성격을 지니고 있고 대화를 나눌 때에도 배울 것이 많아 들은 이야기를 "노트에 적어 두고 시플 만치 요긴한 지식"[11]을 주는 '선생님'인 정현에게로 돌아서게 되는 것이다. 그러나 순모가 정현과의 동거를 결심하게 된 결정적 이유는 '순결을 잃은 몸'이기에 상철에게로 갈 수 없다는 사실 때문이다. 결국 가부장제가 여성을 사적 공간에 가두고 생물학적 도구로 만들기 위해 부과한 '순결성'이 삶의 방향을 결정하는 기준으로 작용한 것이다.

결혼 전 여성에게 요구되는 것이 '순결성'이라면 결혼 후 여성에게 요구되는 덕목은 '모성성'이다. 사실 『성모』는 제목에서부터 적나라하게 드러나듯이, 여성 주인공이 탈성화(脫性化)된 '가장 훌륭한 어머니'로 정착하는 과정을 보여주는 소설이다. 즉 전체 소설의 구조가 이를 담론화하기 위해 짜여진 것이라 할 수 있다. 이는 이미 소설의 전반부에 전제되어 있다.

'나는 이담에 그런 어머니가 되지 말어야지…… 자식에게 속아서야 어떠케

11 이태준, 『성모』, 『이태준 문학전집』 7, 서음출판사, 1988, 93쪽. 이하 『성모』 관련 인용은 이 책의 쪽수만 밝힌다.

> 자식을 지도한담!'
>
> 하고 사람도 즘생이 새끼를 낫는 것과 똑갓튼 이치와 갓틈으로서 아이 낫는 것을 침뱃든 순모엿지만 이러케 무의식중에는 자기 자신도 어머니될 꿈이 꿔지는 것이엿다.
>
> '그러구 상철 씨가 업바가 됏으니까 요즘 뭐니뭐니 하는 여러 가지 사상, 주의, 운동에 관해서두 인젠 만히 배워야지……'
>
> 하고 자기는 한번 훌릉한 신녀성 위대한 모성으로서 완성되여 보리란 야심과 정렬이 밤 깁도록 불타올랏다.(68쪽)

위의 예문은 자신과 상철의 연애를 이해 못할 구식의 어머니에 대해 생각하면서 이어지는 장면이다. 여기서 확인할 수 있는 바는 우선 여성은 '무의식'적으로 어머니되기를 꿈꾼다는 사실이다. 이는 전형적인 남성 담론으로 모성을 여성의 본질적 자질로, 여성의 모든 활동을 생명 탄생의 단일적 행위로 회귀시키는 생물학적 접근방식이다. 또한 우월한 남성인물과 비교하여 여성은 열등하므로, 교화주체인 남성을 기준으로 교화대상인 여성은 배워야 한다는 논리도 확인할 수 있다. 이 역시 가르치는 자를 남성성으로 배우는 행위를 여성성으로 파악하는 이분법적 계몽담론의 특성을 보여준다. 소설이 진행될수록 교화대상으로서의 여성에 대한 인식은 나름대로 극복되는 양상을 보인다. 사생아를 낳아 키우면서 여러 가지 난관에 부딪히지만 꿋꿋하게 이를 해결·극복해 나가는 순모의 모습은 현실 속에서 여성으로서의 자기 정체를 스스로 정립해 나가는 주체적 여성상을 보여주는 듯하다. 그러나 문제는 그런 행위의 대전제가 '훌륭한 어머니되기'라는 사실에 있다는 점이다. 즉 여성의 본질을 '모성'으로만 단일화시키는 방식이, 근본적으로 『성모』를 구성하는 인식체계이며 순모를 형상화하는 원리인 것이다.

위대한 모성으로 완성되는 정체성을 부여하기 위해 여성인물을 형상화하는 과정에서 작가는 두 가지의 계기를 설정한다. '사랑'의 실패와 '아들' 낳기가 그것이다.

첫 번째 상철과의 연애나 정현과의 동거는 실패할 수밖에 없다. 상철이나 정현 모두 순모의 아름다운 외모에 빠져 연애를 시작하지만, 두 인물 모두 육체적・현실적 욕망에 굴복한다. 상철은 끊임없이 자신을 유혹하는 덕인에 의해, 정현은 돈으로 유혹하는 윤부전 때문에 순모를 버리게 되는 것이다. 작품의 상당부분을 차지하는 두 남성과의 사랑이 완성될 수 없는 것은 순모의 성스런 모성을 위해서이다. 모든 것을 바칠 대상은 하나이어야 한다. 온전한 모성, 절대적 모성을 위해 육체적 욕망이 개입될 수 있는 연인의 역할은 불필요한 것이다. 그리고 자신의 모든 것을 희생하여 아들을 키워내는 어머니만 남게 된다. 여기서 여성의 섹슈얼리티는 완전히 지워지고 탈성화된 존재가 되는 것이다.

두 번째로 모성의 완성을 위한 계기는 아비 없는 '아들'의 출산이다. 처음 아이를 가졌다는 사실을 알게 된 순모는 아이로 인해 변화될 자신의 삶을 걱정한다. 남편도 없는 상태에서 아이를 낳아 키우는 것은 세상의 손가락질을 받는 일이며 아이로 인해 아무것도 할 수 없을 것이라는 생각에 두려움을 느끼는 것이다. 그리하여 "잠이 들면 웬 샛빨간 갓난아이들이 자기 팔에도 다리에도 억개와 가슴에도 무데기로 와서 무슨 징그러운 버레처럼"(255쪽) 달라붙는 꿈까지 꾸게 된다. 이로 인하여 유산시킬 마음도 먹어 보지만, 결국 생각을 바꾼다.

사회가 용납지 안는다? 아이의 노예가 되기 실타? 그건 벌서 산 사람의 말이 아니다. 정말 사회에 나서 일하려는 정렬에 타는 사람이 하는 말이 아니다. 사회가 용납하지 안흐면 혼자 왜 일하지 못하는가? 조은 일을 혼자 수긋하고 하는데 누가 와 훼방을 논단 말이냐? 또 자식 기르는 것을 노예의 노동으로 보는 것은 망녕된 인식이다. 너는 네 부모를 네 노예로 아느냐? 학교에서 선생님에게 백년지계는 종어인이란 말을 듯고도 그리느냐? 오늘 조선사람들처럼 인물이 업서 쩔쩔매는 무리들이 어듸 잇느냐?

(…중략…)

'네 아이가 장래 이 민중을 위해 끼침이 크다면 오늘 너의 의로운 노력이 어째서 한낫 노예의 것이 되고 만단 말이냐?'

(…중략…)

'어떤 위인이던지 그의 뒤에는 반듯이 위대한 어머니가 잇단말이 잇다. 오늘 우리에게 위대한 인물이 업는건 오늘 우리에게 위대한 어머니가 업섯기 때문이다. 못생긴 어머니들이 못생긴 자식들만 남겨 노은 때문이다! 순모야? 그러치 안흐면 아니라고 해보아라?'(261～262쪽)

이태준 장편소설에 자주 등장하는 '자문자답 형식'[12]의 고민 끝에 순모는 아이 낳기를 결심한다. 뱃속 아이가 아들일지 딸일지 궁금해하는 과정에서 '딸'에 대한 고정관념을 비판하는 대목이 잠시 등장[13]

12 심진경, 앞의 논문, 136쪽. 심진경은 '자문자답의 형식'이 계몽의 내용을 설파하기 위해 작가가 자주 사용하는 방법이므로, 인물의 말이라기보다는 작가의 주장을 일방적으로 전달하기 위한 서술방식이라고 지적한다.

13 여성에게 교육에 대한 기회를 주지 않는 것이나, 되는 대로 길러 이왕 남 줄 것이라면 하루라도 일찍 치워버리려는 부모 세대의 의식에 대한 비판이 제기되고 있다. 또한 딸자식을 믿지 않는 부모, 그로 인하여 조선의 딸은 나면서부터 정신상 부모가 없는 고아라는 비판도 눈에 띈다. 이태준, 『성모』, 275～276쪽 참조.

하기는 하나, '민족을 위기에서 구할 지도자의 탄생'이라는 측면에서 아들의 출산은 예정된 바이다. 이렇게 아들 철진을 얻은 후 순모는 사회에서 '귀한 사람'인 어린이를 양육하는 일에 진력을 다하게 된다. 성장한 철진이 사립전문학교에 가고자 할 때 드러나는 순모의 생각은 '성모'로서의 이미지를 여성 주인공이 어떻게 내면화하고 있는가를 잘 보여준다.

> '하나박게 업는 아들! 하나박게 업는 식구!'
>
> 이것을 생각할 때는 철진이가 길들지 안흔 매나 독수리처럼 멀–리 날아버리는 준비를 하는 것이 순모에게 슬프지 안흘 수 업섯다. 자기의 형편만 가터서는 철진이가 관립대학이나 온건한 모범학생으로 졸업해 가지고, 월급 만흔 자리에 취직이나 되어 자기의 말년을 밧들어 준다면 제일 조켓지만 순모로선, 제일 리상적 어머니, 제일 현명한 조선의 어머니가 되리란 큰 포부를 숨은 순모로선 그런 조고마한 자기 일개인의 안락을 위해 창공을 날으려는 대붕과 가튼 젊은 아들의 압길을, 아니 한 개 조선 청년의 압길을 막을 리가 업섯다.(427쪽)

사생아를 낳는 일이나, 그 아들을 자신의 호적에 올리는 일, 여성의 경제적 독립 등의 모티프들은 봉건적 가부장제에 대한 거부라는 측면에서 충분히 긍정적으로 평가할 만한 것이다. 그러나 이 모든 것들이 최종적으로는 여성의 '어머니노릇'에 바쳐진다. "내가 네 에미가 되지 못햇다면 내가 이 세상에서 너를 기르는 즉 조선에 나서 조선의 청년 하나 조선의 일군 하나를 기르는 사업을 못햇다면 초개만 못한 목숨"(433쪽)이라는 언급에서 확인할 수 있듯이, 여성의 존재 의미를 아이의 출산과 양육이라는 '어머니노릇'에 국한함으로써 여성을 생물학적 차원으로 도구화하고 있는 것이다. 결국 이 작품은 모성 이데올로기라는 가부장제의 신화를 재생산하는 데 일조한다.

근대담론이 내포한 '통제할 수 없는 성장'과 '자연 지배의 욕망'의 이면에는 근대적 삶의 속도에 대한 공포와 '아이러니', '소외'가 놓여 있고[14] 이로 인하여 주체는 모호성과 불안정성을 느끼며 복합적이고 유동적이며 이율배반적인 정체성을 구성한다. 그러므로 근대의 주체는 모두 상처입은 존재이다. 그 상처를 치유하고자 선택하는 것이 바로 근대 이전의 세계에 속한 것들에 대한 그리움, 즉 향수(鄕愁)다. 향수의 대상은 자연이거나 전통 혹은 순결한 여성이거나 어머니인 것이다. 성장의 욕구 속에 근대담론이 경계 밖으로 배제시켰던 존재들이 그리움의 대상으로 다시 근대담론 안으로 호명된다. '탈성적인 어머니'는 그것의 대표적인 기표이다. 그러므로 『성모』의 어머니는 개별적 존재로서의 여성이 아니라 근대성의 자기모순이 호명한 근대표상인 것이다. 물론 이것이 반여성적임은 분명하다. 여성의 현실적이고 개별적인 경험이나 갈등은 완전히 삭제된 채 이미지로만 부유하고 있기 때문이다. 여성의 상처는 은닉되고 남성의 상처를 치유하는 대타적 존재로 이상화되어 등장한다.

또한 더욱 심각한 문제는 식민지 근대에서 더구나 1930년대 후반이라는, 민족의 존망이 위기에 놓인 상황에서 가부장제의 논리와 근대의 논리는 상상의 공동체인 '민족'을 구성하고 그 의식을 강화하는 데 적절히 활용된다는 점에 있다.[15] '민족'과 '국가'가 식민의 상황에 놓인

---

14 리타 펠스키, 앞의 책, 22쪽.

15 김양선은 '민족'을 상상하는 데 '동원'된 여러 문화적 이데올로기적 자질 중에서 '젠더'

상태에서 '민족국가' 개념을 구성하여 응전의 체계를 만들어야 할 때 가부장적 근대의 배제와 포섭의 논리는 상당히 유용하다. 민족의 경계를 분명히 해야 하고 그 경계짓기에서 배제될 것과 포섭해야 할 것을 명확히 구분해야 하기 때문이다. 이때 타자로서의 여성성 중 선택될 수 있는 것은 자신의 섹슈얼리티를 완전히 억제한 모성뿐이다. 건강한 아이를 낳아 조선의 아들로 키워낼 수 있는 자질만이 선택되고 포섭되는 것이다. 성적으로 무절제하거나, 물욕이 강한 여성들은 배제의 대상이다. 『성모』의 앞선 예문에서 확인되는 바, '민중을 위해 일할 수 있는 위대한 인물', '창공을 날아갈 아들', '조선의 일꾼'을 키워내는 여성만이 위대한 어머니로써 민족의 구성원이 될 수 있는 것이다. 그 외의 모든 욕망은 가질 수도 드러낼 수도 없다. 이는 안순모의 민족과 남성의 역할에 대한 다음의 언급에서도 확인된다.

> 그 외에 민중을 위해서 어떠케 하라거나 사회를 위해서 어떠케 하라는 훈련은 근대의 조선의 아들들에겐 애초의 히망부터 두지를 안헛다. '공연히 사회에 나가 떠드는 것은 객적은 일이다. 네 부모부터 섬기고 네 집 감당부터 충실히 하여라'하는 투로 제 한집안 안에서만 무사하면 언제까지나 세상은 무사태평할 줄로 미더 왓다. 그래서 자기네 사회나 자기네 민족을 모욕하는 자리에서 얼굴 한번 붉힐 줄 몰랏스나 자기네 부모를, 아니 썩어진 뼉다구라도 자기네 조상을 욕하는 데서는 목숨을 내여 노코 드러 덤빈 것이 근대의 조

가 식민성과 근대성의 내면화와 극복 사이에서 빚어진 이율배반성을 예리하게 보여준다고 지적한다. 즉 민족주의 담론이 남성과 여성에게 차별적으로 적용되었고, 상이한 주체구성 방식을 통해 자기 담론의 적절성을 증명하려 했다는 것이다. 김양선, 앞의 논문, 47~50쪽 참조. 특히 민족을 순수한 가부장적 공동체로 상상하는 방식은 가부장제와 민족주의 담론의 교차점을 확인할 수 있게 한다.

선의 아들들이엿다.

그건 부모들의 잘못이다. 부모들이 아들이면 자기 소유물로만 만든 때문이다. 민중이나 사회나 국가의 소유물인 점은 눈꼼만치도 생각지 안헛기 때문이다. 그리게 조선서는 가정 속에는 신수가 멀끔한 아들들이 욱실욱실하면서도 사회엔 무인지경처럼 텅—비인 것이다.(277쪽)

여기서도 알 수 있듯이 개별적 존재로서의 인간은 배제되고 집단으로서의 인간, 즉 민족의 구성원으로서의 남성의 역할만이 강조된다. 더불어 그 남성을 '훈련'시킬 수 있는 여성만이 민족의 일원이 된다. 순모 역시 탈성적 존재로 민족주의 담론을 내재화시킴으로써 '동거'나 '혼전임신', '사생아 출산' 등에 대한 사회적 비난을 비켜가면서 숭고한 민족의 어머니가 되는 것이다. 이와 같은 여성인물의 재현 방식은 『성모』뿐만 아니라 다른 장편 소설에서도 두루 발견되는 양상이다.[16]

또한 근대담론에서 남성의 소외와 혼란, 상처를 치유할 수 있는 존재로 여성이 호명되듯, 식민 상황에서 피식민 남성주체는 식민주체와의 관계에서 국가를 상실한 타자의 위치에 놓이고 자신의 주체를 회복하기 위해 다시 여성을 타자화하고 식민화한다. 그 과정에서 다른 특성과 자질, 경험 등은 모두 배제된 채 '아이 낳아 기르는 능력'만이 여성의 유일한 본원적 자질로 여성 정체성이 규정된다. 결국 이 작

16 『딸삼형제』에서 송정매가 세속적인 삶의 방식을 거부하고 어머니로서의 자기 정체성을 확립한 후 아들 키우기에 전념하는 모습이나, 『청춘무성』에서 고은심이 9명의 아이를 입양하여 키우고, 최득주가 미혼모와 사생아 구제 사업을 벌이면서 어머니 역할을 하는 모습 등은 이태준 장편소설에서 모성 이데올로기가 반복적으로 등장하는 양상을 보여준다.

품에서 개인/민족, 섹슈얼리티/모성을 배타적으로 설정하고, 전자를 후자에 귀속시키는 것은 현실의 허약한 민족을 부정하고 있어야 할 민족을 상상하기 위해 여성성이 활용되는 방식을 보여준다.[17] 또한 국가의 상실로 주체의 정체성을 적절히 구성하기 힘든 식민지 남성이 여성을 호명하여 다시 타자화함으로써 그 상실감을 채우는 양상을 발견할 수 있다. 결국 이태준 소설의 모성 이데올로기는 근대담론과 식민지 민족담론이 공통적으로 드러내는 배제와 포섭의 논리에 기반한 중층적 담론체계라 할 수 있다.

4. 나가며

이상 이태준의 「그림자」와 『성모』를 중심으로 식민지 근대담론이 인물의 재현방식에서 작동되는 양상을 살펴보았다. 근대담론이 보여준 '포섭과 배제'의 논리는 이태준 소설 특히 여성 인물의 형상화 과정에서 충분히 확인할 수 있다. 「그림자」에서 '나'와 소련의 연애가 지속되거나 단절되는 방식은, 근대담론이 여성을 필요에 따라 적절히 동원하거나 배제시키는 방식을 그대로 따른다. 또 『성모』에서는 식민지의 상황에 대응하기 위한 하나의 방법으로 여성을 활용하는 방식

17 김양선, 앞의 논문, 59쪽.

을 보여준다. 즉 여성이 민족의 구성원으로 포섭되기 위해서는 모성을 제외한 모든 자질들이 억압되어야 하는 것이다. 민족의 어머니로 남음으로써만 식민지 조선의 구성원이 될 수 있었던 것이다. '포섭과 배제'의 논리가 중층적이고 모순적인 것이듯, 여성인물을 통해 드러난 작가의 의식 역시 근대에 대하여 또 식민의 상황에 대하여 이율배반적이고 복합적임을 확인할 수 있다. 그러나 이율배반적이기 때문에 그 한계 역시 분명할 수밖에 없다.

이태준의 장편소설이 대부분 여성인물을 주인공으로 삼고 있다는 점은 페미니즘 문학연구에서 충분히 주목할 만한 양상이다. 그러나 앞선 분석에서 드러났듯이 여주인공들은 식민지 남성에 의해 다시 식민화된 이중적 식민지이자, 내부의 식민지로 기능할 뿐이다. 여기서 여성의 다양한 주체 구성 방식은 '모성'이라는 자질로 단일화되어 버린다. 식민지 근대담론이 내포한 배제와 포섭의 논리가 위험한 것은 그 담론의 구조가 제국주의의 식민담론과 닮아있다는 점에 있다. 제국주의의 식민 담론 역시 제국과 식민지를 주체(남성)와 타자(여성)의 관계로 설정하여 자신의 식민 논리를 폭력적이고 강제적인 형태로 휘두른다. 그리고 그 논리의 중심에 배제와 포섭의 전략이 내재되어 있다.

동일 논리에 의한 담론 전략 때문에 식민지 근대담론은 언제든지 제국의 식민이론으로 전이될 수 있는 것이다. 이는 또한 이태준의 소설에 드러난 식민지 근대 담론 역시 쉽게 제국주의와 식민주의를 허용하는 논리로 전환될 수 있음을 뜻한다. 「그림자」에서 '연민' 드러내기가 남성 주체가 피식민지임을 인정하는 것으로 해석될 여지가 있다는 것에서도 식민주의 담론의 가능성을 엿볼 수 있다. 또한 『성모』의 모성이데올로기는 결국 피식민지인의 잃어버린 주체를 복원하기 위해 동원된 허구적 여성 이미지이며, 여성성의 호명방식은 여전히 스스로의 타자적 위치를 확인하는 과정일 뿐이라는 점에서 식민주의의 논리를 읽어낼 수 있다. 이는 1940년대 전후한 이태준 작품의 친일성에 대한 논란을 해석할 수 있는 또 다른 길이 될 것이라 생각한다. 다만 이는 추후의 논의를 필요로 한다.

여성 젠더의 포섭과 배제

일제 말기 한설야 소설과 신경증

1. 들어가며

1934년 카프 제2차 검거사건으로 체포되었던 한설야는 1935년 10월 집행유예로 풀려난다. 출옥한 직후 한설야는 카프의 해산과 중일전쟁을 향해 달려가는 일본의 파시즘을 목도하면서 고향 함흥으로 귀향한다. 이후 고향에서 그의 대표작 『황혼』(1936), 『청춘기』(1937) 등의 장편과 「임금」(1936), 「홍수」(1936), 「부역」(1937), 「산촌」(1938), 「귀향」(1939) 등의 단편을 발표하면서 왕성한 작품활동을 보여준다. 그러나 1939년을 넘어서면서 일제에 의해 창작의 자유는 더욱 억압당하고 자신의 사상을 드러내는 일은 물론, 우리말의 사용조차 용이하지 않게 되자 한설야는 무엇을, 어떻게 쓸 것인지 심각히 고민한다. 이 시기 한설야 생각의 단면을 볼 수 있는 글이 「기교주의의 검토」이다. 이 글에서 한설야는 "거치른 현실의 황파(荒波) 속에서 혼수와 혼돈에" 빠져 있는 요즘의 작가들이 "사회적인 여러 가지 사상을 작품의 내용으로 착래(捉來)할 근기(根氣)와 인식이 없으므로 자연 협애한 자아의 주가(住家)로" 돌아오면서 일련의 신변소설과 심리소설이 등장하였다고 지적한다.[1] 신변소설 등이 개인 체험과 심리에 국한됨으로 인해 여러 문제가 있는 것은 사실이나, 그렇다고 이 소설들을 전면적으로 부정하지는 않는다.

> 그러나 우리는 결코 심경소설이나 신변소설을 덮어놓고 전반적으로 부정하는 것은 아니다. 인간의 심리는 작품 구성의 중요한 데이터인 것이니 이것을 임의로 부정한다는 것은 인간을 부정하고 예술을 부정하는 것과 같이 어리석은 망상이다.
>
> 더욱이 역사는 시대의 타입을 보여줄 뿐으로 개인개인의 생활과 심리를 보여주는 바 없으나, 문학 예술은 이것을 구체적으로 재현하여 ── 형상화하여 우리에게 보여준다. 즉 문예만이 개개인의 비고(悲苦)와 오뇌의 욕망과 동태를 보여줄 수 있다.[2]

위의 인용에서 드러나듯, 한설야는 심경소설이 '객관적 현실성'에 기반하여 인간의 심리를 그려낸다면 '주체적 진실'을 향한 '훌륭한 심경소설'로서 기능할 수 있으리라 생각하였다. 이후 한설야는 '주가(住家)'를 모티프로 한 일련의 심경소설을 발표한다. 가족 특히 아내와의 갈등을 전면에 내세운 소설인 「이녕(泥濘)」(1939), 「종두(種痘)」(1939), 「모색

1 한설야, 「기교주의의 검토」(『조선일보』, 1937.2.7), 임규찬 · 한기형, 『카프비평자료총서Ⅶ—카프해산후의 문예동향』, 태학사, 1990, 322쪽.

2 위의 글, 323쪽.

(摸索)」(1940), 「숙명(宿命)」(1940), 「파도(波濤)」(1940) 등이 바로 그것이다.

이 작품들에 대한 기존의 연구경향은 1990년대까지만 해도 부정적인 평가가 대부분이었다. 즉 이 작품들을 전향소설로 분류하면서 "사상성의 감퇴와 이상의 포기",[3] "가족을 매개로 한 현실 타협의 논리화",[4] "스스로 이념 속에 빠진" "과거 지향적 자기 폐쇄의 세계"[5]가 나타난다는 것이다. 1930년대 중반까지 한설야 작품과 평론이 보여준 경향성과 단호한 의지에 견준다면 이 소설들은 작가 의식의 패배이자 일상의 논리에 매몰된 평범한 전향소설에 불과할 뿐이다.[6]

그러나 최근 들어 탈식민적 저항의 관점에서 한설야 소설 특히 일제 말기 소설을 긍정적으로 평가하는 연구[7]가 진행되면서 이 작품들에 대한 좀 더 다양한 접근과 평가가 이뤄지고 있다. 특히 이 시기 소설에 나타난 병리적 징후에 대한 연구가 주목할 만한데, 장석홍은 「이녕」 이후의 작품들에 대하여 '디오니소스적 광기'와 병리성을 중심으로 접근하였고[8] 한민주는 전향자의 주체 구성에 젠더 문제가 연관되는 양상을 '남성 매저키즘'의 측면에서 분석하였으며[9] 이경재는 일제 말기 한설야 소설의 인물들이 보이는 다양한 정신병리가 '나르

---

3 김외곤, 「일상생활에의 소시민적 복귀」, 『한설야단편선집 Ⅲ-숙명』, 태학사, 1989, 230쪽.

4 김윤식 · 정호웅, 『한국소설사』, 예하, 1993, 155쪽.

5 문영희, 『한설야 문학 연구』, 시와시학사, 1996, 195쪽.

6 다만 자의식 강한 주인공들이 보여준 의지 회복의 열망에 대해서는 부분적으로 긍정적 평가가 있어왔다. 강진호, 「1930년대 후반기 한설야 소설과 리얼리즘」, 『현대소설연구』 제1호, 1994 참조.

7 김재용, 「민족주의와 탈식민주의를 넘어서-한설야 문학의 저항성을 중심으로」, 『인문연구』 48, 영남대학교인문과학연구소, 2005; 고명철, 「한설야 문학, 그 탈식민의 맥락」, 『반교어문연구』 20집, 2006; 홍혜원, 「일제 말기 소설과 탈식민성」, 『현대소설연구』 제43호, 2010.

8 장석홍, 『한설야 소설 연구』, 박이홍, 1997.

9 한민주, 「1930년대 후반기 전향소설에 나타난 남성 매저키즘의 의미-김남천과 한설야를 중심으로」, 『여성문학연구』 10, 2003.

시시즘'으로부터 기인한 것으로 파악하고 있다.[10] 이와 같은 연구 경향은 작품의 표면상 드러난 의미구조뿐만 아니라, 서사를 작동시키는 근본적 동력이 무엇인지를 정신분석학적 측면에서 밝히고 있다는 점에서 의미를 갖는다.

이러한 연구가 가능한 것은 한설야의 신변소설이 신경증적 양상을 두루 드러내는 남성인물 중심으로 서술되어 있기 때문이다. 제국주의의 폭력적인 권력 행사 앞에 이념과 이상을 강제로 포기할 수밖에 없었던 인물들은 자신의 복잡한 내면을 강박증과 히스테리, 편집증적 망상과 우울증의 증상으로 표현한다. 외부로부터의 강한 충격을 버틸 수 없었던 지식인의 내면이 육체의 일탈적인 증후로 출현한 것이다. 그러므로 이 증후들을 분석하는 일은 곧 식민지 지식인이 일제 말기 현실에 대응하는 방식을 규명하는 일이며, 또한 분열된 자아를 재구성하여 남성 주체로서 자신의 정체성을 찾아가는 경로를 탐색하는 일이기도 하다. 이 글 역시 일제 말기 한설야의 신변소설[11]에 나타난 신경증의 여러 양상을 분석함으로써 남성 주체의 구성 방식을 살펴보고자 한다. 특히 기존 연구에서 누락되었던 지점인 여성 인물에 대한 양가적 태도를 집중적으로 고찰함으로써 가족 서사[12]의 구성이

---

10 이경재, 「일제 말기 한설야 소설의 나르시시즘 연구」, 『현대문학의 연구』 32, 2007.

11 본고에서 분석대상으로 삼은 작품은 「이녕(泥濘)」(1939), 「종두(種痘)」(1939), 「모색(摸索)」(1940), 「파도(波濤)」(1940)다. 동시기에 발표된 「보복」, 「술집」, 「태양은 병들다」, 「숙명」, 「아들」, 「유전」, 「두견」, 「세로」 등은 가족 내 사건이 중심이 아니거나, 아내와의 갈등 내지 신경증의 양상이 전면에 드러나지 않으므로 제외하였다.

12 본고에서 '가족 서사'는 라캉이 언급한 '상징계로의 진입'을 의미한다. 주체가 상징계로 진입하면, 주체는 아버지와 자신을 동일시하게 되고 상징적 거세가 이루어지며 가족 구조 내에서 한 위치를 차지하면서 자신의 정체성을 갖게 된다. 이를 '상징적 동일시(symbolic identification)'라 칭하는데, 아버지-어머니-아이의 가족 단위뿐만 아니라, 사회나 국가 단위로 확장이 가능하다. 아니카 르메르, 이미선 역, 『자크 라캉』, 문예출판사, 1994, 136~139쪽.

곧 국가담론의 수용으로 이어지는 지점을 규명해 보고자 한다.

2. 신경증과 분열적 주체

1) 정상과 비정상

한설야 신변소설의 남성인물은 몇 가지 공통점을 가지고 있다. 글 쓰는 직업을 가지고 있으며 과거에 조직이나 단체 생활을 했고 그로 인해 감옥을 다녀온 경험이 있다. 그리고 현재에는 가장으로 한 집안의 생계를 책임져야 하는 상황이다. 또한 이들은 모두 약한 성격의 소유자이며 성격상 정반대인 아내와 자주 충돌을 일으킨다.

「이녕」의 민우는 마음만은 늘 격분에 차 있으면서도 천생 약한 성격을 가지고 세상에 나왔기 때문에 겉으로는 필요 이상으로 공손히 살아왔다. 못마땅한 상황에서도 속으로만 욕할 뿐 상대방의 서슬에 눌려 무서움만 느끼는 것이다. 「종두」의 경구 역시 허약한 성격으로 싸워야 할 때에도 말 한마디 못하고 참아 버린다. 「모색」의 남식은 그러한 약한 성격이 신경증의 증상이라 할 만한 '편집증적 망상'[13]으로

13 망상은 현실 판단력에 장애가 생기는 것으로, 현실에 맞지 않은 잘못된 생각을 하거나 실제 사실과 다르면서 논리적인 설명도 불가능한 믿음이나 생각 등을 말한다. 프로이트는 나르시시즘적 신경증에 편집증(망상), 조발성 치매, 우울증을 포함시키고 있으며 편집증(망상)의 형식으로 과대망상, 추적망상, 애정망상증, 질투망상 등을 들고 있다.

까지 진행된 모습을 보여준다.

남식은 의도하지 않았지만, 자꾸 생각이 한 곳으로만 쏠리면서 미친 사람과 자기를 비교하거나 자신이 장엄하게 죽는 장면을 상상하기도 한다. 나아가 그런 자신을 보면서 스스로 머리를 의심해 보기도 한다. 이런 '망상'은 자기 자신뿐만 아니라, 외부세계를 향해서도 작동한다. 문지방이 비뚤게 보이고, 간판의 글자가 갑자기 무슨 글자인지 알 수 없게 되고, 앞으로 걸가는 사람이 뒷걸음치는 것 같이 보이는 등 남식의 의식세계는 논리적 인과 관계가 단절된 망상에 시달리고 있는 것이다.

> 그리고는 또 자기자신을 그 미친 사람에게 비겨 본다. 그러면 정말 자기의 머리가 어찌 잘못되었나 의심하게 된다. 아마 모르면 몰라도 머릿속의 알맹이 몇개 빠졌거나 그렇지 않으면 통기하는 구멍이 맥혀서 정신과 신경계통까지 이상이 생긴 것이 아닌가 생각하기도 한다.[14] (「모색」, 선집Ⅱ, 279쪽)

주체를 둘러싼 세계의 부당함에 분노하면서도 내내 속으로만 삭혀야 하는 남성 인물의 내면은 혼란과 고통에 휩싸일 수밖에 없다. 중일전쟁 이후 가속화된 총동원체제로 인해 조선의 작가들은 가혹한 억압에 시달려야 했다. 조선의 독립, 자본주의 체제의 정면적 비판 같은 것을 다루지 않으면 되는 것이 아니라, 국가의 정책을 적극적으로 작품에 형상화해야 했던 것이다.[15] 대동아공영권의 전쟁동원과 내선일

프로이트, 임홍빈 외 역, 『정신분석강의(하)』, 열린책들, 1997, 599쪽.

14 본고에서 다루는 소설의 출처는 김외곤 편, 『한설야단편선집Ⅱ－귀향』과 『한설야단편선집Ⅲ－숙명』(태학사, 1989)이다. 소설 본문 인용시 필요에 따라 작품명, 선집 권수, 쪽수를 표기하였다.

체의 황국신민화와 같은 일본 제국주의의 정책은 당연히 피식민지 지식인이 쉽게 수용할 수 없는 것이었고, 외부의 강요는 지식인의 내면을 파괴한다. 결국 제국의 정책과 그것의 강요는 일종의 상흔(trauma)이 되어 신경증을 낳는 것이다. 신변소설의 주인공들은 작가 한설야의 자기 투영적 인물이라 할 만한데, 일제 말기를 살아가야 했던 작가의 분열적 내면이 곧 남성 인물의 신경증으로 형상화된 것이라 할 수 있다.

특히 「모색」의 남식과 같이 사람들과의 관계에서 자신의 주장을 전혀 말하지 못하고 속으로만 욕하거나, 부당한 상황에 부딪혀서도 싸우지 못한 채 그 앙심만을 내내 마음속에 남겨두는 성격을 지녔다면 그의 내면은 심각한 분열과 망상에 시달릴 수밖에 없다.

남식이 스스로를 정신이상으로 의심하는 양상으로 신경증을 보인다면, 「파도」의 명수는 '의처증'의 형태로 그것을 드러낸다. 명수는 한 가지 일에 몰두하면 자신의 모든 정열을 다 불살라버리는 성격을 지녔는데, 현재 그 대상이 아내이다 보니 거의 병적인 '외쪽 사랑'을 보인다. 명수와 아내가 만나 새살림을 차리면서 제일 먼저 한 일은 아무도 찾을 수 없는 외진 골목에 집을 얻고 모든 사람과의 관계를 끊는 일이었다. 그러던 중 친구 중에서 제일 못생기고 믿음직한 사람으로 춘식을 골라 집을 방문할 자유를 준다. 그러나 그후 명수의 고민이 시작된다. 명수는 아내가 춘식에게 관심이 있다고 오해한다. 이에 명수는 아내의 일상적 행동에도 예민하게 반응하고, 몰래 아내를 훔쳐보거나 끊임없이 공상하면서 의심을 키워나간다. 아내에 대한 의심 끝

15 김재용, 『협력과 저항』, 소명출판, 2004, 185쪽.

에 결국 명수는 아내에게 폭력을 행사한다.

> 안해를 한 번 몹시 시까슬러 주고 싶었다. 안절부절을 못하도록 들볶아 주고도 싶었다. 아니 그보다도 어디든 찢어서 피를 보고 싶었다.(「파도」, 선집 III, 40쪽)

> 말하자면 이것은 사랑쌈인데 그도 해갈수록 심해저서 첨은 기껏해야 안고 뭉개든 것이 차차 손찌검이 되고 낭중은 머리채를 잡아 채고 또 머리를 박박 쥐어 뜯기까지 해서 안해의 머리가 아닌 게 아니라 칠월칠석 날 까치 대가리처럼 어설프게 되었다.(「파도」, 선집III, 54쪽)

이와 같은 아내에 대한 폭력은 가학적이지만 동시에 피학적이기도 하다. 즉 "자신의 의지가 실현될 통로를 차단당한" 데에서 기인한 것이며, 그리하여 가학적 사디즘은 자기 가슴에 불을 놓아 스스로를 태워버리고 싶은 매저키즘적 충동과 긴밀히 연결된다.[16] '의처증'의 증상으로 등장하였지만, 결국 자기 자신의 문제였던 것이다. 스스로도 자신의 열정이 여자에게서 타버리고 말 그런 종류의 것이 아님을 잘 알고 있으며, 일부러 외부와 단절시켜 자신을 가두었지만 마음속 어딘가 빈 구석이 느껴지고 또 외로운 생각이 들면서 정신은 질투망상에 빠진다. 그리하여 자신의 이상증세를 인지한 명수는 "나도 내가 미워서 죽겠소. 제발 나를 돌루 점 때려 주구려"(72쪽)라며 피학적 행동을 하는 것이다.

---

16 한민주, 앞의 논문, 288쪽.

편집증적 망상이든 의처증이든 간에 그 기원은 자아의 분열이라 할 수 있다. 이는 신경증의 여러 양상이 무의식의 차원에서 돌출적으로 등장하는 것이 아니라, 남성 인물이 자신의 증상을 끊임없이 확인하고 의식하며 반성하기에 그러하다. 즉 자의식이 강한 남성인물에 의해 스스로가 점검의 대상이 되는, 행위하는 자아와 그것을 바라보는 자아가 서로 충돌하고 번갈아 출현하는 것이다.

「모색」의 남식은 자신을 광인에게 비겨 보는 일을 하면서도 동시에 "그런 끔찍한 공상을 잊으랴고 눈을 감고 또 손버릇으로 제 머리를 따리고 급작스레 딴 생각으로 머리를 돌리려 한다."(268쪽) 경구(「종두」)는 "그래서 제 속으로 저를 꾸짖고 욕하고 한다. 미친 눔, 쓸개 빠진 눔, 이눔이 별안간 허파에 바람이 들었나, 뱃대기 나삿못이 드렀나 하고 스스로 저를 욕지거리 해본다."(180쪽) 「파도」에서는 완전히 분리된 자아가 등장한다. "마치 자기의 머릿속의 정신이 그 머릿속에서 툭 튀여 나와 저만침 서서 얼빠진 등신이 된 자기를 시방 이게 누군고 하고 멀끔이 바라다 보고 있는 것같이 멍청하다"(42쪽)고 느끼는 것이다. 또 지금 자기가 하고 있는 일이 자기가 한 것 같지 않다고 생각하는 데서도 두 개의 자아를 확인할 수 있다.

이와 같이 분열된 자아는 일종의 '대문자 자아(ICH)'와 '소문자 자아(ich)'[17]에 비유할 수 있다. 「모색」, 「종두」, 「파도」 등에서 신경증을 보

17 크리스티나 폰 브라운은 히스테리의 역사를 살피면서 자아(ich)의 개념을 둘로 나눠 이해하였다. 소문자 자아는 자신의 불완전성에 대한 의식에 상응하는 자아이므로, 자신이 죽을 수밖에 없다는 것을, 또 어떤 특정한 성에 속한다는 것을 알고 있다. 대문자 자아는 완전성의 환상에 상응하는 추상명사다. 그러므로 대문자 자아는 전능하다. 무한의 가능성을 보유하고 있으며 남자인 동시에 여자이다. 이것은 소문자 자아와는 반대로 정신의 피조물이며 스스로 추상이 아닌 물질이 되기 위해서 소문자 자아의 몰락을 요구한다. 대문자 자아의 원천은 추상적이나 실제의 모습을 갖추게 되는데, 군대, 국

이는 남성 주체는 실체이자 개별성을 지닌 '소문자 자아'라 할 수 있으며, 신경증을 드러내는 주체를 바라보면서 그 상황이 비정상적이라고 인지하는 또 다른 자아는 '대문자 자아'라 할 수 있다. '대문자 자아'는 일종의 이념이자 '아버지의 이름'[18]이며 로고스로 끊임없이 '소문자 자아'를 흡수한다. 이는 가족 서사에서 아버지와의 동일시를 이루고 상징적 거세를 거치는 것과 흡사한 과정이다. 이제 '대문자 자아'는 신경증을 보이는 남성 주체를 '비정상'이라 규정하고 이것의 거세를 시도하게 된다.

이 소설들이 보여주는 신경증은 일상의 논리를 받아들이는 것이 때로는 폭력이며, 나아가 당대의 국가 담론 즉 일본 제국주의의 신체제론, 내선일체 등의 강요가 트라우마임을 증명한다. 그렇다면 '비정상'적 행위는 내부 모순을 폭로하는 장치가 될 수 있다. 그러나 이로 인한 자아의 분열은 대문자 자아를 환기시키고 또 대문자 자아에 의해 제반 증상은 '비정상'으로 규정된다. 이로써 신경증의 문맥과 수행성이 복원되기도 전에 이것은 배제되어야 할 대상이 되어 버린다. 즉 소설 속 신경증은 일제 말기 지식인이 제국의 폭력에 저항하는 하나의 방식임에도 불구하고 '대문자 자아'의 출현에 의해 제국의 논리 속에 수렴되는 결과를 불러온다.

가, 대중이 그러하다. 소문자 자아는 이들에게 종속되거나 혹은 그 속에 함몰되어 버려야 하는 것이다. 그러므로 대문자 자아는 하나의 이념이다. 이것은 점차 감각적으로 인지될 수 있는 형태를 취하게 되면서 이 과정에서 소문자 자아를 집어삼키고 그를 대신한다. 크리스티나 폰 브라운, 엄양선 · 윤명숙 역, 『히스테리』, 여이연, 2003, 15쪽.

18 아니카 르메르, 앞의 책, 137쪽.

2) 남성의 여성 젠더 전유

신변소설의 남성인물에 나타나는 또 다른 증후로 남성성의 약화 현상을 들 수 있다. 이는 앞서 언급한 남성인물의 약한 성격과 결부되어 여성 젠더의 전유라는 독특한 면모로 형상화된다.

「종두」는 부부가 메주를 잡는 광경에서 시작하는데, 경구는 아내가 잡은 메주가 곱지 못하다고 타박한다. 남편의 메주가 훨씬 곱고 반듯하다 보니 남편은 남편대로, 아내는 아내대로 불만이 가득하다. 아내가 보기에 경구는 "도란도란 곧잘 얘기하고 계집이 할 일을 단지 돈벌이를 못하는 탓으로 대가리 커다란 사내 대장부가 하구 있는 것이" 우스꽝스럽기만 하다.(179쪽) 그래서 경구를 "여편네 사내"라 부른다. 또 양말이나 샤쓰 꿔매는 솜씨가 아내보다 훨씬 더 얌전하다. 요즘 들어 아내는 더욱 "거성해지고" 거칠어진 데에 비해, 경구는 전보다 더 적잖이 풀이 죽었다. 이렇게 아내의 강한 성격에 비해 남편의 약한 성격이 대조되면서 남성의 여성화 현상이 더욱 가중된다.

남성의 여성화 현상은 젠더 경계의 혼란이며 일종의 남성 히스테리[19]라 볼 수 있다. 남성 히스테리는 "수동적이고 여성적이며 의존적"인 특성을 보임과 동시에 이런 욕구들을 마음껏 즐기는 남자들의 증세를 칭한다. 즉 여자를 연기함으로써 그는 자신이 '남자'임을 증명하려는 것이다. 그러나 그럼으로써 여성적인 것=수동적, 남성적인 것=

---

19 '남자의 히스테리'는 전쟁경련증으로부터 출발한다. 1차 세계대전에서 집단적으로 출현한 '정신적 외상에 의한 히스테리'인 전쟁경련증은, 설명 불가능한 이유로 걷잡을 수 없는 경련을 보임으로써 전투임무를 거부한 군인들의 증세를 이르는 용어였다. 남성 히스테리의 주된 증상은 성불능(남자답지 못함), 남성성/여성성의 범주 혼란, 우울증적 증상 등이다. 크리스티나 폰 브라운, 앞의 책, 333~344쪽.

능동적이라는 분류가 혼란에 빠진다. 이 혼란에 의해 그 범주 자체가 자가당착임을 역으로 증명하는 것이다.[20] 즉 능동적 남성성 대 수동적 여성성이라는 가부장적인 젠더 인식을 역전시킨다.

남성성의 약화는 아내와의 성관계를 회피하는 것으로 귀착된다. 이 또한 남성 히스테리의 대표적 증상이라 할 수 있는데, 「이녕」의 민우는 아내와의 잠자리를 거부하면서 "삼십 전후의 피둥피둥한 안해를 잡념없이 수이 자게" 하기 위해 딴청을 부린다. 솜보료로 머리를 가리기도 하도, 요새같이 쇠약해져서는 오래 못 살 것 같다고 푸념을 늘어놓기도 한다. 그리고는 "여보 나 등뒤로 바람이 들어오니 이불 좀 꼭 눌러주오"(117쪽)라며 저편으로 돌아누워버리곤 한다. 「종두」의 아내는 언제나 골골한 남편의 허약한 그림자에 불만의 종점이 놓여 있다.

> 그래도 딴은 명색이 점잖아야 하는 계집인데, 이건 남의 집과는 반대로 계집이 먼저 갈급해서 선손을 써 장군을 불를 지경이니, 또 그렇거들랑 사내답게 응수가 있어야 할 것인데, 도리어 궤장수 부둥키듯 바지 고춤부터 움켜쥐고 멍군 하고 물러서니 싱싱한 안해가 거악해질밖에…… (「종두」, 선집Ⅱ, 181쪽)

수동적인 남성인물인 민우와 경구는 여성 젠더의 전유에 의해 '남성다움'이 더욱 약화되고 젠더 경계는 혼란에 빠진다. 그러므로 여성화한 남성은 또 다른 여성인 아내와의 성관계가 불가능해지는 것이다.

20 위의 글, 342~343쪽.

일반적으로 히스테리가 심리적 갈등의 신체적 전환이라면, 주로 전쟁 등과 같은 정신적 외상에 의한 남성 히스테리 역시 심리적이거나 정신적 억압으로 인해 육체적으로 발현된 무의식적 증상을 의미한다. 한설야 소설에서 남성 인물의 히스테리를 유발하는 심리적·정신적 억압의 실체는 크게는 일본 제국주의이며 작게는 일상 세계이다. 전향의 과정에서 보호관찰제도에 의해 강제로 직업을 가져야 했던 일제 말기 프로문학가들—소설의 남성인물들 역시 마찬가지 경력을 가지고 있다—에게 일상은 자신의 이념을 포기해야 하는 첫 번째 정신적 외상이었으며, 일본 제국주의의 파시즘적 체제는 두 번째 정신적 외상이었다. 이에 식민지 지식인은 히스테리의 방식으로 거부와 저항을 드러냈던 것이다.

남성 히스테리의 역사를 보면, 2차 세계대전 당시 제국의 전쟁에 강제 동원된 식민지인(인도인)들이 영국군보다 훨씬 더 많이 '전쟁경련증'을 보였다고 한다. 식민지인들을 전쟁으로 보낸 '통합적인 민족'(제국)은 원래 그들의 적이었고, 모든 것을 삼켜버리며 그들의 정체성을 무화시키는 대문자 자아이자 무성적 '어머니'[21]였기에 본국의 전쟁을 향한 심리적 거부가 '전쟁경련증'으로 표출된 것이다. 일본 제국의 식민지인으로 살아야 했던 한설야 소설의 남성인물 역시 여성 젠더의 전유를 통한 '남자답지 못함'으로 그 거부를 보여준 것이다.

21 '대문자 자아'가 자신의 추상성을 극복하기 위해 '소문자 자아'를 지속적으로 몰락시키듯이, '대문자 자아'의 실제인 아버지=로고스와 국가, 민족, 상징적 질서, '아버지의 이름' 등은 개별적 존재이자 성적 자아인 남성과 여성을 흡수하거나 소멸시킨다. 특히 성적 존재로서의 여성은 인위적이고 이상적인 모성만 남기고 '대문자 자아'인 로고스에 흡수되어 버리는데, 여기서 '대문자 자아'는 모권을 자기 것으로 만들어 스스로 '어머니'(통합적인 대문자 자아)가 된다. 그러므로 '어머니'는 아버지=로고스의 복제물이다. 위의 글, 212~261쪽; 오은경, 「전쟁, 국가, 남성 히스테리」, 『비교문학』 39, 2006, 125~127쪽.

3. 모성적 어머니로의 동일시와 통합적 주체

앞장에서 살핀 것처럼 한설야의 신변소설에서 남성 히스테리를 통해 젠더 경계의 혼란이 나타났다고는 하지만, 작가 한설야의 젠더 인식은 가부장적 이데올로기의 성별 구분과 위계에서 결코 벗어나지 못한다. 즉 한설야는 사적 영역을 철저하게 거부함과 동시에 사적 영역과 공적 영역을 여성과 남성의 성적 구분과 연계시키고 있다. 그렇기에 소설에서도 사적 영역은 여성의 것으로 치부되고 남성인물은 일상 세계의 논리가 강력하게 드러나는 그곳을 거부하게 되는 것이다. 나아가 사적 영역에 속한 여성을 자본주의의 속물화된 존재로 표상함으로써 비난의 대상이 되게 한다. 자본주의적 제 관계를 극복하고자 했던 한설야이지만 자신의 무의식 속에서는 가부장제적 남녀의 성적 구별과 위계가 여전히 강력한 힘을 발휘하였던 것이다.[22]

2장에서 신경증을 드러낸 남성 주체가 '대문자 자아'에 의해 그것을 '비정상'으로 규정하고 배제시키려 했던 것처럼, 남성 히스테리로 여성 젠더를 전유하였던 남성 주체는 다음 단계로 자신 속의 여성성을 퇴출시킴으로써 자신의 정체성을 되찾고자 하였다. 이것의 소설적 형상화는 '아내'를 포함한 여성 일반을 혐오하고 비하하는 것으로 구성된다.

한설야 소설에서 아내로 대표되는 여성인물은 대개 뚱뚱하고 기름지며 식성이 좋다. 또 일상(현실)의 논리에 쉽게 수긍하는 인물이며 가

22 진영복, 「1930년대 한국 근대소설의 사(私)적 성격 연구—자기 지시적 글쓰기 양상을 중심으로」, 연세대 박사논문, 2003, 133쪽.

족의 밥치레, 옷치레 걱정이 제일 앞서는 인물로 형상화되어 있다. 그렇다고 이기적인 면만 지니는 것은 아니다. 그녀들은 때에 따라 부당한 상황에서는 먼저 나서서 싸울 줄도 알고, 남의 일도 사서 걱정하는 '왈패'이기도 하다.

이러한 여성들에 대한 혐오가 전면에 드러나는 작품은 「이녕」이다. 감옥에서 나온 지 이제 반년이 된 민우는 아내의 들볶임에 시달린다. 민우의 아내는 이제 "되지두 않을 딴 생각"하지 말고 "살아갈 연구"(104쪽)를 하라고 종용한다. 가족을 먹여 살릴 일에만 착념하라는 것이다. 「이녕」의 서사에서 상당한 부분을 차지하는 것은 아내와 비슷한 처지의 아낙들이 정주에 모여 수다를 떠는 장면을 민우가 관찰하는 것이다. 이들은 남편이 돈벌이를 얼마나 하는지, 좋은 직장을 가졌는지, 또 바람을 피우지는 않는지 경쟁적으로 떠들어댄다. 그 남편들은 대개 민우의 옛날 친구들로서 감옥을 다녀온 경험이 있으며, 이제는 보호관찰제도를 통해 직업을 가지고 있고, 단돈 이삼십 원 벌이라도 있으면 그것을 잡으려고 쟁쟁하는 사이가 된 사람들이다. 과거 사회주의 운동을 통해 부정하였던 자본의 논리를 받아들이고 이제 현실과 화해한 것이다. 그러다 보니 이들의 대화를 엿듣는 민우의 내면이 편할 리가 없다. 민우의 내부 시점으로 초점화된 장면에서 민우는 시종일관 냉소와 혐오의 감정을 드러낸다.

> 그러니 도대체 자랑하는 것들도 얌치없는 계집이지만, 그렇다고 나믈하고만 다니는 계집도 고얀 년들이라고 생각한다. 따져 보면 그 어느 편이고 홀째 남편 욕심이 육실하게 많아서 아가리를 가만두고 배기지 못하는 거라고도 생각해본다. 또는 엉치를 분질러 계집구실 못하게 해야 할 따위 즌판들이라

고도 생각해본다.(「이녕」, 선집Ⅱ, 113쪽)

이렇게 거의 욕설에 가까운 표현을 사용하면서 비난을 퍼붓던 민우는 자본의 논리가 일상의 구석구석까지 파고든 세태에 대해 "사막과 같이 텅 부인 공허감(空虛感)을 느끼는 한편, 사람의 지혜를 진창으로 반죽해 주랴는 무서운 우치(愚痴)의 세계"(115쪽)를 발견하고 공포를 느낀다.

「모색」의 남식 역시 아내가 남편의 맘을 몰라주는 것을 짐승이 수학을 모르는 것에 비유하면서, 계집이란 하찮은 일에 정신을 쓰는 동물이라며 비웃는다.

> 실로 계집이란 다스리기 어려운 동물이다. 조곰 알은 척하면 주머니와 머릿속을 탈탈 털어서 고시라니 제게 바치기를 요구하고 조곰 멀리하면 어쨌든 갖갖은 포악을 다 써가면서 남자의 오만속이 다아 타도록 애를 바쳐주고야 백이는 괴상한 동물이다.(「모색」, 선집Ⅱ, 284~285쪽)

이렇게 남식은 여성을 동물로, 남성은 인간으로 비유함으로써 여성에 대한 혐오와 비하를 노골적으로 보여준다. 로고스라 불리는 근대 이성, 남성 중심의 거대 서사는 문자와 사유, 논리라는 자신의 무기로 자연과 육체, 물질 등을 억압해 왔다. 정신과 물질을 억지로 분리시킨 후, 물질을 여자에게 폭력적으로 전가시킴으로써 자신의 우월성을 확립하였던 것이다. 자연이나 육체와 등치된 여성은 남성주체의 타자가 되어 역사의 무대 뒤로 사라지게 된다.[23] 여성을 동물로 비유하는 것도 동일한 문맥에 놓인다. 이성을 지니지 못한 존재, 자연속의 존재로서 여성의 동물화는 결국 여성성의 혐오와 배제로 이어진다. 작가의 가부장적 젠더 인식이 투영된 남성인물들은 자본의 논리를 체득한 여성들의 속물근성을 타자화시킴으로써 자신의 분열적 주체를 통합하려는 것이다.

그러나 좀더 근본적인 차원에서 남성 주체가 자신의 분열을 치료하고 통합된 주체가 되기 위해서는 부정적인 것, 이질적인 것의 억압과 타자화만으로는 부족하다. 여기에는 '아버지'로 상징되는 동일시의 대상이 필요한 것이다. 거울 단계인 상상계에 구축되었던 어머니와 아이의 이자관계(binary relationship)가 '아버지의 이름'의 개입에 의해 깨어지면서 상징계로 진입할 수 있었던 것처럼,[24] 소설의 남성인물에게는 '대문자 자아'에 해당하는 중심 기표가 요구되었던 것이다. 한설야 소설에서 그것은 아이러닉하게도 혐오의 대상이었던 아내에게서 발견된다.

「이녕」의 마지막 사건은 민우가 아내와 함께 닭이 쪽제비에 물려가는 것을 막고, 쪽제비를 내쫓는 데 성공하는 장면으로 구성된다. 그 장면에서 민우는 용감히 족제비를 내쫓던 "안해의 오늘밤 무용전(武勇傳)"(128쪽)에 감탄하고 또 그런 아내에게 고마움을 느낀다. 기존의 연구에서 이 사건은 민우의 자의식과 적극성의 회복의 계기로 긍정적으로 평가받았던 부분이다.[25] 이는 물론 수동적인 삶을 살아가는, 그

23 오은경, 앞의 논문, 128쪽.

24 숀 호머, 김서영 역, 『라캉 읽기』, 은행나무, 2006, 99~100쪽.

25 김외곤은 이 사건에 대해 "현실을 극복하려는 자기의 의식을 회복한" 것으로(김외곤, 앞의 논문, 228쪽) 강진호는 "사회적 지위와 힘에서 월등히 불리함에도 불구하고 과감히 맞서는 본능적 힘의 발견"이자 "생명력에 대한 발견"으로(강진호, 앞의 논문, 291쪽), 문영희는 "민우의 열패감을 그나마 씻어주는 것", "진창에 빠진 주인공의 마음을 건져주는 구실"을 한 것으로 평가한다.(문영희, 앞의 논문, 194쪽)

래서 분노를 표출해야 하는 지점에서 화내지 못하는 민우의 용기가 회복된 지점이기도 하지만, 동시에 아내의 삶에 대한 맹렬한 적극성을 수용하는 지점이기도 하다. 이제 아내는 부정의 대상이 아니라 본받아야 할 가치를 지닌 존재가 된다.

「종두」의 아내 역시 마찬가지다. 그녀는 사리가 밝고 경우를 잘 따지며, 성질이 괄괄하고 말솜씨도 좋다. 경구는 자신의 성격에 견주어 이런 아내의 성격을 다행으로 여긴다. 경구의 아이들은 약질인 데다가 장애가 있는 아들도 있어 매일 동네 아이에게 얻어맞고 다닌다. 어느 날 동네 부잣집 아이 철이가 아들을 때린 데다 그 어머니까지 아들 이섭을 때렸다는 말을 듣는 순간 경구는 분노를 느낀다. 화가 나는 자신을 인지하면서 그는 그동안 잠들어 있던 내부의 어떤 힘을 발견한다. 그러나 막상 행동하는 사람은 아내다.

『이 년놈들 사람이 다 죽은 줄 아나』

안해가 떨리는 두 주먹을 부르쥐고 밖으로 나갔다.

대문을 탁 밀치며 나가는 소리에, 그렇게 머리가 무거운 혼란상태에 빠져 있던 경구는 소스라쳐 깨었다. 안해의 가는 곳을 그는 곧 알 수 있었다.

그 순간 거악스런 인간들 앞에서 마치 용차(龍車)를 향한 당낭이처럼 발악하는 너무도 약한 안해가 언뜻 보인다. 또 동시에 그 발악이 용차 아니라, 아무 것이라도 삼킬듯 강한 안해가 분명 또 보인다. 한 개의 약한 여자와 강한 여자가 경구의 머릿 속에서 무섭게 싸대고 있다. 그것은 별개의 여자가 아니라 곧 안해 그 한 사람이다. …… 안해의 오늘 그 얼굴이 정말 살아가는 그 얼굴이 아닐가 하는 생각이 심야의 태양 같이 번쩍할 때, 경구는 저도 모르게 두 주먹을 단단히 부여 쥐었다.(「종두」, 선집Ⅱ, 226쪽)

이렇게 경구 또한 아내의 행동을 보면서 현실 세계에 진입할 방법을 발견한다. 부당한 상황에 맞서 저항할 수 있는 것이 인간의 본질이어야 한다는 사실을 인식하는 것이다. 소설의 전반부에서 내내 싸우던 남편과 아내는 남성 주체가 모성적 어머니의 기표인 아내를 수용하고 인정할 뿐만 아니라 동일시하면서 끝이 난다.

「모색」에서 남식이 아내를 대하면서 가장 부러워하는 것은 "말수 좋은 것과 비위만 틀리면 누구든지 닥아세는 그 뱃심"(272쪽)이다. 그런 기운만 있다면 자신도 좀더 사는 것 같이 살 수 있을 것만 같다고 느낀다. 이렇게 아내는 "뒤가 단단한 성격"이라 경우를 잘 따지고, 매사에 지지 않는 성격을 지녔다. 서로 성격이 다르다 보니 「모색」에서도 남식과 아내는 서로 미워하며 끊임없이 말다툼을 벌인다. 그러나 결국 남식은 아내의 그 강한 성격을 부러워하면서 긍정적으로 받아들이게 된다. 이는 H부 공급소로 물건을 사러 가는 이 작품의 마지막 사건에서 집중적으로 드러난다.

공급소에서 물건을 사려던 아내는 자신의 초라한 행색을 보고 깔보는 점원과 말싸움을 벌인다. 선뜻 나서서 아내를 돕지 않고 숨어서 지켜보던 남식은 아내가 당당히 맞서 호통치는 모습을 보며 산다는 일에 대해 새로이 각성하게 된다. 아내의 싸움은 곧 자신이 해보고는 싶었으나 해내지 못했던 것이며, 그 일을 아내가 대신 해줌으로써 대리 만족을 느꼈던 것이다. 집으로 돌아오는 길에 남식은 뱃심있는 아내 덕분에 맘이 든든해진다. 아내는 경우에 벗어나는 일을 저지를 사람도 아니고 바른 일이라면 남의 일이라도 나서는 사람이기 때문이다. 더 나아가 산다는 일은 어려운 것이며 결국 살아가기 위해서는 당당히 맞서 싸울 수밖에 없음을 깨닫게 된다. 이 깨달음의 과정에서 남식은 광인에 비유하던 자신을 극복한다.

> 그는 또 뜻하지 않고 행길바닥에 벗지르고 선 그 미친 사람을 생각하였다. 그러나 그는 그 그림자를 털어버리듯이 연신 머리를 흔들었다. 굳이 그 고앙을 쫓아버리랴는 거사. 그렇게 한동안 애를 쓴 때 그는 그 미친 사람의 거림자 대신에 자기의 모습이 역연히 그리여지는 것을 건공에 바라보았다.(「모색」, 선집 II, 315쪽)

미친 사람의 그림자 대신 자기의 모습이 그려진다는 말에서 알 수 있듯이 이제 분열적이라고 느꼈던 자아가 정체성을 지닌 존재로 통합되는 것이다. 아내 즉 모성적 어머니이자 '대문자 자아'의 동일시에 의해 남성 주체는 성공적으로 상징계로 진입하게 된다. 여기서 가족 서사는 완성되는 것이다.[26]

이렇게 일제 말기 한설야의 신변소설은 공통적으로 아내에 대한 양가적 감정을 표출하고 있다. 아내에 대한 혐오를 드러내기도 하고 또 반대로 아내를 긍정적으로 인정하기도 한다. 아내의 수용은 일상세계로 진입하는 데 결정적 계기로 작용하며, 남성 주체는 나름대로 현실에 대응할 수 있는 반항적 힘을 발견했다고 생각하면서 주체로서의 자기를 일깨운다.

그러나 이는 신경증과 남성 히스테리를 통해 드러낸 일상의 거부와 체제 부적응의 반항적 태도를 포기한 것이기도 하다. 이제 분열적

26 그러나 상징계로의 진입이 '오인(誤認)'이자 또 다른 '분열'이듯이 가족 서사의 완성이라 '오인'한 정체성의 통합은 다시 주체의 분열을 낳고 나아가 주체는 영원히 쪼개질 수밖에 없다. 그렇기에 라캉은 동일시의 불가능성을 강조하였던 것이다. 아니카 르메르, 앞의 책, 112쪽.

자아가 아닌 통합적 자아를 되찾은 듯하지만 사실, 동일화의 대상인 모성적 어머니는 로고스=아버지의 복제품이자, 국가의 대리자일 뿐이다. 소설의 표면상 일상 세계를 견딜 수 있는 힘과 의지를 얻은 것처럼 보이지만 그 이면에는 결국 일본 제국이 내세운 각종의 논리, 국가담론을 수용하는 길이 놓여 있었던 것이다.

1937~8년까지의 한설야에게 '대문자 자아'는 마르크스주의라 할 수 있다. 마르크스주의자답게 국제주의의 노선을 견지하면서도 한설야는 민족의 특수성을 항상 고민하였던 것으로 알려져 왔다. 작가 한설야에게 있어 '가족 서사'는 마르크스주의라는 거대담론을 중심기표로 아버지의 자리에 놓음으로써 완성될 수 있었다. 이로써 작가는 자신의 정체성을 정립할 수 있었으며 지속적으로 카프 활동과 평론, 작품 활동을 통해 중심기표를 향한 동일화의 의지를 드러내곤 하였다. 그러나 카프의 해산과 전향, 일제의 사상 탄압의 과정을 거치면서 강제적으로 자신의 주된 이념, '대문자 자아'와 분리된다. 그리고 그 자리를 차지한 일본 제국주의의 국가 담론은 '대문자 자아'로서 '소문자 자아'인 작가에게 자신에게 포섭될 것을 강요한다. 그 과정은 당연히 작가에게 강력한 심리적 외상으로 남게 된다. 이는 동일시의 대상을 잃어버리는 것이며 이로 인해 주체는 분열되고 혼란을 느낄 수밖에 없다. 자기 조정이 불가능한 심리적 혼란은 한설야의 신변소설 속 남성인물에게 그대로 전이되어 망상과 의처증 그리고 남성 히스테리의 증상으로 심적 고통과 분열을 드러내었던 것이다.

그렇다면 신경증은 일제 말기 한설야와 그의 소설 속 인물들이 보여준 체제 저항의 기표이자 탈식민의 정치적 행위라 할 수 있다. 동의할 수 없는 '대문자 자아'를 향한 거부의 증후인 것이다. 그러나 주체는 분열적 상황을 견딜 수 없기에, 끊임없이 동일시의 대상을 찾아 나서면서 통합적 자아를 추구한다. 동시에 '대문자 자아' 역시 스스로 실체를 갖추기 위해 '소문자 자아'를 흡수하고 소멸시킨다. 결국 남성인물들은 자신의 주체를 구성하기 위해 '대문자 자아'인 모성적 어머니를 동일시하게 되고, 나아가 당대에 모성적 어머니 기능을 하였던 일본 제국주의에 포섭되는 것이다. 이제 남성인물은 분열적 자아를 치유한다. 그러나 치유된 자아는 개별적 존재로서의 소문자 자아를 잃어버린 자아일 뿐이다.

4. 나가며

일제 말기 한설야의 신변소설에는 신경증적 양상을 두루 드러내는 남성인물이 빈번히 등장한다. 제국주의의 폭력적인 권력 행사 앞에 이념과 이상을 강제로 포기할 수밖에 없었던 인물들이 자신의 복잡한 내면을 강박증과 히스테리, 편집증적 망상과 우울증의 증상으로 표출했던 것이다. 이 증후들을 분석하는 일은 곧 식민지 지식인이 일제 말기 현실에 대응하는 방식을 규명하는 일이며, 또한 분열된 자아를 재구성하여 남성 주체로서 자신의 정체성을 찾아가는 경로를 탐색하는 일이기도 하다. 이 글은 한설야 신변소설에 나타난 신경증의 여러 양상을 분석함으로써 남성 주체의 구성 방식과 현실 대응 태도를 살펴보고자 하였다.

해당 시기 소설의 남성인물은 우선 망상과 의처증의 증상으로 자신의 억압된 내면을 표현한다. 이들은 대개 약한 성격을 공통적으로 지니고 있으며, 스스로 미친 사람이라 여기거나, 아내가 다른 남자에게 눈을 돌리고 있다고 의심한다. 나아가 자신의 정신 이상 증세를 스스로 관찰하면서 그것이 비정상적인 것임을 인지하고 괴로워한다. 이는 '대문자 자아'와 '소문자 자아'의 관계처럼 분열적 자아에서 기인한 것이며, 관찰하는 자아에 의해 '비정상'적 증후를 보이는 자아는 흡수될 위기에 처한다.

또한 남성인물들은 여성 젠더의 전유라는 방식을 통해 남성 히스테리적 증상을 보이기도 한다. 이는 심리적 외상에 의한 남성성의 약화를 의미하며, 궁극적으로 외상의 기원이 일본 제국주의의 국가담론임을 반증한다.

이렇게 신경증을 표출함으로써 남성인물들은 자아의 분열을 경험하는데, 가족 서사의 맥락에서 분열적 자아는 대문자 자아 — 로고스이자 중심기표 — 와의 동일시를 욕망하게 된다. 이는 소설 속에서 여성인물에 대한 양가적 태도로 나타난다. 여성에 대한 혐오와 수용이라는 과정을 거치면서 분열적 주체는 모성적 어머니와의 동일시를 이루게 된다.

이상에서 논의한 일련의 신변소설과 동시기에 한설야는 장편소설 『대륙』(1939)과 1942년 「血」과 「影」 등의 단편을 일본어로 창작한다. '일본어'라는 표기 수단의 선택은, 모성적 어머니라는 대문자 자아와의 동일시는 이루었으나 이로 인해 개별적 존재로서의 자아를 잃어버린 한설야의 선택일 것이다. 그러나 상징계로의 진입이 또 다른 주체의 분열이듯, 일본어 소설을 창작한 작가의 내면이 완전한 통합적 주체일 수는 없다. 그렇기에 일본어 소설을 쓰면서도 그 내용은 일본의 식민정책에 대한 비판이나 내선결혼의 불가능성을 다루는 것이었다. 결국 한설야의 일제 말기 소설들은 분열적 주체와 통합적 주체가 서로를 포섭하고 배제하면서 시대를 견디어 냈음을 보여준다.

자전적 여성소설에 나타난 주체 구성과 글쓰기

김형경과 린바이의 소설을 중심으로

1. 들어가며

과거의 기억을 현재로 불러오는 일은 자신의 정체성을 확인하는 데 있어 여러 가지 의미를 지닌다. 그것은 자신이 터해 있는 현재의 좌표를 확인하게 해주며, 개인의 역사를 유의미한 방향으로 재구성하게 해주기도 하고, 또 내면 깊숙이 감춰두었던 고통이나 상처를 치유해주기도 한다. 1990년대 이후 한국 문단의 주요 특성으로 지적되었던 여성 작가의 자전적 소설은 단지 근대의 인식체계에서 주변화되고 타자화되었던 소수자의 자기 증명에 멈추는 것은 아니다. 이러한 작업은 가부장적 사회에서 열등한 존재로 오랫동안 억압받았던 여성이 자신의 목소리로 이야기를 풀어냄으로써, 개인의 경험을 세상과 공유하는 일이며 동시에 해원(解冤)과 치유의 경로이기도 하다.

특히 1990년대 초중반 집중적으로 출간된 여성 자전소설은 작가의 개인적 체험을 토대로 하여 여성으로서의 삶과 경험을 형상화한 것으로 대중적으로나 평단에서나 상당한 호응을 불러일으켰다. 그런데 이는 한국문단만의 특수한 경향은 아니었다. 중국 문단에서도 같은 시기에 이와 비슷한 경향의 소설이 다수 발표되었다. 예를 들어 한국에서 박완서의 『그 많던 싱아는 누가 다 먹었을까』(1992), 『그 산이 정말 거기 있었을까』(1995), 김형경의 『세월』(1995), 신경숙의 『외딴방』(1995) 등이 출간되었다면, 중국의 경우 린바이(林白)의 『한 여자의 전쟁』(一個人的戰爭, 1993), 천란(陳染)의 『사인생활』(私人生活, 1996), 홍잉(虹影)의 『굶주린 여자』(飢餓的女兒, 1997), 저이 웨이후이(周衛慧)의 『상하이 베이비』(Shanghai Baby, 1999) 등이 발표되었다.

한국 문단에서 1990년대는 탈근대 담론이 등장하면서 거대담론에 대한 비판과 미시서사에 대한 관심이 출현한 시기이다. 오랫동안 소외되었던 주변인들이 자신의 목소리로 소소한 일상을 그려내었고, 개인의 내면과 욕망이 주요한 화두로 대두되었다. 이전까지 공/사적 영역의 엄격한 구분 속에서 여성의 일상과 체험은 중요하지 않은 것, 또 하찮은 것으로 폄하되었던 것에 반해 이 시기에는 여성작가의 대거 등단과 더불어 여성의 글쓰기에 대한 관심이 증폭되었다. 그럼에도 불구하고 이 시기에 출간된 여성 작가의 자전적 작품에 대한 평가는 그렇게 긍정적이지만은 않다. 여성 작가들의 '자전소설'이 우리 문학의 사소설화 경향을 조장한다는 비판에서부터 진정성이 결여된 고백이라는 비판, 우리 문학의 조로(早老)현상을 단적으로 보여준다는 비판에 이르기까지, 이들 평가의 공통점은 소설적 장치가 결여된 체험의 서술을 부정적으로 본다는 것이다.[1]

1990년대 중국 문학 역시 전대 문학과는 다른 면모를 보여준다. 1980년대에 쉽게 찾아볼 수 있었던 이상과 신념, 정치와 계몽, 이성과 비판을 더 이상 찾아보기 힘들게 되었고 그 대신 인간 본연에 대한 관심으로서의 욕망, 생명, 죽음과 냉혹한 사회 현실 속에서 급속도로 변모한 세태와 소비, 환락, 퇴폐 등 자본주의화에 따른 부산물들이 문학에 등장한다. 이로써 90년대 중국 문화는 다원성과 개인성으로 특징지어진다. 그 대표적인 것이 여성소설이며, 이는 "작가 개인의 생존체험으로써 여성의 집체적 생존체험의 자각성을 나타냈고, 수많은 여성 작가들이 그 개인만의 독특한 언어표현 방식을 찾아냈던 것이다."[2] 즉 여성소설은 80년대에 비해 괄목할 만한 성장을 이뤄내는데 '여성 자신에게로의 회귀', '여성으로서의 성장', '여성적 서사'가 그 기본 특징을 이룬다.[3] 이들에 대한 평가는 개인화된 글쓰기의 의미를 부각시키면서 중심해체에 기여하는 효용성을 지닌다고 긍정되기도 하지만, 또 '탈역사적'이고 '상업화'된 글쓰기라고 비판을 받기도 하였다.[4]

사실과 허구를 넘나드는 자전적 소설의 경우, 개인의 실제적 경험의 노출이라는 점에서 허구적 장르인 소설의 경계를 벗어날 수도 있다. 그러나 실제 체험이라 하여도 그것이 한 편의 소설 속에서 유기적으로 구성되어 소설장르의 법칙에 규제된다면, 경험의 고백은 특수한 것을 보편적인 것으로 전환시키는 장치가 될 수 있다. 더불어 "자전적 소설이 자신의 이야기이면서도, 허구적 현실을 상정하는 것은

---

1 김연숙 · 이정희, 「여성의 자기발견의 서사, '자전적 글쓰기'」, 『여성과 사회』 8, 1997, 193쪽.

2 김경남, 「린바이(林白) 소설론」, 『중국학연구』 제31집, 2005, 102쪽.

3 張淸華, 『中國當代先鋒文學思潮論』, 南京, 江蘇文藝出版社, 1997, 332~334쪽, 위의 논문 재인용.

4 김미란, 「新時期 중국 여성의 性別意識 형성연구(1)」, 『중국학논총』 13, 2002, 113쪽.

고백을 통해 가지게 되는 심리적 부담감에서 벗어나고 싶은 욕망 때문"이기도 하다. 그 "심리적 부담감에서 벗어나 있기에 오히려 더 구체적이고 세부적인 고백을 가능"하게 한다.[5] 또한 여성작가들이 자전적 소설을 쓰게 되는 것은, 마음속에 상충되는 두 가지 심리 때문이다. 여성들의 심리 속에는 자신의 이야기를 씀으로써 자신의 경험을 이해받거나 정체성을 찾고 싶다는 욕망과 자신을 드러내는 일에 대한 두려움과 그 때문에 비난받을지도 모른다는 공포가 존재하는데 이런 양가적인 감정이 '허구'라는 소설적 장치를 빌린 자기 이야기 쓰기, 즉 자서전적 소설을 쓰게 한다는 것이다.[6] 이렇게 고백을 통한 진실성의 획득과 경험의 공유를 통한 보편화 작업이 자전적 소설의 기원이자 효과라 할 수 있다. 무엇보다 개인적인 것이 정치적인 것이 될 수 있다는 페미니즘적 관점에서 여성작가의 자전적 소설은 의미를 지닌다.

이 글은 1990년대 한국과 중국 여성 작가의 자전적 소설을 대상으로 여성의 경험과 욕망, 글쓰기의 양상을 비교 · 고찰해보고자 한다. 양국은 근대 이전까지만 해도 같은 유교문화권으로 특히 한국은 중국의 영향을 많이 받았다. 그러나 근대국가의 건설과정에서 이념체계의 차이로 인해 전혀 다른 역사적 발전과정을 보여왔다. 그럼에도 불구하고 여성의 문제에 있어서는 양국 모두 봉건적이고 가부장적 유제가 강력하게 남아 현재의 삶을 여전히 규제하고 있으며, 동시에 이를 청산하고 여성으로서의 정체성을 구성함으로써 진정한 주체로 서기 위한 다양한 노력을 수행하고 있다. 가부장적 유제의 흔적과 극

5 이덕화, 「여성적 글쓰기로서의 자서전」, 『여성문학연구』 8, 2002, 35쪽.
6 김미현, 『한국 여성소설과 페미니즘』, 신구문화사, 1996, 378쪽

복 양상이 실제적으로 잘 드러난 텍스트가 바로 여성작가의 자전적 소설이라 할 수 있다. 이 비교 작업은 어느 지역, 어느 시대를 산다고 하여도 타자로서의 삶을 살아내야 하는 여성들의 모습을 확인하는 일이며 동시에 후기근대의 시대에 개인적 경험과 기억의 호출이 여성의 정체성을 구성하는 데 있어 어떠한 의미망을 지니는지 확인할 수 있게 한다. 또한 여성적 글쓰기의 개별적 양상과 보편적 특징을 규명함으로써 경계를 뛰어넘는 여성문학의 가능성을 타진할 수도 있다. 분석 대상은 김형경의 『세월』과 린바이(林白)의 『한 여자의 전쟁(一個人的戰爭)』으로 두 소설 모두 90년대 여성 자전적 소설의 주요 특성을 두루 갖춘 작품이라 할 수 있다.[7]

2. 경험의 재구성과 여성 주체의 정립

자전적 글쓰기는 과거의 기억을 호출하는 일로부터 시작된다. 이는 과거의 경험을 고백하는 것에만 머무르는 것이 아니라, 경험과 기억을 재구성하는 작업이다. 경험과 기억은 과거지만, 또 언제나 현재적이다. 현재 자신의 정체성을 정립하기 위해 기억 속의 사건을 불러

7 김형경, 『세월』 1~3(개정판), 푸른숲, 2005. 린바이(林白), 박난영 역, 『한 여자의 전쟁(一個人的戰爭)』, 문학동네, 2001. 이하 작품 인용은 이 책들이 출처이며, 해당 권수와 인용쪽수만 밝힌다.

오고 이를 성찰함으로써 결국 기억과 경험은 새로운 의미를 획득하며 '나'의 한 부분이 된다. 정체성을 정립하고 주체가 되는 일은 고정적인 것이 아니다. 고백적 글쓰기를 통해 과거 특정한 사건은 '지금' 그리고 '나'의 시선과 끊임없이 상호소통하고 성찰의 대상이 되는데 이 과정에서 구성적이며 유동적인 주체가 탄생한다. 본고에서 자전적 여성소설을 대상으로 경험의 재구성과 주체의 정립 과정을 살피기 위해 먼저 각 작품의 간략한 줄거리를 정리해보자.

『세월』의 주인공 '그 여자'는 대학시절 원하지 않았던 성 경험과 왜곡된 사랑의 상처를 오랫동안 지녀왔다. 이제 그 상처를 극복하기 위해 지금까지의 삶의 여정을 기록하고자 한다. '그 여자'는 부모의 별거와 재혼으로 12살 때부터 하숙집에서 외롭게 자라야 했고, 대학에 들어와서는 선배에게 성폭력을 당하지만 이것을 사랑이라 믿는 선배의 강권에 의해 어쩔 수 없이 연인관계를 유지하게 된다. 결국 선배와 결별하고 일상적인 삶으로 되돌아간 후 소설을 쓰기 시작하면서 '그 여자'는 자신의 상처를 점차 어루만지게 되고 극복의 계기를 마련하게 된다.

『한 여자의 전쟁』의 주인공 '나'(두오미, 多米)[8]는 어릴 때 아버지가 죽고 어머니와 생활하지만, 언제나 어머니는 일 때문에 집을 비운다. 이로 인해 어려서부터 항상 혼자 생활하였던 '나'는 19살 때 시를 창작한다. 그러나 표절 문제로 크게 좌절하고 대학에 진학한다. 대학에서의 인간관계도 결국 실패하고 졸업 후 도서관과 영화제작소 등을 거치면서 일하며 글을 쓴다. 서른이 되어 N감독을 만나 처음으로 사랑에

8 『한 여자의 전쟁』은 1인칭으로 서술되어 있으나, 작품의 중간 중간에 1인칭 '나'가 스스로를 자신의 이름인 '두오미'로 호명하고 3인칭으로 서술하기도 한다.

빠지지만, 낙태를 경험하고 헤어진다. 이후 스스로를 한 노인에게 시집보내고 유령처럼 살아간다.

1) 부모의 부재와 (반)성장

두 작품에서 작가가 스스로를 투영하는 인물은 '그 여자'와 '나'다. 두 인물은 모두 부모의 부재 속에서 성장한다. 실제로는 부모가 있지만, 정신적인 고아상태나 다름없는 것이다. 『세월』의 '그 여자'는 어린 시절, 어머니가 집을 떠나고 아버지 밑에서 자라다가 그나마 아버지의 이사와 재혼으로 초등학교 6학년 때부터 하숙생활을 한다. 『한 여자의 전쟁』의 '나'는 3세에 아버지가 죽고, 어머니와 둘이 산다. 그러나 어머니와의 관계를 언제나 불편하게 생각하였고 결국 어머니와 영원히 거리를 두고 지낸다.

부모와의 결별과 정신적 고아상태는 자아 정체성을 구성하는 일이나 타인과의 소통 능력을 키우는 데 있어 여러 가지 혼란을 가져오기도 한다. 특히 아버지의 부재는 주목할 만한 일이다. 여성의 자전적 소설은 "자아의 재발견이 통합적 형태건 분열적 형태건 성장의 모습을 띠기 때문"에 성장담의 성격을 지니게 된다.[9] 한국 성장소설의 특징이 아버지의 부재와 연관된 것인데, 아버지의 부재는 성장의 과정을 탈자동화시키며 그 내면의 여로를 낯설게 만든다. 즉 아버지의 부재에 의한 성장 장애의 요소는 성장이념보다는 그에 이르는 분열과 방황의 과정 자체를 전경화한다. 이는 서사를 도리어 더 역동적으로 만든다. 물론 아버지의 부재는 사회가 요구하는 이념이 실현된 사회

9 김연숙 · 이정희, 앞의 논문, 194쪽.

규범(상징계)의 부재를 암시한다.[10] 90년대 중국 여성소설의 경우에도 아버지의 부재는 '딸'의 성장을 위한 전제 조건이 되곤 하였다. 즉 "딸의 자아찾기가 주요 골간을 이루는 작품에서 나타나는 아버지의 약화 혹은 부재는 일반적으로 '아버지의 법'이 딸의 성장에 미칠 영향을 제어 또는 차단하기 위한 서사 전략이 된다"[11]고 할 수 있다.

여성 성장소설의 경우, 상징계의 부재는 양가적 반응을 불러온다. 하나는 상징계의 부재로 인한 자유로움이다. 이때 여성은 자신을 제약하는 사회규범으로부터 자유로운 존재로 성장할 수 있으며, 대개 사회에서 요구하는 통합적 주체되기를 거부한다. 다른 하나는 상징계의 문밖에서 느끼는 "불안과 공포"를 경험[12]한다는 것이다. 이 불안과 공포는 스스로를 폐쇄의 공간에 가두어두고 상상의 세계에 빠져들게 만들거나, 또는 정반대로 사회와의 통합주체를 자발적으로 희망하는 양상을 보여주기도 한다. 『세월』이나 『한 여자의 전쟁』 모두 이와 같은 양가적 반응을 보여주면서 갈등하고 고통받는 여성 자아를 형상화하고 있다.

『세월』의 '그 여자'는 부모로부터 버림받은 후, 혼자 생활하면서 지독한 외로움에 시달린다. 바깥세상으로부터 끊임없이 정신적 · 물리적 폭력에 시달리지만 어떠한 조언도 도움도 받지 못한 채 살아가는 것이다. 이로 인하여 '그 여자'는 쉽게 자신의 주장을 드러내지 못하는 소극적인 인물로 성장하게 된다. 이것이 '그 여자'가 소외와 외로움 속에서 세상을 살아가는 하나의 방법이었던 것이다. 그러나 '그 여자'는

10 나병철, 「여성성장소설과 아버지의 부재」, 『여성문학연구』 10, 2003, 185~186쪽.

11 최정은, 「90년대 중국여성소설에 나타난 아버지 부재와 딸의 성장」, 『中國語文學』 53, 2009, 224쪽.

12 위의 논문, 225쪽.

이후 어른이 되어 성폭력과 사랑의 문제에 실제로 부딪히면서 결국 어린 시절부터 학교와 어머니[13]로부터 받아들인 모든 성교육이 하나의 이데올로기로, 스스로를 얽매어왔음을 인지한다. 그 발견의 과정에서 '그 여자'는 진정으로 성장할 수 있게 된다.

다만 여기서 '성장'은 남성주체의 성장과 동일한 것이 아니다. 페미니즘 문학 논의에서는 성장주체가 남성이냐 여성이냐에 따라 성장의 성격이 달라진다고 보는 견해가 일반적이다. 전통적인 남성 성장소설이 갈등을 겪는 주인공을 사회 내로 재통합한다면 여성 성장소설은 안정권 밖으로 이탈을 시도한다. 즉 남성 성장소설의 주인공들이 사회와의 조화와 이상, 전체성의 개념을 획득해가는 '발전'의 서사를 경험한다면 여성 성장소설의 주인공들은 내면심리로의 복귀, 혼돈 및 실패의 결과에 만족해야 하는 '생존의 서사'를 경험한다고 보았다.[14] '그 여자' 역시 사회와의 통합을 희망한다기보다는 내면심리로 복귀하는 양상을 보인다. 나이가 들고 세월이 지나, 자신의 상처를 치유하기 위해 글을 쓰면서 그 여자는 부모를 차츰 이해하게 되고 자기에게 내면화되어 있었던 각종의 이념체계가 결국 허위적인 이데올로기임을 인지하게 된다. 그리고 흐르는 세월의 강물 속에 모든 것을 흘려보낸다.

> 끝났다. 다 끝났다, 고 그 여자는 적는다. 손에 힘이 없고 기진한 느낌이다. 그러면서도 그 기진함의 뒤끝에서 피어오르는 물안개 같은 움직임을 느낀

---

13 여기서 학교와 어머니는 아버지의 부재를 대신하는, 또다른 상징계라 할 수 있다.

14 Felsky, *Beyond Feminist Aesthetics*, Harvard Univ. Press 1989; 김미현, 「'성장'과 '생존'의 서사」, 『페미니즘과 소설비평』, 한길사, 1995, 김연숙 · 이정희, 앞의 논문 재인용.

다. 작고 미진한, 그러나 분명히 움직이는 힘. (…중략…) 강가에 오래 앉아 있으면 몇 가지 깨달아지는 게 있다. 그토록 먼 길을 걸어온 강물이 아직도 저리 맑은 것은 강물이 가지고 있는 자정능력 때문이라는 점이다. 모든 자연은 자연 치유력을 가지고 있으며, 인간도 자연의 일부라는 점이다. 그리하여 또 하나 깨달아지는 건, 머잖아 바다에 닿으리라는 점이다. (3권, 337쪽)

강물의 자정능력에 기대어 과거의 상처와 기억을 풀어놓음으로써 '그 여자'는 자유로움을 느끼게 된다. 다만 이해한다고 해서 사회가 요구하는 통합적 주체가 됨을 의미하지는 않는다. '풀어놓기'는 내면적 자유를 성취한다는 점에서 오히려 통합적 주체에 대한 저항일 수 있다. 그렇기에 '그 여자'의 '이해하기'와 '풀어놓기'는 (여성적) 성장이면서 동시에 (남성적) 반(反)성장이 되는 것이다.

『한 여자의 전쟁』에서 '나'의 아버지는 죽음으로 부재하였고 '나'와 어머니의 관계도 편하지 않았다. 어머니는 병원에서 가족계획을 선전하는 일을 하느라 언제나 집을 비우곤 하였다. 결국 '나' 역시 혼자서 외로움과 소외 속에 성장하게 된다. "가족의 애무를 받지 못한"채 결핍을 느끼며 기나긴 어둠 속에서 고독했던 '나'는 결국 고향조차도 버리게 된다. 부모, 가족, 고향으로부터 스스로를 분리해낸 것이다. 이로써 '나'는 유난한 독립심과 고난 극복 의지를 갖게 되지만, 정서적 외로움으로 인하여 타인과의 의사소통에 어려움 또한 느낀다. 즉 내면으로는 누구와도 소통하지 못하는 폐쇄적인 자아를 구성하고 또 외면적으로는 상당히 독립적으로 보이게 된 것이다.

두오미는 이상한 여자아이였다. 그렇게 길고도 고생스러운 단신여행을 두

> 려워하지 않는 것처럼 이따금은 아무것도 두려워하지 않았다. 그러나 때로는 혼자 온천에 가거나 기차역에서 밤을 지새는 등의 아주 작은 일조차 두려워했다. 그녀는 종종 자신은 이미 단련이 되었다고 여겼다. (예를 들면 소녀 시절의 자아훈련을 통해.) 그래서 이미 아주 굳센 여자가 되었다고 생각했지만 사실 그녀는 천성적으로 유약했다. 뼛속까지 유약하여 모든 훈련이 다 소용없었다. (214~215쪽)

또한 두오미는 어린 시절부터 "큰 뜻을 세워 출세하는 사람"이 되겠다고 다짐하거나, 문학계의 인정을 받아 유명해지는 것을 꿈꾸기도 하였다. 그러나 그녀는 성가신 일에만 부딪히면 도피하려고 하고, 자신의 감정을 쉽게 인정하지 않으며, 줏대 없이 순종하는 태도를 보이기도 한다. 사회에서 요구하는 통합적 주체를 자발적으로 희망하기도 하지만 동시에 폐쇄적인 공간에 스스로를 유폐시키려는 양면성은 바로 두오미가 이 세계에 대응하는 방법이었던 것이다. 그러나 "뼛속까지 유약"한 그녀는 최종적으로 사회와의 통합을 거부하게 된다. N과의 사랑에 실패한 두오미는 베이징으로 도피해 한 노인과 결혼한다. 그리고 스스로 사회의 용납을 받지 못하는 사람이라 생각한다. 그러나 이것이 부정적으로 인지되지는 않는다. 그녀는 죽음 속에서 삶을 찾았으며 부활했다고 생각한다. 실패의 결과를 받아들이고 스스로를 자위의 공간에 가둠으로써, 두오미는 오히려 자유로워지며 자신의 욕망을 그대로 인정하면서 스스로의 정체성을 구성하게 된다. 즉 한 여자의 전쟁은 한 송이 꽃이 절로 피고 지는 것이며, 한 여인이 자신을 스스로에게 시집보내는 일이라고 규정한다. 자신을 스스로 정립하는 일이 그녀의 존재를 세상에 세우는 방법이었던 것이다.

일반적으로 여성들이 자기 정체성을 확립하려고 하면 할수록 더욱 더 혼란 속으로 빠져든다고 한다. 가부장적 사회에서 나르시시즘적 자아이상의 모델은 남성적 욕망과 결합되어 있기 때문이며, 또 여성들의 무의식적 욕망이 자기 동일시를 위해 방해하기 때문이다. 그렇기에 여성들은 가부장적 사회의 잉여물인 남성적 욕망과 여성의 무의식적 욕망 사이에서 끊임없이 흔들리게 된다.[15] 부모의 부재 속에서 '그 여자'나 두오미는 가부장적 이데올로기를 수용하거나, 사회적 성공을 열망하는 모습을 통해 남성적 욕망을 모방하려 애를 쓰지만, 그 과정에서 끝없는 고통과 혼란을 느낀다. 결국에는 그것이 여성의 정체성에 어울리지 않음을 인지하게 되는 것이다. 인지와 자각은 스스로를 자유롭게 한다. 그렇기에 『세월』의 '그 여자'가 보여준 흐르는 강물에 모든 것을 풀어놓는 일이나, 『한 여자의 전쟁』에서 '나'가 자신을 스스로에게 시집보내는 일은 모두 과거의 상처를 딛고 여성으로서의 정체성을 스스로 구성해나가는 '성장'이자, 남성주체의 성장인 사회적인 통합을 거부하는 '반(反)성장'이라 할 수 있다.

2) 여성의 욕망과 다원적 정체성

여성 주체와 관련된 논의에서 산업사회의 경우, 노동과 성역할이 여성의 다양한 정체성을 구성하는 데 중요한 개념이었다면, 후기산업사회 내지 정보화 사회에서는 몸과 섹슈얼리티 그리고 욕망이 여성 주체를 형성하는 데 중심개념이 된다.[16] 이제 여성의 욕망, 몸, 섹슈얼리

15 이덕화, 앞의 논문, 43쪽.

16 이수자, 「후기근대사회의 여성 주체와 몸의 정치학」, 『여성연구논총』 제2권 제1호, 2001 참조.

티를 어떻게 형상화하고 의미화시키는냐가 여성문학에 있어 중요한 관건이 된 것이다. 내면으로부터 솟아나는 욕망에 의해 세계와 관련을 맺는 행위가 따를 때 진정한 주체적 자아가 성립될 수 있다면, 『세월』은 외부로부터 주어진 가짜욕망에 의해 한 여성의 젊은 시절이 파괴되는 과정을 그려내었다고 할 수 있다. 또 『한 여자의 전쟁』은 물질적이고 유동적인 여성 욕망이 적극적으로 표현되고 있으며, 자신의 몸과 욕망을 긍정함으로써 여성정체성을 찾아가는 양상을 그려냈다고 할 수 있다.

『세월』에서 '그 여자'는 대학에 진학한 후 연극부에 들어가게 되고 그곳에서 연극부 부장이었던 '그 남자'를 만난다. 그녀가 좋아하는 사람은 사실 '잿빛바바리'였지만, '그 남자'의 폭력적인 사랑 앞에 모든 것이 좌절된다. '그 남자'는 여성을 소유하는 것이 사랑이라 믿었던 가부장적 이념을 체화한 사람이다. 즉 성적 폭력까지도 자신의 남성성을 드러내는 기표라 여기고 애정의 표시라 생각하였던 인물이다. 이런 성의 폭력성 앞에 '그 여자'는 아무 것도 할 수 없었다. 그녀가 오랫동안 교육받아온 순결이데올로기와 70년대 말의 사회분위기 속에서 '그 여자'는 '그 남자'의 완전한 소유물이 되었던 것이다. 이후 7년간 남들이 모두 인정한 공식적인 연인으로 생활을 해왔던 그들은 '그 남자'의 또 다른 여자로 인하여 결별하게 된다. 이 모든 과정에서 '그 여자'는 철저히 타자화되어 자신의 의사나 결정을 전혀 드러내지 못하고 수동적으로 끌려만 다닌다. 순결을 잃어버린 여성은 그것을 파괴한 남성의 소유물로 살아야 한다는 이데올로기, 외부(학교와 어머니)로부터 주입된 이 가짜욕망을 '그 여자'는 내면화시켰던 것이다. '그 남자'와 헤어진 이후에도 폭력의 상처는 오랫동안 '그 여자'를 괴롭혔다.

그저 "좁은 방 안에 혼자 살며, 아무에게도 제 이야기를 하지 않으며" "오직 입을 다물고 참는 데만 온힘을 쏟으며"(3권, 180쪽) 살아간 것이다. 이후 상처를 치유하기 위해 '그 여자'는 글쓰기에 열중한다. 시도 쓰고 소설도 쓰고 또 직장생활도 열심히 하면서 그 상처로부터 조금씩 놓여나지만 여전히 그녀에게 사랑과 성은 불가해한 것으로 남아 있다.

> 그 여자가 체험한 성과 관련되는 일들이 폭력으로 시작되었다는 데 문제가 있을 것이다. 최초의 납득할 수 없는 폭력 후에 초조를 시작하고, 그보다 더 절망적인 폭력, 죽음을 떠올리게 하는 폭력으로 첫경험을 한다. 더구나 그 절망과 치욕들을 극복할 만한 어떠한 교육도 받지 못했다. 아무것도 구체적으로 알려주지 않고 금기라는 분위기만 심어준 성교육, 순결만을 강요하던 성교육, 어려움에 처했을 때 그것을 극복할 수 있는 지혜를 주기는커녕, 더 깊은 절망으로 빠뜨리는 교육, 그리하여 그 여자가 혼자 터득한 성이란 불길하고 추한 것이고, 조금 더 커서 알게 된 성이란 패전군의 부대에서 굴욕을 참으며 투항하는 일이다. (3권, 260쪽)

이후 성관련 서적을 통해 성이 아름다운 관계일 수도 있다는 생각을 하게 되지만, 사실 이는 관념으로만 알게 된 것이지 '그 여자' 자신의 섹슈얼리티에 대한 진지한 고민이 동반된 것은 아니다.[17] 여성문학으로서 『세월』이 지닌 한계는 바로 여기에서 드러난다. 순결이데

---

17 『세월』에서 주인공 화자의 중학 시절, 친구 보경과의 관계에 대해 그것이 여성들 사이의 사랑이었다는 것, 또 동성애자들에 대해 이해하고 있다고 언급하고는 있으나, 이를 동성에게 강하게 이끌리고 도취되는 정신의 영역에만 국한시켜 이해함으로써 여전히 관념적인 사고방식을 보여준다.

올로기와 그것의 내면화를 섬세하고 진지하게 고찰하고는 있으나, 상처의 극복 과정이 다소 피상적이라는 문제를 노출한다. 스스로의 욕망—여기서 욕망은 성적인 욕망뿐만 아니라, 삶의 주체로서 여성적 자아를 재정립하려는 욕망—을 발견하고자 하는 적극적인 의지가 소거된 채, 시간의 흐름에 모든 것을 맡기거나 관념적인 방식으로 이해하는 데에만 머무는 태도는 지나치게 피동적으로 보이는 것이다.

이는 곧 대상에 대한 완전한 '애도'가 진행되지 않고, 아직까지 '우울증'에 시달리고 있기에 나타나는 현상이다. 버틀러 식으로 말하자면 '우울증적 동일시'의 상태인 것이다. 우울증에서 완전한 대상의 애도가 불가능한 것은 상실한 대상을 떠나보내기보다는 그 대상을 자기 안에 보존하는 동일시로서의 애착 합체가 일어나기 때문이다.[18] '그 여자'는 '그 남자'로 인한 상처를 끊임없이 반복 진술하는 방식으로, 또 '억울함'을 호소하는 방식으로 내면 심리에 온전히 보유하고 있을 뿐, 완전히 추방하지는 못하고 있다. 그렇다면 '그 여자'의 진정한 치유는 대상을 포기하는 '애도'의 가능성 여부에 달려 있다 하겠다.

여성의 정체성은 하나의 형태로 고정된 것이 아니다. 인간의 육체가 자연적으로 주어진 본질적 실체가 아니라, 인종, 성, 계급, 나이 등의 다중적 코드가 각인되는 사유의 바탕이며 언어적 구성물이자 일종의 재현[19]인 것처럼 여성의 몸 역시 다중적 코드가 횡단하는 지점이

---

18 우울증적 동일시는 그것이 상실한 대상을 자아의 일부로서 보존하는 방식을 제시하기 때문에 외부적 대상상실을 허용한다. 따라서 대상을 떠나보낸다는 것은 역설적이게도 완전히 대상을 포기한다는 것이 아니라 대상의 상태를 외부에서 내부로 전환시키는 것이다. 우울증에서 상실이 거부되는 것은 상실된 대상이 추방되어서가 아니라 내면화의 방식으로 심리 속에 보유되기 때문이다. 여성문화이론연구소 정신분석세미나팀, 『페미니즘과 정신분석』, 여이연, 2003, 65쪽 참조.

며 이를 바탕으로 여성의 정체성은 다원적으로 구성되는 것이다. 세월 속에 모든 문제를 풀어놓는 일이 내면에 쌓아두는 일보다 훨씬 적극적인 해결방법이기는 하지만, 좀더 집중적으로 여성의 몸과 섹슈얼리티, 그리고 욕망에 대해 진지하게 접근함으로써 여성으로서의 정체성 구성에 능동적이 될 수 있을 것이다.

『세월』에 비해 『한 여자의 전쟁』의 '나'는 자신의 섹슈얼리티에 대해 훨씬 더 솔직하고 대담한 태도로 접근한다. 이 작품은 "나 자신에 대한 응시", 어린 시절 은밀하게 행하던 '자신의 몸을 더듬는 행위'를 기술하는 것에서 시작하여, 모든 고통을 지나온 후 자위하는 행위를 묘사하면서 마무리된다. 자신의 동성애적 성향을 고백하기도 하고, 사랑없이 치르는 성관계를 유희적인 태도로 관찰하기도 한다.[20] 이렇게 두오미에게 여성 욕망은 은닉될 대상이 아니라, 자신의 정체성을 구성하는 데 있어 핵심적 요소로 작용한다.

> 난단은 여러 곳에서 갖은 방식으로 나의 아름다움을 칭찬했다. 그녀는 마치 넋이 나간 듯한 눈길로 미인을 감상하듯 나를 응시했다. (…중략…) 때문에 나는 난단이 여성으로서의 나 자신을 찾게 해주었다는 것이 전혀 지나친 말이 아니라고 생각한다. 그녀로 인해 나는 화장을 하게 되었다. (65~66쪽)

---

19 이수자, 앞의 논문 참조.

20 1990년대 제도적으로 '중산계층의 양성' 프로젝트에 근거하여 중산층 문화 생산은 중요한 문화정책 방향이기도 하였다. 린바이가 작품에서 보여주는 동성애적 자기연민이나 성애적 탐색은 중산계층의 심미적 안정성을 정면으로 훼손하는 요소로 파악되면서 계층적 이데올로기와 공적 담론에 배치되는 서사로 평가되었고 사회적으로 비판을 받기도 하였다. 王宏圖, 「在禁忌的門檻上－私人經驗和公共話語－林白小說略論」, 『南方文壇』, 1997, 第3期.

대학시절 '나'를 흠모하던 여성 난단과의 만남을 통해 '나'는 세상과의 소통의 길을 잠시 열기도 하고, 또 여성으로서의 자신을 다시 인식하는 계기를 마련한다. 이렇게 '나'는 지금까지의 삶에서 만난 중요한 여성들을 소설에서 간간히 소개하고 또 그들을 자신의 실제 소설에서 어떻게 다루고 있는지 설명하기도 한다. 이러한 여성들과의 교류가 바로 현재의 '나'를 형성한 것이다. 이렇게 여성 고유의 감성과 인식체계, 이해 방식을 여성의 시점에서 서술함으로써 여성의 몸과 섹슈얼리티가 단순히 남성의 성적 대상으로만 머무르는 것이 아니라, 여성이 스스로의 정체성을 구성하는 데 있어 중요한 요소로 작용함을 보여준다.

이에 비해 남성과의 관계는 결코 긍정적이지 않다. '나' 역시 『세월』의 '그 여자'처럼 남성과의 첫날밤이 폭력의 형태로 진행된다. 자신이 원하지 않았지만, 막을 힘이 없어 유린당해야 했던 사건으로 인해 치욕과 비분을 느낀다. 진정한 사랑이라 생각했던 N과의 만남도 상처만 남기고는 끝난다. '애정의 공포'라고까지 느꼈던 N과의 사랑이 끝난 지 반년도 안 되어 '나'는 그를 잊는다. 그렇게 빨리 N을 잊으면서 '나'는 "사랑이란 것이 얼마나 부서지기 쉽고 변하기 쉬운 것인지 몸으로 느끼게" 된다. 이 사건을 계기로 '나'는 자신을 다시 되돌아보게 된다.

> 그것은 나로 하여금 중요한 문제를 생각하게 만들었다. 정말 내가 그를 진정으로 사랑한 것일까? 나는 그를 사랑한 것이 아니라 사실은 자신의 사랑을 사랑한 것이라는 생각이 들었다. 오래도록 평범하고 단조로웠던 삶 속에서 나의 사랑은 가상 속에서 불타오른 화염이었다. 내가 사랑한 것은 바로 그러

한 불꽃들이었다. (267쪽)

이러한 성찰의 시간이 지나자, '나'는 영원이란 존재하지 않으며, 어떤 시간이라는 것도 존재하지 않는다고 생각한다. 다만 순간이 있을 뿐이며, 모든 것은 다 한 순간에서 다른 순간으로 흘러간다는 것을 인지하게 된다. 이러한 인식은 자아를 구성하는 데 있어 결정적인 깨달음이라고 볼 수 있다. 여성의 정체성을 구성하는 방식도 마찬가지다. 고정되고 완전한 형태의 자아정체성은 존재하지 않는다. 어느 한 순간 대상과 자아의 상호관계 속에서 형성된 감정이 있으며, 이것이 유동적으로 흘러가면서 주체를 구성하는 것이다. 그렇기에 포스트페미니즘은 여성의 정체성을 일종의 '위치의 정치학'이라는 개념으로 표현한다. 이 위치는 여성들 사이의 차이를 간과하는 단일한 '여성'을 비판하면서 여성들 각각의 구체적인 위치, 장소로서 여성의 육체에 초점을 맞춘다. 처음부터 육체는 하나 이상의 정체성을 지니며 이미 성차화되어 있고, 인종, 계급, 성적 기호 등의 다양한 축과 얽혀 있기 때문에 여성은 여성들이 놓인 위치의 특수성에 따라 복수의 목소리를 낼 수밖에 없다는 것이다. 이러한 타자성-여성을 규정하여 '유목적 주체'라고 할 수 있는데, 유목적 주체는 남근 이성 중심적 독단론의 위력으로부터 사유를 해방시키는 전망을 보여준다.[21] 이러한 관점에서 본다면 '나' 두오미는 바로 유목적 주체라 할 수 있다. 자위와 성적인 폭력, 자기애, 피학적 성향, 동성애적 감정 등 자신의 육체와 관련된 복합적이고 모순적인 경험들을 고백함으로써 가부장의 단선적이고

21 로지 브라이어도티, 박미선 역, 『유목적 주체』, 여이연, 2004, 37쪽; 김주리, 「여성주의 연구방법과 한국 근대소설 속 새로운 자아의 탐색」, 『한국현대문학연구』 26, 2008, 88쪽.

막힘의 회로를 탈출하고자 노력하기 때문이다. 이렇게 여성의 욕망과 감정을 정직하게 서사화하고 있으며 이를 통해 자신의 정체성을 새롭게 구성하려고 노력하였다는 점에서 『한 여자의 전쟁』은 여성문학으로서의 의미를 충분히 보여준다.

3. 글쓰기의 기원과 서술전략

1) 해원(解寃)으로서의 자전적 소설

'그 여자'나 '나'에게 글쓰기, 소설쓰기는 어떠한 의미를 지니는가? 부모의 부재로 인한 외로움과 가난 그리고 절망을 잊기 위해, 어린 시절의 두 화자는 책읽기와 연극·영화보기를 좋아하고 환상 혹은 상상에 탐닉하곤 하였다. 이러한 문화적 상상력은 소설쓰기의 물적 토대로 작용한다.

『세월』에서 '그 여자'의 어머니는 어린 그녀에게 동화책을 읽어주고 시조를 외어주곤 하였고 이로써 아이의 감수성은 아주 예리하게 발달된다. 이를 시작으로 혼자 남겨진 어린아이가 할 수 있는 건, 방안에 며칠씩 틀어박혀 책만 읽는 일이었다. 또한 외롭거나 고통스러울 때마다 '그 여자'는 자주 자신이 만들어낸 '상상의 공간' 속으로 숨곤 하였다. "지금 이곳이 아닌 다른 곳, 지금 이것이 아닌 다른 것을 꿈꾼다. 그런 기대는 삶을 팍팍하고 힘들게 하지만, 때로는 현실의 어려움을 견딜 수 있는 힘이 되어준다"(1권, 91쪽)고 믿었던 것이다. 덕분에 '그 여자'는 '자기위안'이 문학의 첫 번째 기능이라고 생각하게 된다. 조금 더 성장해서는 추리소설을 읽기 시작하였고 결국 시를 쓰고 소설을 쓰는 작가가 된다. 『세월』의 도입부에서 작가는 자전적 소설을 쓰게 된 이유를 밝힌다.

그녀가 첫 창작집을 냈을 때 자신의 이야기를 쓰지 않는 그녀에게 친구는 "청산하지 못한 과거는 미래야. 넌, 네 얘기를 쓰지 않으면 앞으로 소설을 세 편 이상 쓰지 못할 거야"(1권, 15쪽)라며 조언한다. 그녀 역시 "그 이야기들을 풀어내세요. 그렇지 않으면 자신을 사랑할 수 없을 겁니다. 자신을 사랑하지 못하면 결코 세상을 껴안을 수 없습니다"(1권, 15쪽)라는 내면의 소리를 듣게 된다. 더구나 그 여자는 자신의 소설에서 언제나 3인칭 남자 화자를 내세워 이야기를 하게 하고, 자신은 그 뒤에 숨어버리는 경향이 있었다. 이제 세월이 흘러 자신이 자연의 질서를 이해하고 그 흐름에 맞추어 살 줄 알게 되면서 그녀는 가슴 속을 짓누르는 돌덩이를 꺼내 놓기로 결심한다. 그 돌덩이는 부모로부터 받은 상처이며, 동시에 대학시절부터 7년간 지속된 왜곡된 사랑의 상처였다. 이제 그 상처를 치유하기 위해 소설쓰기를 시작하는 것이다. 이렇게 작가에게 자전적 소설은 자기 내면에 대한 진지한 성찰이자, 동시에 해원의 방식으로 경험을 재구성하는 일인 것이다. 나아가 작가에게 『세월』은 다음 단계로 넘어가기 위한 절차이다.

> 그 여자는 지금도 문학으로 무엇을 하겠다는 마음은 없다. 문학이 무엇을 하겠는가. 문학은 세상을 바꿀 수도 없고 돈이 되지도 않고 따뜻한 저녁밥상

> 도 아니다. 그러나 문학은 그 모든 것이기도 하다. 문학을 생각하면, 오래 함께 산 부부 같은 마음이 된다. 이제 되물릴 수도 없으니.
>
> 그리고 그 여자는 이 글을 쓴다. (…중략…) 생각해보면, 그 여자는 이 글을 쓴 것은 하나의 나무를 심는 행위였을 것이다. 그 여자는 그렇게 생각한다. 무슨 뜻일까. 잘 모르겠지만, 앞으로 그 여자가 계속 소설을 쓴다면, 그 소설은 모두 이 나무에 열리는 열매가 아닐까 싶다. (3권, 344~345쪽)

그녀에게 문학은 일상이다. '오래 산 부부'로 여겨지는 문학은 내 자신이자 동반자이기도 하고 소소한 삶이기도 하다. "행복한 도취의 시간이며, 남루한 현실을 견디게 하는 순연한 천상의 영역"(3권, 104쪽)이기도 하다. 이는 더 이상 세상의 모든 것을 이해하게 해주는 것은 아니지만 그럼에도 불구하고 실제 삶에서 결정적으로 중요한 요소임을 지적한 것이다. 동시에 지나간 기억 속에 남은 상흔은 이제 극복되려 하며 새로운 단계로 나갈 것을 예감케 한다. 여기서 여성의 자전적 글쓰기가 지닌 의미를 새롭게 찾을 수 있다. 여성 작가의 자전적 소설은 남성 중심의 사회 속에서 억압되었던 여성 본연의 자아가 세상과 소통하는 하나의 방식인 것이다. 물론 세상과 소통한다고 해서, 대사회적 자아를 공고히 다지는 근대적 주체의 개념을 전제하는 것은 아니다. 탈근대적 시대에 주체는 사적이고 일상적인 삶을 영위하면서 그 안에서 명멸하는 다양한 의미망들이 횡단하는 과정에서 구성되는 것이다. 이러한 주체의 개념은 여성의 자아 형성 과정과 상당 부분 겹쳐진다. 그러므로 탈근대의 시대에 여성의 소설, 여성의 사적 경험과 그것의 서사적 호명은 새로운 가치를 부여받을 수 있는 것이다.

『한 여자의 전쟁』에서 '나' 역시 성장기에 소설을 탐독했으며 연극과 영화를 즐겨 보았고, 이를 계기로 현실과 환상의 세계를 끊임없이 넘나들게 된다. 그녀에게 무대 혹은 영상의 공간은 "신세계, 유일한 환상, 유일한 천당 혹은 꿈의 세계"였다. 어머니가 있는 일상으로부터 벗어나기 위해 '나'는 끊임없이 환상의 세계를 희구한다. 이와 같은 문화적 토양을 토대로 '나'는 시를 쓰고 소설을 쓰게 된다. 그러나 19세에 창작한 시 작품이 표절로 문제가 되어 영화사에 취직할 수 없게 되는 사건이 일어난다. 아직 미성숙하던 시절에 성공하려는 강한 욕구로 인하여 저지른 잘못은 '나'에게 엄청난 충격과 고통을 준다. 작품 속에서 화자인 '나'는 "다른 사람에게 알릴 수 없는 그 사건(표절사건)"으로 인하여 초기 글쓰던 시절을 묻어버리고 싶어한다. 그러나 동시에 그 사건을 떨쳐버리기 위해 이 소설을 쓰게 된 것인지도 모른다고 고백한다. 화자인 '나'에게 이 소설은 단순한 고백이 아니라, 지나간 잘못을 성찰하는 공간이자 그 상처를 치유하는 계기를 제공하는 곳이기도 하다. 이 소설을 통해 '나' 즉 두오미이자 린바이는 초기 삶과 창작 생활 전반을 결산하고자 하였으며, 소설가로서의 자신의 삶을 성찰하고자 한 것이다.

또 이 소설은 '나'의 자아를 구성하는 데 있어 중요한 사건과 인물들의 관계와 의미를 밝히는 공간이기도 하다. 무엇보다 자신의 실제 작품 즉 작가 린바이의 실제 작품의 소재가 어디로부터 제공되었는지 또 그 의미를 어떠한 방식으로 설정하였는지 기록하고 있다. 일종의 창작 후기 혹은 창작보고서인 것이다.

비린 생선이 삼켜버린 아름다운 야오충 때문에 나는 너무도 가슴이 아팠다. 나는 그녀가 차라리 죽어버리는 게 낫겠다 싶어 나의 소설 『정오(日午)』에서 정말로 그녀를 죽게 만들었다. 이상 때문에 나는 그녀를 죽음에 이르게 했으며, 그 이상을 위해서 또다른 결말을 구상했다. 그러나 지금 생각해보니 생선을 파는 것이야말로 야오충 삶의 진실이었다. (52쪽)

위 인용문은 화자인 '나'가 연극배우 야오충을 흠모했으나 그녀가 늙어 생선공장에 다닌다는 것을 알고 아름다움을 버린 것에 대해 실망하였던 사건과 실제 자신의 작품과의 관련성을 밝히는 장면이다. 여기에도 성찰의 계기는 존재한다. 실제 소설에서는 야오충의 삶이 안타까워 죽음으로 결말을 짓지만, 이제 생각하면 생존과 진실의 문제는 다시 해석될 수 있다는 언급에서 이를 확인할 수 있다. 이런 방식으로 자신의 경험과 이미 출간된 소설의 관계를 다시 정립하면서 경험의 의미를 재구성하는 것이다.

결국 경험과 기억의 고백과 참회를 통해 작가가 깨달은 것은 가장 절망적인 순간에 도리어 창작에 더욱 열중하게 되었다는 사실이다. 그녀는 N과의 사랑을 잃어가는 과정에서 필사적으로 울면서 소설을 쓴다. "거울을 보면서 원고를 쓰노라면 내 눈이 마치 밤바람에 떨리는 꽃잎처럼 퀭하니 요동치고 있었다. 눈물은 투명한 깃털처럼 가벼워 아무런 힘도 없었다. 그런 가벼움은 사람에게 일종의 쾌감을 주었다"(275쪽)고 밝히고 있다. 고통과 그것에 기반한 글쓰기는 눈물로 표상되는 카타르시스를 제공한다. 카타르시스를 동반한 고통의 해소는 곧 상처의 치유이기도 한 것이다.[22]

---

22 상처의 극복은 타자와의 소통 가능성을 확장시켜 주기도 한다. 그 예로 린바이는 어느 인터뷰에서 『한 여자의 전쟁』 이후 소설 경향이 자폐적인 데에서 사회적인 요소로 전환・변화되었는데, 이것은 의도적인 것이 아니라 자전적 소설쓰기를 통해서 사회와의 소통이 가능해졌기 때문이라고 답변하고 있다. 林宋瑜, 「從『一個人的戰爭』到『婦女閑

이와 같이 『세월』이나 『한 여자의 전쟁』 모두 여성작가의 자전적 글쓰기의 기원은 상처의 치유이자, 고통스런 기억의 해소 즉 해원(解冤)에 있음을 확인할 수 있다. 다만 이는 기원으로 고정된 것이 아니라, 글쓰기의 과정이며 또 결과이기도 하다.

2) 서술전략과 여성적 글쓰기

여성적 글쓰기는 특정한 문체나 형식의 문제가 아니라 여성이 당면한 억압에 저항하고 해방을 추구해가는 과정에서 부딪히는 문제를 해결하기 위해 동원하는 서술전략이라고 할 수 있다. 일반적으로 여성들은 자신이 누구이며, 남성 지배 사회에서 얼마나 억압받고 있는가라는 존재론적이며 자의식적 질문에 기초하여 글을 쓰기 때문에, 남성과 다른 방식으로 자신을 드러낸다. 이에 대해 엘렌 식수는 여성적 글쓰기란 새로운 방식의 글쓰기를 통해 지금까지 계속되어 온 남근중심적 상징체계에서 벗어나고자 하는 긍정적이고 적극적인 전략이라고 주장한다.[23] 즉 여성적 글쓰기는 여성들이 자신의 경험과 정체성을 드러내기 위해 선택한 언어적 양상을 총칭한다고 할 수 있다. 여기서 중요한 것은 여성언어가 남성언어와 무엇이 얼마나 다른가가 아니라, 실제 서술의 양상에서 나타난 특징이 여성으로서의 경험과 상처, 그리고 그것의 극복을 얼마나 적절히 드러내는가이다. 특히 여성의 자전적 소설이 보여주는 기억과 고백, 존재론적 질문, 주체의 구성과 관련된 여러 서술 양상은 여성적 글쓰기의 특성을 잘 드러낸다

聯錄」」, 『藝術評論』, 2007, 第3期.

23 유홍주, 「고백체와 여성적 글쓰기」, 『현대문학이론연구』 27, 2006, 201쪽 참조.

고 할 수 있다.

『세월』의 서술방식에서 특징적인 것은 3인칭 화자와 현재형 서술어미다. 자전적 소설이 고백성과 진정성을 획득하는 데 있어 저자=주인공=화자의 동일성은 기본 규약으로 전제된다.[24] 그렇기에 자전적 소설에서는 일인칭화자가 자연스럽게 느껴진다. 그럼에도 불구하고 서술자 자신이 3인칭을 선택한 이유가 소설 속에 언급되어 있다.

> 처음 블루나 퍼플에 기록된 글은 일인칭이다. 그러나 그 여자는 일인칭으로 쓰는 일이 고통스럽다. 쓸 때마다 얼마 못 써 중단하곤 하는 것은 문장마다 그것이 제 일이었음을 환기시키는 일인칭 대명사가 있는 까닭이다. 그래서 그 여자는 '나'라는 일인칭 대명사 대신 '그 여자'라는 삼인칭을 택한다. 그러고 나자 그 기억들과 지금 이 글을 기록하는 손길 사이에 얼마간의 거리가 생긴다. 그 거리를 꾸준히 유지할 수 있다면 싶다. (1권, 21쪽)

'블루'나 '퍼플'은 오래 전부터 써온 개인기록을 칭하는 말이다. 1차 자료에서는 1인칭을 시도하였으나, 기억과 만나는 일은 "목이며 가슴이 빠근하게 아파"올 정도로 고통스럽기 때문에 결국 3인칭을 선택하고 있다. 3인칭 서술에 의해 화자는 대상과 일정한 거리를 유지하고, 또 허구성을 강화시킬 수도 있는 것이다.

그러나 또 다른 특징인 현재형 서술어미에 의해 대상과의 거리는 무화된다. 현재형 서술어미는 묘사의 기능을 극대화시키면서 현전의 느낌을 전달한다. 독자는 사건이 마치 눈앞에서 일어나고 있다는 실

24 박영혜 · 이봉지, 「한국 여성소설과 자서전적 글쓰기에 관한 연구」, 『아세아여성연구』 제40호, 2001, 10쪽.

감을 갖는 것이다. 즉 서술자아가 경험자아와 지속적으로 중첩된다. 이로써 3인칭 서술이면서도 화자의 주관적인 감정토로가 자연스럽게 느껴지기도 하고 또 절박하게 들리기도 하는 것이다. 이렇게 거리를 유지하는 듯하면서도 그것을 무화하는 서술의 방식이 『세월』의 여성적 글쓰기로서의 특성이라 할 수 있다.

『그 여자의 전쟁』에서 작가는 다양한 서술전략을 구사한다. 우선 1인칭과 3인칭 화자가 교차하면서 등장하는데, '나'와 '두오미'의 교체에 뚜렷한 계기는 발견되지 않는다. 한 단락 안에서 두오미와 '나'가 뒤섞이기도 한다.

> 두오미는 달랐다. 그녀의 환상 속의 사랑이란 언제나 몹시 기괴한 것이어서 구체적인 남자애와는 아무런 관계가 없었다. 초등학교, 중학교, 고등학교, 대학교 내내 같은 반 남학생을 좋아해본 적이 없었다. 그건 도대체 무엇을 말하는 걸까? 나는 도대체 어떻게 돼먹은 사람일까? 나는 태어나면서 보통 사람과는 다르게 태어났을까? 이런 질문을 되풀이해 보았으나 언제나 분명한 해답을 찾지 못했다. (44쪽)

이러한 인칭의 교체는 화자 자신이 스스로 자아를 분열적으로 사고함을 보여준다. 단일하고 완결된 형태의 자아가 아니라 복수(複數)의 자아를 전제한 것이다. 이는 작품 안에서 가상의 '나'와 마주치는 장면을 삽입함으로써 소설의 사건으로도 등장한다.

> "넌 누구지? 나의 그림자니, 아니면 가상의 나니?"
>
> 여인의 목소리는 은밀했다.

"알려줘. 꼭 알려줘야 돼. 넌 누구지? 넌 나의 허상이지?"

나는 풀죽은 목소리로 조심스럽게 물었다.

"반대로 너야말로 나의 허구이지."(25쪽)

작년 여름 저녁에 만난 여성인물이 바로 또 다른 '나'임을 보여주는 장면이나, "상상과 진실은 마치 거울 속의 두오미와 실재하는 두오미 같았다. 그녀는 가운데 서서 두 개의 자신을 보았다"(33쪽)는 서술에서도 복수의 자아를 확인할 수 있다. 작가 린바이는 '나'와 두오미의 자연스런 교체를 통해 소설 장르의 관례인 인칭의 통일을 의도적으로 파괴하는 것이다. 이는 여성의 자아가 결코 단일하지 않다는 것, 경험하는 순간과 상황에 따라 주체는 다르게 구성될 수 있음을 보여준다.

또한 플롯을 구성하는 데 있어서도 『세월』이 시간적 순차성에 따라 어린아이에서 성인으로 성장하는 과정을 그 아이 → 그 여학생 → 그 여자의 순으로 나열하고 있는 것에 비해, 『그 여자의 전쟁』은 의식의 흐름을 좇아 기억나는 대로 사건을 서술한다. 이로써 유년시절의 기억과 최근의 일이 뒤섞이면서, 사건의 시간적 재배열이 혼란스럽게 느껴진다. 다만 소제목에 따라 몇 개의 주제 — 자신의 여성관, 표절사건, 여행, 사랑과 실패 — 로 크게 구획될 뿐이다. 급작스레 화제를 전환하고, 특정 사건을 장황하게 기술하거나, 기억과 상상을 혼란스럽게 서술하는 것에 대해 화자 자신은 이것이 오히려 '전형적인 여성적 글쓰기'라고 지적한다. 즉 린바이는 서술의 논리적 정연함이나, 사건의 선조적 배열 등이 여성의 특별한 경험을 기술하기에는 적합한 것이 아님을 주장한 것이다.

린바이에게 개인 기억이란 환원적 기억의 진실을 뜻하는 것이 아니라 "일종의 자세, 개인의 기억으로 재료를 삼아 획득한 상상력을 뜻한다."[25] 그렇다면 그녀에게 실제 경험과 그것의 상상적 호명 및 자유로운 배치는 하나의 창작방법이라 할 수 있다. 이로써 린바이만의 독특한 여성적 글쓰기의 양상을 보여주는 것이다.

4. 나가며

이 글은 1990년대 한국과 중국 여성 작가의 자전적 소설인 김형경의 『세월』과 린바이의 『한 여자의 전쟁』을 대상으로 여성의 경험과 욕망, 글쓰기의 양상을 비교, 고찰하였다. 근대 이전까지만 해도 같은 유교문화권에 속해 있었지만, 근대로의 전환기와 근대국가의 건설과정에서 이념체계의 차이로 인해 양국은 전혀 다른 역사적 발전과정을 보여왔다. 그럼에도 불구하고 여성의 문제에 있어서는 모두 봉건적이고 가부장적 유제가 남아 현재의 삶을 여전히 규제하고 있으며, 동시에 이를 청산하고 여성으로서의 정체성을 구성함으로써 진정한 주체로 서기 위한 다양한 노력을 수행하고 있다. 가부장적 유제의 흔적과 극복 양상이 잘 드러난 텍스트가 바로 여성작가의 자전적 소설이라 할 수 있다. 전통적으로 남성 중심의 사회에 살아가면서 자신의

25 김정남, 앞의 논문, 105쪽.

목소리를 잃어버렸던 여성들이 글쓰기의 과정을 통해 자신의 정체를 찾고 주체를 형성하게 해준다는 점에서 자전적 글쓰기는 여성문학에서 유의미한 지점이다. 이 비교 작업을 통해 어느 지역, 어느 시대를 산다고 하여도 타자로서의 삶을 살아내야 하는 여성들은 자신의 정체성을 구성하는 데 있어 사회의 인식체계와 타자의 시선, 여성 자신의 내면화 문제 등의 여러 장애를 겪고 있음을 확인할 수 있었다. 동시에 탈근대의 시대에 개인적 경험과 기억의 호출은 여성적 글쓰기의 근본적 동력으로 작용하고 있다는 사실도 확인할 수 있었다.

두 작품의 화자인 '그 여자'와 '나'는 모두 부모의 정신적 부재로 인하여 성장의 장애를 갖게 되는데, 이를 극복하기 위해 가부장적 이념을 내재화하거나, 혹은 폐쇄적 공간에 스스로를 가두거나 또는 완전한 해방을 선취하기도 한다. 어떠한 양상을 보이건 간에 여성의 성장은 남성의 성장과 변별되는 것으로 각 사회규범에 대한 저항을 내포한 반(反)성장의 양상을 보인다.

섹슈얼리티를 다루는 방식에서 두 작품은 상당한 차이를 노정한다. 『세월』은 순결이데올로기에 억압된 남성과 여성 인물을 등장시키고, 남성적 폭력과 여성의 순종이라는 이분법적 경계를 바탕으로 서사를 구축하고 있다. 이에 비해 『한 여자의 전쟁』은 여성의 섹슈얼리티가 결코 단선적인 것이 아님을 화자인 '나'의 성적 욕망에 비추어 형상화한다. 『세월』에 비해 린바이의 소설이 여성의 욕망에 관해 훨씬 능동적으로 묘사하고 있으며, 또 이를 통해 여성의 정체성이 다원적으로 구성되는 방식을 보여준다. 90년대 중국의 여성소설의 특징 중의 하나인 감각적인 성애의 묘사와 성적 자유로움, 여성의 대남성 의식의 급진성 등이 린바이의 소설에서도 나타나고 있는 것이다.

이와 같은 한국·중국 소설의 차이점은 중국이 사회주의 국가였기 때문에 나타난 현상으로 보인다. 1949년 중화인민공화국이 건설된 이후 국가 주도로 제도적 차원에서 여성의 평등권이 보장되었다. 제도적 지원 하에 1976년 모택동 사망 이후 80년대 후반까지 중국 여성문학은 외형상 비약적으로 발전하게 되는데 내용상으로 보면 여성문학이라기보다는 중성문학, 무성(無性)문학이라 할 수 있다. 즉 여성의식을 초월하여 사회현실을 중시하고 민족의식을 고양하는 작품이 주류를 차지하였던 것이다. 이러한 문학사적 흐름을 배경으로 놓고 본다면, 90년대 중국 여성문학은 집단에서 개인으로 관점이 변이될 뿐 성불평등의 문제가 전면에 나서지는 않았던 것이다. 그렇기에 여성 개인의 문제에 집중할 수 있었던 것으로 보인다. 그에 비해 한국의 경우, 여성 불평등 해소를 위한 국가단위의 제도적 지원이 미약하였고 이로 인해 90년대까지도 여전히 성차별의 문제가 전면적일 수 있었던 것이다.

결국 여성 작가의 자전적 소설은 글쓰기를 통한 상처의 치유와 회복 그리고 도약의 기회를 제공한다. 나아가 남성 중심의 사회 속에서 억압되었던 여성 본연의 자아가 세상과 소통하는 하나의 방식을 보여주었다. 서술전략에 있어서도 『세월』과 『한 여자의 전쟁』은 인칭의 교체와 사건의 다양한 배치를 통하여 작가 고유의 여성적 글쓰기를 창출한다. 탈근대적 시대에 주체가 사적이고 일상적인 삶을 영위하면서 그 안에서 명멸하는 다양한 의미망들이 횡단하는 과정에서 구성된다면, 여성의 소설, 여성의 사적 경험과 그것의 서사적 호명은 새로운 가치를 부여받을 수 있을 것이다.*

* 교신 저자 : 노정은(건국대학교 중어중문학과 교수)

3부

대중성의 경계에서

김교제 신소설의 대중성

1. 들어가며

한국 근대소설사에서 신소설의 한계로 지적되었던 측면은, 1910년을 넘어서면서 신소설이 통속화되고 대중화되었다는 점이다. 신소설 작가들이 "대중적 흥미성에 집착"하다 보니 신소설의 "사회 계몽적 기능"이 약화되어, 작가가 "독자를 이끌어 가는 입장을 버리고 그들의 취미 기준에 맞는 작품을 쓰고자 노력했다"[1]는 것이다. 이는 이미 1930년대 임화에 의해 언급된 바이다. 임화는, 신소설이 "후진하고 비속한 독자층의 애독물이 되어 있는 이유"가 "구소설 양식에 구소설적 주제를 담아 가지고 있기 때문"이라고 지적하면서 '구소설 양식'과 '구소설 주제'는 "구투의연(舊套依然)한 신소설의 상투수법"이자 "통속소

1 권영민, 『한국 현대문학사』 1, 민음사, 2002, 148~149쪽.

설의 수법"이라고 평가한다.[2] 임화에게 '통속성의 대두'는 문학적 발전의 퇴보이며 문학의 속화(俗化)로 여겨졌다. 통속성의 강화는 필연적으로 독자를 지도해야 하는 문학의 입장을 방기하고 독자를 추종하게 만든다고 생각했기 때문이다.[3] 이와 같은 평가는 최근에까지 한국 근대문학사의 일반적인 시각으로 자리하고 있다.

그러나 개화기는 조선 봉건사회가 무너지면서 근대의 문물이 도입되던 시기이고, 이로써 이전과 전혀 다른 사회 문화적 환경이 구성되면서 문학에 있어서도 새로운 작가와 독자, 그리고 전대와는 다른 이질적인 텍스트들이 등장한 시기이다. 특히 근대와 더불어 발생한 '소설' 양식은 문자를 해독할 수 있는 일반 대중과 대량 인쇄 기술 및 대중매체를 그 근원에 두고 있다. 그렇기에 문학의 상업성이라든가 혹은 소설의 대중성은 근대소설에 내재된 성격이라 할 수 있으며, 신소설이 보여준 대중 지향성은 근대소설의 한계가 아니라 본질적 특성을 탐색하는 데 중요한 단서가 될 수 있을 것이다.

이에 본고에서는 김교제[4]의 작품을 대상으로 신소설의 통속성, 대중성[5]의 측면을 고찰하고자 한다. 김교제의 경우, 이인직, 이해조, 최

---

2 임화, 『신문학사』(임규찬 · 한진일 편), 한길사, 1993, 182~185쪽.

3 위의 책, 298쪽.

4 최원식에 의하면 김교제는 광성상업학교를 나오고, 헌릉과 인릉의 참봉을 지낸 관원 출신으로, 한일합방 이후 『목단화』(1911)를 시작으로 하여, 최후작 『경중화』(1923)에 이르기까지 열 편 정도의 신소설을 발표하였다. 작품 수로는 이해조 다음으로 두 번째 가는 다산작가이다. 최원식, 「이해조의 계승자, 김교제」, 『민족문학사연구』 2권, 1992 참조.

5 19세기 초 서구사회에서는 산업혁명과 함께 공업화, 도시화가 빠른 속도로 진행되면서 거대도시가 출현한다. 거대도시들은 자본주의적 계약관계로 이루어진 구성원들(대중)로 형성되어 집단적 결속력이 약했고 공동체적인 유대 관계도 사라짐에 따라 사람들은 고립된 개별적 존재로 남게 된다. 매스미디어는 도시의 대중이 고립감을 벗어나 사회적 관계를 맺을 수 있는 통로로 기능하게 되었지만 매스미디어에 의존한 사회적 관계는 결과적으로 대중의 고립과 개별화, 원자화를 더욱 심화시킨다. 대중문화와 고

찬식과 더불어 신소설의 4대 작가로 평가[6]되기는 하나, 실제 문학사의 기술에서 구체적으로 언급되지 않고 있으며, 언급된다 하더라도 부정적인 측면만을 지적하는 경우가 대다수이다. 예컨대 김교제의 여러 소설은 "대체로 흥미 위주의 오락성이 뚜렷"하며 "선악의 대립으로 이야기를 이끌어가는 전통적인 수법에 머물러 있"고 "계모의 모해, 남녀이합 등의 소재를 흥미 위주로 구성하여 통속적인 이야기로 만들고 있다"[7]는 식의 평가가 그러하다.

이와 같은 문학사적 평가가 주류를 이루기에, 실제 김교제 작가론이나 작품론[8] 역시 미흡한 상태이며 평가의 방식도 문학사적 맥락에서 거의 벗어나지 못하고 있다. 다만 최원식의 경우, 김교제의 초기 대표작인 『목단화』와 『현미경』의 분석을 통하여 1910년대 초기 신소설로서는 드물게 이해조의 애국계몽노선을 이어받아 민족교육운동을 작품 속에 반영하거나 지방토호의 탐학을 탁월하게 묘사한다고 긍정적으로 평가하고 있다. 그러나 이 경우에도 김교제의 다른 작품에 대해서는 통속성으로 인하여 평가할 가치가 없다고 지적하고 있으며, 작품 평가의 기준에서도 '애국계몽 노선'만을 문제 삼고 있다.

물론 김교제 소설에서 애국계몽노선이라든가, 개화사상에 대한 관

급문화의 이분법적 사고에서 대중(mass)은 고립 분산되어 있고 주체성을 가지지 못했으며 비합리적이고 열등한 집단이라는 경멸적 의미를 담고 있으나, 최근에는 중립적이거나 긍정적인 함의를 지닌 '대중성'(the popular)의 개념을 주로 사용한다. 이때의 대중문화는 '다수의 사람들이 향유하는 문화'라는 의미이며, 문화의 소비 내지 수용 과정에 초점을 맞춘 개념이다. 김창남, 『대중문화의 이해』, 한울, 2003, 33~34쪽 참조. 본고에서 사용하는 대중성 역시 'the popular'의 측면에서 접근한다.

6 김태준, 『교주 증보조선소설사』(박희병 교주), 한길사, 1990, 232쪽.

7 권영민, 앞의 책, 140~141쪽.

8 대표적인 논문으로 유병석, 「김교제의 작품」, 『신문학과 시대의식』, 새문사, 1981; 최원식, 앞의 논문; 이영아, 「개화기 여성의 젠더이데올로기 연구—목단화를 중심으로」, 이용남 외, 『한국 개화기 소설 연구』, 태학사, 2000 등을 들 수 있다.

심은 중요한 측면이기는 하나, 김교제 소설의 전반적 양상을 파악하는 데는 다소 미흡하다. 무엇보다 김교제 소설의 특징은 대중성에 있기 때문이다. 비록 그의 소설이 정론성이나 계몽성의 측면에서 보면 피상적이었다고 해도, 독자의 호응 속에 계속 읽힐 수 있었던 것은 '재미'있었기 때문이다. 개화에 대한 작가의 뚜렷한 지향조차도 독자의 흥미를 고려한 요소 속에 녹아들어가 있는 것이다. 1910년대 초반, "향일(向日) 『목단화』, 『치악산』(하)를 저(著)하야 강호의 대갈채를 박(博)"하였다는 광고 문구[9]에서도 확인되는 바, 작가가 1920년대까지 대중적 인기를 누리며 꾸준히 작품 활동을 할 수 있었단 것은 독자의 소설적 흥미를 작품 속에 적절히 반영하였기 때문이다.[10] 그러므로 그의 소설을 연구하는 데 가장 중요한 요소는 대중성이라 할 수 있다. 이에 이 글에서는 인물과 서사의 구성 방식이 독자의 읽기 행위에서 어떠한 작용을 하고 있는가를 중심으로 소설의 대중성을 살펴보고자 한다. 이를 통해 김교제 소설의 어떤 요소들이 독자의 흥미를 자극했는지를 확인할 수 있으며, 이로써 개화기 대중의 인식 양상뿐만 아니라 당대 지배적 이데올로기의 현장을 고찰할 수도 있을 것이다. 또한 이는 궁극적으로 신소설의 대중성이 소설사적으로 어떤 의미를 지니는지 확인하는 작업으로 이어질 것을 기대한다. 즉 신소설이 지닌 대중성은 해당 양식의 고유 원리로 인정되어야 하며, 동시에 고전소설과 근대소설의 연속선상에서 평가되어야 할 요소이다. 이를 과도기

---

9 『매일신보』, 1912.9.25.

10 비록 『목단화』는 초판에 그쳤으나, 『치악산』(하)는 1922년까지 여러 차례 발간되었으며 『현미경』 역시 1912, 1918, 1922년에 걸쳐 여러 판이 출간된다. 이로써 김교제의 작품이 상당히 널리 읽혔을 것으로 추정된다. 하동호, 「개화기 소설의 서지적 정리 및 조사」, 『동양학』 7집, 단국대 동양학연구소, 1977 참조.

문학이 지닌 한계라든가 부정적 · 퇴행적 양상으로만 취급한다면 신소설에 대한 적절한 평가는 항상 유보될 수밖에 없을 것이다.

2. 여성 인물의 이중성과 독자의 기대지평

1) 수동적 여성 인물과 기대지평의 설정

신소설에서는 여성이 수난을 겪는 것을 중심사건으로 하는 이야기가 절대 다수를 차지한다. 이는 이 이야기가 당대에 많은 독자층을 가진 친숙한 이야기 틀[11]이었음을 확인하게 하는데, 김교제 신소설 역시 '여인 수난이야기' 틀을 주로 차용하고 있다. 즉 여성 인물이 주인공으로 등장하여 집을 떠나 갖은 고난을 겪지만 결국 그 모든 어려움을 극복하고 집으로 복귀한다는 줄거리를 공유하는 것이다. 그 대표적 작품이 『목단화』, 『치악산』(하), 『현미경』, 『경중화』이다.

이 작품들에서 주목할 만한 것은 여성 인물이다. 대중지향적 소설에서 인물은 특정의 태도, 즉 선이거나 악의 한 측면만을 소설 끝까지 유지한다. 선과 악의 명백한 구분과 선에 대한 최후의 도덕적 보상은 대중소설이 견지하는 기본 틀이다. 또한 대중소설 속 인물은 "모순적 현실에 대하여 가장 전형적이고 보편적인 방법으로 대처"하는 보편

11 김경애, 「신소설의 '여인 수난이야기' 연구」, 『여성문학연구』 6집, 2001, 113~114쪽.

성을 지니고 있기에 대중 독자로부터 공감을 얻는다.[12] 그러므로 대중적 소설에서 인물은 명백함과 보편성을 그 특징으로 지닌다. 신소설의 인물들도 대개 선/악의 구분이 뚜렷한데다가, 고소설 양식에서 인물을 형상화하는 방식에 크게 의존하고 있다. 이는 독자 공감을 위한 보편성의 측면에서 그 효과를 발휘한다. 김교제 역시 여주인공들을 고전소설의 여성 인물과 흡사한 방식으로 형상화하고 있다. 즉 모두 뛰어난 외모를 지니고 있고, 재주도 출중한 선한 존재들이다. 특히 고전소설에서 주로 사용하는 관용구를 그대로 차용함으로써 인물의 개성보다는 일반화와 보편지향성을 드러낸다. 이와 같은 방식은 독자가 인물과 관련된 기대지평[13]을 신속하고 안정적으로 형성하는 데 도움을 준다.

예를 들면 『목단화』의 여주인공 정숙은 외모가 출중할 뿐만 아니라 재주도 뛰어난 인물이다.

> 정숙이는 이참판의 전실부인 김씨의 소생이라. 인물로 말하면 장강, 서시의 색태를 겸하고 부덕으로 말하면 태임, 태사의 숙덕을 효칙하는 여자인데, 나이 십 세에 자모를 이별하고, 서씨 부인이 계모로 들어오매 섬김을 소생 자모같이 하나 워낙 편협하고 악독한 서씨 부인이 겉으로는 물 흘러가는 듯하나 속은 딴판이라. (…중략…) 정숙이 십일세에 여학교에 입학을 하여 신학문을 공부하니 재주가 특이하여 학교에 들기 전에도 여간 학문은 그 부친에

12 이정옥, 『1930년대 한국 대중소설의 이해』, 국학자료원, 2000, 92쪽.

13 야우스는 작품 수용은 기대지평의 재구성을 전제로 한다고 지적한다. 이 때 기대지평은 수용자가 지니고 있는 바람, 선입견, 이해 등 작품에 관계된 모든 전제를 총망라한 것이다. 즉 기대지평은 수용자가 지닌 창작 작품에 대한 이해의 범주 및 한계를 가리킨다. 차봉희 편저, 『수용미학』, 문학과지성사, 1985, 31~32쪽 참조.

게 배워 대강 짐작하더니, 학교에 입학한 후는 일취월장하여 시험마다 우등은 정숙이 아니면 할 사람이 없는지라. 정숙이 사상에도 자기가 여자는 되었을지라도 을지문덕, 합소문의 사업하기를 자부하더라.[14]

『현미경』의 주인공 김빙주도 "꼿갓고 옥갓고 졔비갓고 잉무갓흔 졀딕가인"이다.

그 딸의 이름은 빙주(氷珠)이니 이 때 꽃다운 연기는 십육 세라 달 같고 옥 같은 태도와 빙설 같고 철석같은 지조는 더 할 말이 없거니와 그 특이한 상과 출류한 지식은 말이 계집아이지 치마폭 두른 장부라고 할만도 하나 그러나 졸지에 공전절후한 화란을 참혹히 만나서 삼오이팔이 겨우 된 혈혈처녀의 그 때 정경이 장차 어떠하리오.[15]

『경중화』의 여주인공 순정 또한 "알마진키에졀묘흔품질이이세상에미인이란층호를밧을만"[16]한 인물로 얼굴도 일색이고, 재질도 일등이며, 성질도 유순하다.

이런 인물을 대하게 되면 독자는 기존의 독서 관습에 기대어 봉건사회가 지향하던 전형적인 여성상을 상상하게 된다. 유교적 이데올로기를 체현한 순결한 여성이며, 매사에 순종적이고 수동적일 것이라 기대하는 것이다. 인물의 성격을 쉽게 파악할 수 있다는 것은 그 인물의 내면을 상상할 수 있다는 것이며 동시에 독자와 인물의 내면

---

14 김교제 · 안국선, 『한국 신소설선집』 3(권영민 · 김종욱 · 배경열 편), 서울대 출판부, 2003, 10~11쪽.

15 『한국 개화기문학 총서 – 신소설 · 번안(역)소설』 8, 아세아문화사, 1978, 17쪽.

16 『개화기문학 – 신소설전집』 4, 계명문화사, 1977, 77쪽.

이 밀착될 수 있음을 뜻한다. 독자와 인물 내면의 거리가 좁아질수록 이어지는 사건에서 독자는 인물의 고난과 부당한 대우에 더욱 민감하게 분노한다. 인물의 행위에 내재된 동기를 알면 알수록 독자는 그 인물의 행위에 관해 이해와 용서, 인내를 더 많이 느낄 수 있기 때문이다.

이와 같은 인물 묘사 방식에 대해 기존 연구는 대중추수적이라고 혹은 김교제 소설이 구소설로 퇴행한 흔적이라고 지적한다. 그러나 하나의 텍스트와 관련된 기대지평은 작가의 의도와 독자의 수준 및 독서 방식, 그리고 시대적 기대들이 길항하면서 이루어지는 것이다. 김교제라는 작가가 자신의 소설을 통해 읽어내기를 기대하는 바와 독자가 소설을 읽어가면서 생기는 여백을 채워가는 방식이 크게 어긋나지 않을 때 소설의 대중성은 크게 확장될 수 있다. 그런 측면에서 대중지향성을 보이는 김교제의 소설은 일반적이고 안정적인 기대지평을 구성할 수 있도록 서술된 것이다.

또한 이는 독자의 독서습관을 고려한 장치라고 할 수 있다. 독자의 기대지평을 형성하는 데 있어 중요한 작용을 하는 것이 기존의 독서관습이다. 독자가 하나의 새로운 문학 작품을 대할 때는 자기가 과거에 읽었던 다른 작품 또는 독자 자신의 체험이나 관점 등에 따라 새로운 작품이 대략 어떠하리라는 기대를 가지게 되는 것이다.[17] 새로운 근대적 출판문화가 형성되는 과정에서 대략 1920년대까지 개화 공간의 독자는 주로 '전통적 독자층'이었다. 이들은 대개 구활자본 고전소설과 신소설, 신작구소설 등을 읽은 것으로 파악되고 있다. 즉 고전소

---

17 박찬기 외, 『수용미학』, 고려원, 1992, 28쪽.

설을 즐겨 읽었던 이들에게 신소설과 고전소설이 완전히 분리된 별개의 장르로 인식된 것은 아니었다. 더욱이 단행본 생산과 유통의 측면에서도 그 구분은 이루어지지 않았다. 그렇기에 신소설은 고전소설과 서로 수렴하는 관계에 놓여 있었던 것이다.[18] 이는 곧 신소설 독자의 기대지평이 이미 읽어왔던 고전소설의 독서 관습에 준하여 형성된다는 것을 뜻한다. 고전소설의 관용적 어구를 차용한 인물 형상화로 독자는 예상되는 기대를 가질 수 있으며, 이제 곧 발생할 사건이나 행동 등에 대해서도 어느 정도 예측할 수 있다.

2) 능동적 여성 인물과 기대지평의 수정 및 재구성

그러나 소설 텍스트의 독서 과정에서 한번 설정된 기대지평은 오래 지속되지 않는다. 이어지는 사건이나 새로운 정보에 의해 이전의 기대지평은 곧 수정되기 때문이다. 독자의 독서 과정은 일종의 여백 채우기이며 지속적인 독서에 의하여 기대지평은 설정 → 수정 → 재구성의 과정을 반복적으로 진행시킨다. 기대지평은 흔들리고 고정된 관념에 도전한다. 수정의 순간 즉 기대하는 바가 깨어지는 순간에 독자는 텍스트의 재미와 흥미를 느낄 수 있다. 또한 이는 호기심을 자극하는 요소이기도 하다.

신소설이라는 양식이 옛것과 새로운 것의 교호 속에서 긴장감을 유지하는 장르라면, 옛것은 안정적이고 예측 가능한 기대지평을 구성할 것이며, 새로운 것은 기존의 기대지평을 파괴하고 독자의 예상을 깨뜨린다. 이를 인물 구성에 적용시켜 보면 여성 인물의 외모나 재

18 천정환, 『근대의 책읽기』, 푸른역사, 2003, 64~68쪽 참조.

질에 대한 관습적 표현이 수동적 여성상을 상상하게 함으로써 안정성을 추구하는 데 반해, 이어지는 기대지평의 파괴는 여성의 능동성에서 발견된다.

김교제 소설의 여주인공들은 당대의 일반적인 관념을 뛰어 넘는 능동성을 지니고 있다. 『목단화』의 여주인공 정숙이 이혼당한 것은 학교 다니기를 청하였기 때문이다. 소설에서 정숙은 결혼 전 여학교에 입학하여 신학문을 공부하였고, 시험마다 우등하는 우수한 학생이었다. 그러나 16세에 결혼한 후 다시 학교 다니기를 희망하나 완고한 시댁에 의해 거절당한다. 정숙의 아버지 이참판은 정숙을 결혼시킬 때 가문(양반)을 본 것도 아니고, 집안 형편을 본 것도 아니며 다만 사람 하나만 보고 동촌 낙동 사는 박승지 아들과 혼인시킨다. 그러나 박승지는 찰완고 생원님으로 유명하였고, 머리 깎고 학교에 다니는 것만 보아도 부채로 차면하고 바로 보지 않는 사람이다. 정숙은 시집간 지 한 달 후에 학교에 가기를 청하였으나, 시아버지는 펄펄 뛰며 정숙을 친정으로 쫓아 보낸 것이다.

학교가기를 직접 청하는 여성의 모습에서 독자는 여성 인물에 대한 이전의 기대지평을 수정하게 된다. 앞서 언급한 상투적이고 공식적인 표현에 의해 구시대적 인물이었던 여성은 이제 한순간 개화한 여성으로 변모하게 되고 이를 바탕으로 독자의 기대지평 역시 변화하는 것이다.

『경중화』에서도 동일한 상황이 반복된다. 특히 이 소설의 경우, 학교 다니는 며느리와 시어머니의 갈등이 구체적으로 묘사된다. 『목단화』에서는 서술자의 설명으로 요약, 제시된 것에 비해 『경중화』는 최순경이 시집간 지 며칠 못 되어 학교를 다니다가 시부모의 반대에 부딪히고 그로 인하여 이혼 당하는 과정이 자세히 나온다.

> 먼지뭇은정ᄌᆞ관을푹눌너쓰고때뭇은무명힝젼도두치고긴장죽입에물고셰포쌈지도루루말아한손에들고위엄잇게들어와부인엽헤털셕안져서위ᄉ간에션녀학싱을물ᄭᅳ럼이 보더니
>
> 이ᄋᆡ며누라너ᄂᆞᆫ오날부터네친뎡에가잇거라네가ᄂᆡ집에잇다가ᄂᆞᆫ어린귀슌이ᄶᅩᆺ지버리겟다우리집안은득셩이후로학교에단기ᄂᆞᆫ며누리엇어본일이업다사ᄂᆡᄌᆞ식도학교에단길가바시골보ᄂᆡ두엇거든허물며녀편네가학교에를단기여응
>
> 너ᄂᆞᆫ네친정으로가셔네마음ᄃᆡ로ᄒᆞ지ᄂᆡ집에서ᄂᆞᆫ간ᄃᆡ로그런힝동을못ᄒᆞ리라ᄂᆡ가발셔너의집에왕복ᄒᆞ고영영츌거홀줄로말ᄒᆞ얏스니잠시지체말고어셔가거라학교에단디ᄂᆞᆫ녀ᄌᆞ가신교ᄂᆞᆫ타셔무엇ᄒᆞᄂᆞ냐사ᄅᆞᆷ한아다리고거러가거라[19]

『목단화』와 『경중화』에 공통적으로 등장하는 모티프인 학교 가는 며느리와 완고한 시댁의 갈등은 당대 개화와 수구의 갈등을 상징한다. 개화기가 바로 근대와 봉건의 혼종적 공간이듯이 김교제의 소설 역시 새로운 것과 옛것의 치열한 투쟁의 공간인 것이다. 물론 작가의 시선은 개화에 기울어 있다. 작가는 새로운 것의, 개화의 정당성을 여성 교육이라는 모티프를 통하여 드러내고자 하였던 것이다.

개화기를 살아가는 독자에게 신/구 갈등은 가장 첨예한 문제일 수밖에 없다. 근대의 사상과 문물이 물밀듯 밀려오고는 있으나, 실제 개

19 『개화기문학-신소설전집』 4, 계명문화사, 1977, 79~80쪽.

인의 생활이나 관념은 그리 쉽게 변하지 않았다. 우리가 현재 당연한 것으로 여기는 "학교 다니는 여성을 어떻게 받아들여야 하는가"하는 문제조차도 당대에는 심각한 의식상의 차이와 분열을 가져왔던 것이다. 이렇게 독자의 실제 생활과 밀접한 문제를 제기하면서 김교제의 소설은 시작된다. 대중소설에서 다수의 독자가 쉽게 공감할 수 있는 인물을 등장시켜 독자와의 거리를 좁히는 일은 중요한 측면이다. 그러므로 '학교 다니는 여성'과 시댁의 갈등은 일차적으로 독자의 호기심을 자극하고 그 문제에 공감하면서 이제 갈등이 어떻게 해결될 것인가에 대한 궁금증이 발생한다. 즉 유교적 여성상에서 출발한 기대지평은 인물의 능동적 행위에 의해 그 예측을 수정하여, 새로운 기대지평을 형성한 후 독서를 지속시킨다.

여성의 교육에 대하여 당대 신문 등은 원론적 주장의 차원에서 계몽적 논설을 펼치고 있었다.

> "…… 자고 이래로 어느나라 사기(史記)를 보던지 녀인의 교육을 돌아보지 아니ᄒᆞᄂᆞᆫ 나라는 무식ᄒᆞ고 잔약ᄒᆞ고 마춤내 망ᄒᆞ며 녀인의 교육을 힘쓰는 나는 점점 흥왕하는 것은 구미각국을 보아도 알겠도다…… 만일 녀인교육이 성행하면 ᄉᆞ름마다 지식있는 어머니의 요훈을 받을 것이니 성인이 된 후에 어찌 총명한 사람이 되지 아니ᄒᆞ리요…… 서양녀인은 과연 내조라 ᄒᆞᄂᆞᆫ 것이 옳거니와 동양녀인들은 불과 사나이의 노복이라 어찌 통탄치 않으리오……"[20]

위 예문에서 알 수 있듯이 서구와의 비교를 통해 당위적 주장을 펼

20 「녀인교육」, 『독립신문』, 1898.9.13.

치고 있는 것이다. 그러나 실생활에서 교육받은 여성, 학교 다니는 여성의 이미지는 1910, 1920년대에도 여전히 낯선 장면일 수밖에 없다. 1920년대 초, 중반까지도 전체 조선 인구의 90% 가량이 문맹상태[21]이었던 상황에서 당시에 여성이 신식 학교에 다닌다는 사실 자체는 독자의 호기심을 자극하기에 충분한 것이다. 더욱이 그 여성 인물이 학교에 가기 위해 결혼생활을 포기한다는 설정은 상당히 극단적이다. 당대 신소설 독자의 주류가 "부인 여자"였기에 학교 다니는 여성에 대한 관심은 더욱 지대할 수밖에 없었다.

여기에 작가는 "계집아이가 학교에 다니면 다버린다" "학교에 다니면 행실이 부정하다"는 당대의 일반적 인식에 대항하여 "유년시대에 교육을 받지 못하면 제 자격(資格)이 아무리 똑똑한들 쓸데없다"는 주장을 일관되게 편다. 이를 위하여 여성 인물의 고난을 설정하게 되는 것이다.

대표적인 '여인 수난 이야기'인 이인직의 『혈의 누』에서 여성 인물은 처음에는 무지한 어린 아이였으나, 점차 성장하면서 개화한다. 즉 어린 아이였던 옥련이 일본과 미국으로 유학함으로써 신교육을 받게 되고, 그리하여 개화하게 되는 것이다. 즉 개화의 과정에 초점이 놓여 있는 것이다. 그러나 김교제 소설에서는 더 이상 여성 교육의 과정을 강조하지는 않는다. 그보다는 당대 신/구의 갈등에 초점을 두고, 수구의 인식이 잘못되어 있음을 밝히려는 것이다. 이는 곧 여성도 교육받아야 한다는 사실을 전제하고 이러한 인식이 당대에 얼마나 가혹한 장벽에 부딪히는지를 보여주려는 것이다.

21 천정환, 앞의 책, 93쪽.

그렇기에 김교제 소설의 여주인공들은 상대적으로 적극적이다. 여기서 상대적이라는 표현을 사용한 것은 신소설의 여성 인물들이 대개 "주체적 행위자"가 아니기 때문이다.[22] 고난에 빠지는 것도 타인에 의해서이고, 그 고난으로부터 구원되는 것도 조력자에 의해 가능하기 때문이다. 이는 김교제 소설에서도 비슷하다. 특히 구원의 과정에서 조력자의 등장은 비슷한 경로를 보여준다. 그러나 정숙이나 순정이 친정으로 내쫓기는 이유는 스스로 학교가기를 청했기 때문이다. 여성 자신의 의지가 개입된 것이다. 구원의 과정에서도 조력자가 등장하는 것은 사실이나, 집 밖의 세계에서 능동적으로 대응하는 모습은 당대 여성에 대한 기존관념을 깨기에 충분하다. 대중적 소설에서 기존 관념을 깬다는 것은 곧 공식성이 파괴되는 것을 뜻하며 독서에서 이는 곧 흥미 요소가 된다.

『목단화』의 여주인공 정숙은 계모와 섬월의 흉계에 빠져 의주집에게 넘겨진다. 여기서 겁간을 당할 위기를 간신히 넘기고 평안도 의주 사는 황동지의 구원을 받는다. 그러나 의주집의 출현으로 다시 몸을 피하게 된다. 이후 정숙은 남복을 입고 도망 다니던 중 학교 교사로 채용된다. 이제 학교 교사가 된 정숙은 스스로 자신의 의사를 똑똑히 말할 수 있다.

> 지금 이십세기 신풍조를 당하여 우리 여자 된 동포는 절대적 관념이 없으면 도저히 아니 될 줄 생각하오. 그 절대적 관념이 무엇이냐 하면 대강 말하건대, 태서 각국 여자의 인격과 우리 여자 사회의 인격을 비교한즉 소양이 현

22 심경애, 앞의 논문, 123쪽.

수하다 하겠소. 태서의 여자들은 농상공업과 기타 제반 사업의 발명, 연구함을 남자에게 양두치 않고 생명, 재산을 남자에게 의뢰치 아니하는 고로 국민의 당연한 자격을 손실치 아니하고 자식을 생육하매, 가정교육이 필요한 결과고 타일에 무수한 인재를 양성하여 문명을 계발하니, 금일 태서 각국의 문명 발달됨이 모두 여자 학문의 발달된 효험이라 하오[23]

여성 인물의 능동성과 독자의 기대지평의 변화는 『현미경』에서도 나타난다. 『현미경』의 여주인공인 빙주는 아버지의 원수를 갚기 위해, 복수의 길을 떠난다. 빙주의 부친인 김감역은 갖은 고생 끝에 돈을 모아 재산가가 된다. 인심이 후덕하던 김감역이었기에 동학난리 때에도 해를 입지 않고 무사히 넘긴다. 그러나 가렴주구하던 관리 정승지가 "불안당갓흔 욕심"으로 동학난리에 해 입지 않은 사실을 빌미로 엽전 십만냥을 청하나 이를 거절하자 정승지는 김감역을 동학군의 접주로 몰아 심문도 재판도 없이 때려 죽인다. 이에 김감역의 외동딸 빙주는 아버지의 억울한 죽음을 풀고자 정승지를 찾아가 술로 유혹하고 그의 목을 벤다. 그리고 그 머리를 아버지의 궤연에 바친다. 이로 인해 관군에 쫓기게 된 빙주는 아버지의 시신이라도 찾겠다며 서울로 떠난다.

한 아름다운 여성이 사람의 목을 베는 장면에서 시작된 『현미경』은 그 참혹한 모티프 덕분에 처음부터 독자의 호기심을 자극한다. 더 나아가 서울로 가던 중 아버지의 친구인 이진사의 딸 옥희와 만나 우연히 운명이 바뀌게 되자, 이를 이용하여 옥희로 변장하고 옥희의

23 김교제 · 안국선, 앞의 책, 63~64쪽.

삼촌인 이협판의 집에서 살게 된다. 겨우 16세이며 집안에서만 자란 처녀가 사람의 목을 베거나, 이미 죽었다고 생각하여 옥희의 인생을 가져다가 자신의 것으로 하는 빙주의 행위는 상당히 자극적이다. 더욱이 빙주의 외양에 대한 관습적 표현을 바탕으로 기존의 여성 인물에 준하는 상상력을 발휘하던 독자의 기대지평을 지속적으로 뒤흔든다. 다른 사람의 인생을 가져온 빙주의 나머지 인생경로가 어떻게 될 것인가가 바로 이 소설의 독자가 자신의 지대지평을 끊임없이 수정하면서 호기심을 지니고 독서를 계속하게 하는 힘이 되는 것이다. 이와 같이 신소설에서 예외적 인물인 능동적 여성상은 김교제 소설만의 특색이라 할 수 있다.

여성의 능동성에서 기대지평은 수정되지만, 수정된 기대지평 역시 곧 새로운 정보나 사건을 맞이하면서 재조정된다. 대중소설의 서사가 독자의 예측가능성으로부터 지나치게 멀리 벗어나게 되면, 인물에 대한 감정 이입이 깨어지고, 인물의 수난 내지는 극복에 대하여 공감하지 못하게 된다. 즉 적절한 수준에서 독자의 기대하는 바를 충족시킬 필요가 있다. 신소설에서 그것은 정절 이데올로기로 나타난다.

『목단화』나 『치악산』(하), 『현미경』, 『경중화』 모두 여성들은 집 밖으로 나서자마자 정조 훼손의 위기에 처한다. 정조의 훼손은 다른 모든 위험이나 죄악 중 최고의 것에 위치한 것이다. 그렇기에 정절을 지키기 위해 저지르는 행위는 모두 정당화된다. 즉 사람의 목을 베는 일도 가능하고, 다른 사람의 인생을 빌릴 수도 있으며(『현미경』), 남장도 가능하다(『목단화』). 또한 물속에 던져져 수장이 되기도 하고(『경중화』), 피대(皮帒)에 갇혀 묻힐 운명에 처하면서도(『목단화』) 그 여성들의 정절은 훼손되지 않는다. 이는 당대 독자가 여성들에게 요구하는 바가 무엇인지 또 여성에게 가장 최고의 덕목은 무엇인지를 보여준다. 동시에 정절 지키기는 "훼손되지 않는 여성"이라는 측면에서 독자의 심리에 안정성을 주기도 한다. 앞서 언급한 『독립신문』의 기사에서처럼 당대 여성이 해야 할 중요한 역할은 바로, 자녀 교육이다. 교육의 목적이 건강한 아이를 낳고 총명하게 키워내는 일이었던 것이다. 이를 위해서 여성의 정절은 절대시되었다. 순결한 몸이어야 순수한 혈통을 지닌 아이를 낳고 키울 수 있기 때문이다.

대중소설은 결국 독자의 희망이 허구적으로라도 이루어져야 한다. 가상의 세계에서라도 독자의 바람이 유지되어야 하는 것이다. 그 심리적 안정성이 대중적 소설을 읽는 가장 큰 이유이기도 하고, 또 그렇기에 "위로의 문학", "대리적 정서 체험의 문학"[24]이라고 칭해지기도 하는 것이다. 그것이 여성들의 정조 지키기의 가장 큰 이유가 되는 것이다.

여성 인물에 대한 기대지평과 그것의 수정, 재설정의 과정은 김교제 신소설의 묘미이다. 수동적이며 다소곳하고, 유교적 부덕을 체현한 인물인 것처럼 등장하였으나, 실제 작품이 전개되는 과정에서는 능동적으로 자신의 의사를 말하거나, 아버지의 복수를 위해 살인도 저지르는 과감한 행동을 보여준다. 그러면서도 다시 정절 지키기를 성공적으로 수행하기도 한다. 그리고 무사히 집으로 복귀한다. 이 과정에서 기대지평은 설정되었다가 파괴되고 다시 충족되기도 하는 독서 체험을 가져온다. 결국 이는 여성 인물에 대한 이중적 시선을 보여준다. 또한 이는 개화와 봉건성의 이중 시선이기도 하다. 이 이중 시선

24 박성봉, 『대중예술의 미학』, 동연, 1995, 302쪽.

의 복잡한 얽힘 속에서 관습적 서사에 길들인 독자의 기대지평을 적절히 조절하는 것, 즉 충족시키기도 하고 파괴하기도 하는 것, 이 역학을 잘 활용함으로써 독자의 시선을 오랫동안 유지할 수 있었던 것이다.

3. 서사 구성 방식

1) 정보의 은폐와 노출

신소설의 서사 구성이 소설사적으로 의미를 지니는 것은 사건의 배치에서 서술적 역전이 등장했기 때문이다.[25] 서술적 역전은 서사 작품의 시간 구조를 중심으로 "현재 사건의 진행에 개입하는 과거 행동 및 서술적 현재로부터 과거로의 轉移" 현상을 의미한다.[26] 사건의 시간상 순서가 뒤바뀜으로써 독자에게 전달되는 정보는 의도적으로 노출되거나 은폐될 수가 있다. 서술적 역전은 신/구소설을 구별하는 가장 두드러진 특징으로 선행 연구가들에 의해 항상 지적되던 사항이다. 즉 근대적 시간 개념의 도입으로, 그리고 분석 정신의 발달에 의하여 사

---

25 이는 특히 고전 소설과 신소설의 구조 비교 분석의 결과, 이들 사이의 중요한 차이점으로 지적되어 온 것으로 '서술적 역전에 의한 해부적 구성 방식'이라 칭할 수 있다. 조동일, 『신소설의 문학사적 성격』, 서울대 출판부, 1983; 이재선, 『한국 개화기 소설 연구』, 일조각, 1975.

26 이재선, 위의 책, 257쪽.

건의 분절과 재배치가 가능해졌다는 것이다. 그러나 무엇보다 중요한 것은 사건의 재배치에 의한 정보 조절이 궁극적으로는 독자의 호기심을 유발하고 긴장감을 유지하게 해준다는 점이다. 결국 소설의 대중성에서 정보 조절 방식은 서사 구성의 주요한 측면이 된다.

『목단화』나 『현미경』, 『경중화』에서는 서술의 역전에 의한 후행적 정보 제공이 나타난다.

『목단화』의 시작은 책 읽는 여학생의 모습을 전경화하고 있으며, 곧 손님과 부친의 대화를 장면화하여 여주인공에 대한 정보를 제공한다. 『현미경』의 경우, 첫 장면은 아름다운 여인을 옆에 두고 술에 취해 정신없는 정승지의 모습에서부터 시작된다. 그리고 곧 그는 죽임을 당한다. 그 여성이 누구인지, 왜 그를 죽였는지, 그녀의 아버지가 누구인지 등에 관한 정보는 곧 이어지는 서술에서 밝혀진다. 『경중화』는 공립 보통학교 하학길의 한 여학생을 묘사하면서 시작한다. 그녀에 대한 정보 역시 후행적으로 제시된다. 또한 이 소설들의 대화 제시 방식을 보면 각 인물들의 이름이 알려지기 전까지는 누구의 말인지를 밝혀주는 괄호 표지에 이름을 제시하기보다는 '(여학도) (양복) (늙은놈) (노파) (그녀즈) (소대장)' 등으로 표시하고 있다. 특히 고난의 사건 장면을 묘사할 때에도 주요 정보—즉 고난을 당하는 인물이나 고난을 조성한 인물 혹은 그것을 돕는 인물 등—를 숨기고 모호하게 처리한다.

정보의 후행적 제시 즉 정보의 의도적 은폐와 노출이 대중소설적 측면에서 수행하는 주된 기능은 독서의 지속이다. 독자가 소설에 빠져들어 지속적으로 읽게 되는 중요 동력은 호기심과 궁금증이다. 정보의 은폐는 독자의 호기심을 적절한 순간에 불러일으키고 또 정보의 노출은 궁금증을 적절한 지점에서 해소시킨다.

『목단화』에서 독자의 궁금증이 가장 크게 유발되는 순간은 물에 던져져 죽은 것으로 처리된 금년의 사건과, 방문에 걸려 넘어져 기절한 정숙이 죽은 것으로 알고 작은돌이 피대(皮帒)에 넣어 땅에 묻은 것으로 알려지는 사건이 제시될 때이다. 금년의 죽음 사건에서 작가는 송장을 건지는 나룻배의 모습을 삽입하여 독자로 하여금 금년이 죽었을 것이라 생각하게 한다. 금년이 살아있다는 사실은 정숙의 고난이 거의 다 진행되고 귀가하기 직전에 가서야 알려진다. 그렇기에 연속적으로 제공되는 주인공 정숙의 죽음과 생존보다, 금년의 생존이 훨씬 더 극적으로 보인다. 금년의 재생이 이렇게 후반부에서 제시될 수 있었던 것은 금년이란 인물이 주인공의 조력자이기 때문이다. 즉 금년의 부재가 주인공 정숙의 고난 가득한 행로를 더욱 고달프게 만드는 것이다. 정숙의 고난을 강조하기 위하여 작가는 금년을 일시적으로 작품에서 누락시킨 것이다.

정숙의 경우, 그녀의 생존과 관련된 정보는 곧 이어지는 다음 사건에서 제시된다. 정숙의 죽음에 기뻐하는 계모 서씨 부인과 섬월의 모습에 이어 곧 길을 가다 놓인 짐을 도적하여 온 평안도 의주 서촌 사는 강동지의 집으로 장면이 옮겨가는 것이다. 비교적 짧은 단위의 역전 서술이 이루어진 것이다. 정보가 은폐될 때 독자는 기존에 설정된 기대지평에 준하여 여러 가지 타당성을 가늠한다. 즉 정숙의 재생을 기대하면서 그녀의 부활이 어떤 방식으로 어떻게 이뤄질 것인가에 대한 궁금증으로 초점이 옮겨간다. 여기에서도 작가는 정보를 조절하면서 제공한다. 의주 사는 영감이 돈이나 들었을까 하여 길가에 놓인 짐을 훔쳐 지고 온다. 그러나 그 안에서 발견된 것은 기절한 '새시'

이다. 이후 정숙이 깨어나 자신의 내력을 말하기까지 그녀는 '그 색시'로 불린다. '그 색시'가 정숙임이 밝혀지면서 독자는 정숙의 생환을 확인하고 일차적인 안도감을 느낀다. 그리고 궁극적으로 해결해야 하는 문제, '가족 되찾기'를 어떻게 수행할 것인지에 대한 새로운 기대를 형성하게 된다.

『현미경』에서 정보의 은폐는 앞서 언급했듯이 첫 장면에서부터 나타나 독자의 호기심을 자극한다. 또한 작품이 진행되면서 죽은 줄 알았던 옥희의 재생 등도 정보의 후행적 제시에 의해 전달된다. 무엇보다 이 작품에서 가장 큰 후행 정보 제시는 빙주의 아버지가 죽지 않고 살아있음이 작품 후반에 가서 밝혀지는 장면이다.

아버지 시신을 찾으러 수구문밖에 나섰다가 옥희의 모략에 넘어가 목숨이 위태롭게 된 빙주를 나무장사인 최생원이 보고 구하게 된다. 그리고 나서 최생원의 말 속에서 아버지 김감역이 살아있음을 독자는 알게 된다. 김감역 역시 오래전에 도움을 주었던 최생원의 구원으로 살아나 그의 신세를 지고 있는 중이었다.

> 그교군이 ᄃᆡ문안에 드러올ᄯᅢᄭᆞ지도 아모소리가업더니 별안간 그쇽에셔
>
> ᄋᆡ고 아바지 ᄋᆡ고아바지 흙흙 ᄋᆡ고 흙흙
>
> 이럿케늣기며 우ᄂᆞᆫ소리가 긋치지를 안이ᄒᆞᄂᆞᆫᄃᆡ ᄲᅡᆯ으기가 뎐긔보다 더ᄲᅡᆯ은것은 텬륜지졍이라 김감역은 그 우ᄂᆞᆫ소리를 듯더니 쇽졀업ᄂᆞᆫ 눈ㅅ물이 쉴ᄉᆡ업시 흘너나려 ᄇᆡᆨ슈풍신에 ᄆᆡᆺ거니들거니ᄒᆞ며 이러셔ᄂᆞᆫᄉᆡ업시 번션ㅅ발로 ᄲᅱ어나려가셔 교군압문을 ᄶᅧ들고 불빗에 빗츄어보더니 그 자리에가 펄셕 쥬져안즈며
>
> 에구 빙쥬야

ᄉᆞ람이 넘오깃분일을 졸디에 당ᄒᆞ면 도로혀 정신이 삭막ᄒᆞᆫ법이라[27]

최생원이 데리고 온 빙주와 아버지의 만남으로 이 작품의 일차적 갈등은 근본적으로 해결된다. 독자는 빙주의 삶에서 그녀의 가장 큰 목표점이었던, 억울하게 죽은 아버지의 시신 찾기라는 과업이 완전히 해결되었음을 알게 된다. 더욱이 배다른 자매인 빙심과 그의 어머니까지 찾게 되면서 가족은 재구성되고, 이로써 당대 독자들은 정보의 여백을 충분히 채움으로써 기대지평을 충족시키고 안정적 독서 체험을 할 수 있다. 이전의 기대지평이 지녔던 수준 — 아버지 시신 찾기 — 을 완전히 넘어서는 결말은 기대지평의 수정이면서 동시에 완전한 일체감을 제공하고 이로써 독자들은 대리 만족을 느끼게 된다.

결국 사건의 역전 구성에 따른 정보의 은폐와 노출은 독서과정에서 무엇보다도 독자의 호기심을 유지하는 데 중요한 측면이다. 동시에 이는 곧 작가가 소설 읽기에서 어떠한 방식을 취해야만 독자의 독서를 지속할 수 있는지 그 방법을 알고 있다는 것을 의미한다.

2) 행복한 결말

앞서 언급한 대로 김교제 소설들은 모두 주인공이 집으로 복귀하면서 끝이 난다. 집 혹은 가정으로의 복귀는 모든 불행과 고난을 극복하고 가족의 재구성이라는 측면에서 전형적인 해피엔딩 즉 행복한 결말이다. 또한 가정으로의 복귀는 각 주인공들이 처음 출발한 지점으로 되돌아간다는 것이며, 가족의 완성이기에 서사 구조를 폐쇄적

27 『한국 개화기문학 총서 — 신소설 · 번안(역)소설』 8, 아세아문화사, 1978, 221~222쪽.

으로 만든다. 선행 연구에서 '행복한 결말'(해피엔딩)은 도식적 구조의 전형이자, 나태한 작가의식의 표상으로, 그리고 고전문학이 반복적으로 사용한 결말 형태로 대중문학의 진부함과 도식성을 논할 때 가장 많이 언급되는 특성이다.

그러나 대중소설은 어떤 식으로든 끝이 마무리되는 닫힌 체험을 추구한다. "한번 흔들어놓은 정서를 하나의 형식으로 마무리지어주지 않는 것은 대중예술에 있어서 정서의 폭력"이 될 수도 있기 때문이다. 또한 대중문학의 '구태의연하고 관습적' 양상은 "첫눈에 보이는 것보다 더 흥미롭고 복잡한 자기 나름대로의 문학적 효과를 의도"[28] 하고 있다. 행복한 결말의 경우도 마찬가지이다.

행복한 결말이 제공하는 효과는 안정성과 '구원의 체험'이라고 할 수 있다. 그건 작가의 경우나, 독자의 경우 모두 마찬가지이다. 작가는 자신이 제기하였던 모든 문제를 충분히 이야기하였다는 심리적 만족을 취할 수 있다. 즉 폐쇄적 결말은 독자의 해석이나 유추를 요구하기보다는 작가가 모든 갈등의 해결방안을 제공하는 방식이다. 그만큼 독자 해석의 여지는 남아 있지 않으며, 작가는 전체를 다 설명해야 하는 부담감도 지닌다. 그러나 이는 작가의 권한을 극대화한다. 작가의 조종에 의해 전적으로 모든 문제의 해결방안을 제시할 수 있는 것이다. 그러므로 작가는 전지적 관점에서 안정적 구조를 향하여 사건을 배치하면 된다.

또한 독자의 경우 '행복한 결말'에 의해 구원의 보상을 느낄 수 있다. 소설 속에서 그것은 주인공의 구원이지만, 독자는 자신들이 겪는

---

28 박성봉, 앞의 책, 260쪽, 315쪽.

현실의 고통이 곧 치유될 것이라는 막연한 기대를 하게 되거나 혹은 행복한 주인공의 모습을 통하여 순간적으로 고난 가득한 현실을 망각할 수도 있다. 작품을 읽고 있는 순간, 고난 속의 주인공이 모든 역경을 이겨내고 가족의 품으로 돌아갈 때 독자 역시 가장 안정적인 공간, 상징적 가족의 품에 안기는 체험을 하게 되는 것이다. 이것이 안정성의 효과를 가져다주는 행복한 결말의 의미이다.

이러한 현상에 대해 부정적 용어를 사용한다면 '현실도피의 문학'이라 할 수도 있다. 그러나 모든 문학적 체험은 현실도피의 요소를 지닌다. 자신이 속한 현실의 공간에서 분리되어 상상의 체험을 하는 것은 분명 '현실도피'이기 때문이다. 그것을 부정적으로 평가하면, 문학적 체험의 한 부분을 부정하는 결과를 가져온다. 특히 대중문학의 속성상 현실도피의 측면은 치유의 차원에서 긍정적으로 평가할 만하다. 대중문학은 본질적으로 "독자들의 정신적 위안에 호소하는 경향"을 지니고 있으며, "현실에서 자신의 욕구를 충족시킬 수 없는 독자들의 욕구충족의 욕망을 작품 속의 주인공의 행동이라는 간접적 방법을 통해서나마 충족시키는 이야기"이기 때문이다.[29] 다만 신소설의 경우, 그것이 발표된 시기가 국권이 상실되던 때이기에, 그런 상황에서의 현실 도피는 정치적 무관심이자 무력한 양상일 뿐이라는 비판도 가능하다. 그러나 다양한 문학적 존재를 전제한다면 적극적으로 당대의 문제를 드러내고 그 해결을 모색하는 문학이 있을 수 있고, 또 국권상실의 허무를 해소하고 일제의 억압이 준 상처를 위로받을 문화적 체험물도 필요하다. 당대의 삶이 "살아남아야 한다"는 어려움과

29 임성래, 「대중문학을 어떻게 이해할 것인가」, 대중문학연구회 편, 『대중문학이란 무엇인가?』, 평민사, 1995, 29쪽.

의 투쟁으로 이어질 때 그러한 상황 자체를 견딜 수 있게 도와주는 상상력으로 고안된 장치 또한 필요한 것이다.[30]

우월한 능력을 지니고 있음에도 불구하고 주변의 오해로 인하여 자신의 뜻을 펼 수 없는 주인공의 모습은 독자에게 안타까움의 대상이 될 수밖에 없다. 독자는 책의 서두에 제시된 여성 인물의 처지를 보면서 소설적 관습에 의해 곧 그녀들이 당할 고난과 그것의 극복을 기대한다. 그리고 결말을 통해 독자의 그러한 기대는 채워진다. 대중소설의 특징 중 하나가 '독자의 기대를 충족시키는 플롯 구성'이기 때문이다.[31] 정숙은 안전한 아버지의 집으로 돌아오고, 빙주는 죽었다고 여겼던 아버지가 생환하였을 뿐만 아니라 배다른 동생 빙심이도 찾게 된다. 또 빙주는 박참위와 결혼하게 되고 이협판도 아이를 얻게 된다. 아버지-계모-동생으로 아버지의 가족도 완전히 재구성되고 빙주 역시 이상적인 새로운 가족을 꾸리게 된다. 이러한 측면에서 『현미경』의 결말은 독자의 기대가 거의 완벽하게 충족되는 것이다. 돌아온 여성 인물들을 통해 독자는 자신의 기대지평이 적절히 형성되었음을 확인하게 되고, 간접적인 '욕구충족'과 '구원의 체험'을 하게 된다.

30 박성봉, 앞의 책, 317쪽.
31 김석봉, 「신소설의 대중적 성격 연구」, 서울대 박사논문, 2003, 68쪽.

4. 나가며

김교제의 소설은 신소설 문학사에서 '흥미 위주의 오락성'만이 뚜렷하다 하여 별로 주목받지 못하였다. 그러나 김교제는 개화공간에서 열 편이 넘는 작품을 생산하였고, 또 독자의 호응도 꾸준히 받은 작가이기도 하다. 그러므로 그의 작품이 지닌 대중성에 대한 연구는 신소설이 보여준 통속성과 대중지향성을 해석할 수 있는 단초를 마련한다.

김교제 소설에서 여성 인물은 이중성을 지닌다. 때로는 유교적 부덕을 체현한 수동적인 여성이기도 하고 때로는 능동적으로 자신의 의사를 뚜렷이 드러내기도 한다. 이와 같은 이중성은 독자의 기대지평 형성에 영향을 준다. 여성 인물이 지닌 수동성은 안정적이고 전통적 범주에서의 기대지평을 형성케 하고, 또 능동성은 서사의 예측 가능성을 뒤흔들거나 깨뜨리기도 한다. 그러나 대중적 성향의 소설이 그러하듯, 독자의 기대지평을 완전히 파괴하지는 않는다. 적절한 수준에서 독자의 예상하는 바와 기대지평을 충족시키는 것이다. 기대지평의 충족이라는 측면에서 김교제의 소설은 대중지향적 요소를 드러낸다고 볼 수 있다.

또한 서사의 구성 방식에서도 정보의 은폐와 노출에 의하여, 그리고 전형적인 행복한 결말을 차용함으로써 독자의 호기심과 긴장감을 유발시킨다. 이를 통하여 김교제 소설 읽기는 구원의 미적 체험을 가능하게 함으로써 정서적 대리만족의 기능을 수행하고 있는 것이다.

이와 같은 김교제 소설의 대중적 요소들은 다른 신소설에서도 두루 확인할 수 있는 바이며, 더 나아가 신소설 양식의 특성이라 할 수 있다. 오랫동안 우리 문학사를 지배하였던 '계몽의 관점' 즉 작가 내지 문학이 독자를 이끌어 가야 한다는 관점을 유지한다면 소설의 '대중성'은 그 중요성에도 불구하고 문학사에서 계속 누락될 수밖에 없다. 물론 문학의 기능은 시대적 배경과 해당 사회의 요구, 문학관, 작가 및 독자층의 특징 등에 따라 강조점이 달라진다. 그럼에도 불구하고 부정할 수 없는 사실은 문학에서 특히 소설에서 계몽과 더불어 흥미와 재미의 항목은 결코 빠질 수 없다는 점이다. 그렇기에 일방적으로 계몽의 태도만을 주장할 수는 없는 것이다. 더군다나 문학 연구 방법론에서 독자의 역할이 강조되고, 더 나아가 탈근대적 관점이 도입되면서 고급문학/대중문학의 경계가 무너짐에 따라 소설의 흥미성 내지 대중성은 좀더 진지하게 접근되어야 한다.

근대소설이 등장한 후인 1920년대까지도 수백종의 신소설이 출간되고 연판매고가 10만부를 넘을 정도로 여전히 대중적 인기를 누릴 수 있었던 것은 독자들이 원했기 때문이다. 개화기에서부터 1920년대에 이르기까지 폭넓은 독자층을 가지고 있었다는 것은 신소설이 당대 독자의 정서와 요구를 적절히 반영하였다는 것을 의미한다. 즉 독자 대중은 신소설에서 자신들과 비슷한 삶의 방식을 발견함으로써 동일시의 체험을 할 수 있었거나 혹은 일반 대중이 꿈꾸었던 세계를 — 비록 그것이 이상적 환상의 해결이라는 방식을 취한다 하더라도 — 상상할 수 있었다는 것이다.

그러므로 신소설 양식이 지닌 통속성이나 대중적 양상들은 단순히 해당 양식의 부정적 측면으로만 취급될 것이 아니라, 양식 자체가 지닌 고유한 원리로 파악되어야 한다. 신소설의 대중지향적 원리에는,

근대문학 형성기에 등장한 상업출판과 독자 대중의 형성이라는 맥락이 내재되어 있기 때문이다.

이광수의 『이차돈의 사』와 대중성

1. 들어가며

한국 근대문학의 형성과 발전 과정에서 이광수와 그의 문학활동은 실로 강력하고도 지속적인 영향력을 발휘해왔다. 당대 동료 문인들은 물론 일반 대중에게까지 그가 끼친 영향력은 방대한 연구사가 입증하는 바이기도 하며, 동시에 근대문학 연구자라면 누구나 '이광수'라는 코드를 해독해야 할 과제로 여기게 만들었다.

최근에도 새로운 키워드 — 예를 들어 '근대성', '문화', '식민권력', '사랑', '연애' 등 — 를 중심으로 이광수와 관련된 다양한 연구물이 다수 배출됨으로써 한국문학의 근대성, 식민성, 친일의 문제에 관한 풍부한 논의가 이뤄지고 있다. 그러나 이러한 연구 경향에서 여전히 누락된 지점을 발견할 수 있는데 그것은 바로 이광수의 역사소설이다.[1]

이광수는 "한국 근대문학사상 본격적 의미에서의 역사소설을 쓴 최초의 작가"로 알려져 있으며, "한국 근대 역사소설의 발달에 긍정적이든 부정적이든 커다란 영향을 끼친" 작가이기도 하다.[2] 1920~30년대 역사소설의 전개 과정에서 첫머리에 놓이는 작가임에도 불구하고 그의 역사소설에 대한 연구는 몇몇 작품에 한정되어 논의[3]되거나, 소설 작품에 나타난 한 특성만을 일반화하여 기술하는 경향[4]이 있다. 예를 들어 이광수 문학이 보여준 '계몽주의적 성격'이나 '민족주의' 등 특정 측면만을 집중적으로 부각시켜 역사소설 전반을 설명하는 것이다.

또한 이광수 역사소설의 부정적 측면에 주목하였던 것은 김동인인데, 김동인은 『춘원연구』에서 『마의태자』와 『단종애사』를 집중적으로 고찰하여 고증상의 불철저라든가, 인물 성격의 문제 등을 이유로 신랄하게 비판한다. 또 백낙청의 경우, 루카치의 『역사소설론』에 근거하여 이광수 역사소설이 "역사가 '현재의 구체적 前身'으로서" 실감되지 못하며 "마이너 캐릭터가 되어야 할" 수양이나 단종이 중심인물

1 최근 2~3년 내에 진행된 이광수 역사소설 연구 목록은 다음과 같다. 공임순, 『식민지의 적자들』, 푸른역사, 2005; 최주한, 『제국 권력에의 야망과 반감 사이에서』, 소명출판, 2005; 공임순, 「식민지 시대 홍망사 이야기와 여성 육체의 시각화」, 『시학과 언어학』 제9호, 2005; 김미영, 「『허생전』 패러디 소설에 나타난 문학적 상상력」, 『비평문학』 24호, 2006; 박숙자, 「이광수의 『단종애사』 연구」, 『한국 문예비평연구』 20, 2006; 황종연, 「한국 근대소설에 나타난 신라」, 『동방학지』 137, 2007. 이들 연구는 이광수 역사소설만을 다루기보다는 비교문학적 접근이나 식민지 시대 성격 규명을 위한 문화사적 탐구의 일환으로 작품을 분석하고 있다.

2 강영주, 『한국 역사소설의 재인식』, 창작과비평사, 1991, 48쪽.

3 특히 한국 근대 역사소설의 전반적 양상을 다루는 학위논문의 경우, 각 연구의 목적에 준하여 『단종애사』나 『이순신』, 『원효대사』 등 몇 개 작품만 선택하여 분석한다. 송백헌, 「한국 근대 역사소설 연구」, 단국대 박사논문, 1982; 홍성암, 「한국 근대 역사소설 연구」, 한양대 박사논문, 1987; 유재엽, 「1930년대 한국 역사소설 연구」, 단국대 박사논문, 1996; 이정옥, 「대중소설의 시학적 연구」, 서강대 박사논문, 1999.

4 장백일, 「이광수의 역사소설론」, 『이광수연구(하)』, 태학사, 1984; 윤홍로, 『이광수 문학과 삶』, 한국연구원, 1992.

이 되고 서민생활이 일체 제외되었다는 점, 역사의식의 부재 등을 문제로 제기한다. 여기서 다시 김동인에 이어 통속성의 문제가 비판의 대상이 된다.[5]

이광수 소설에 나타난 통속성 혹은 대중성은 그가 활동하던 시기부터 이미 제기되어온 것이며, 주로 부정적 평가의 근거가 되었다. 역사소설도 마찬가지다. 낭만적 역사의식, 공적 역사의 사사화, 애정갈등의 지나친 편중 등으로 인해 나타난 통속적 양상은 이광수 역사소설의 가장 큰 문제점으로 지적되었다. 다만 근래 들어 대중문학에 대한 편견이 어느 정도 수정되면서 이광수 소설의 대중성을 새로이 평가하려는 작업[6]이 시도되고 있다. 이광수 역사소설이 '근대역사소설'이라는 양식을 기준으로 볼 때 여러 가지 문제를 노출하는 것은 사실이다. 시대 배경 및 소재 선택의 부적절성, 인물의 전형성, 단순하고 반복적인 플롯, 부정적 민족·역사의식의 문제 등을 근본적으로 안고 있기 때문이다. 그럼에도 불구하고 그의 소설이 식민지 시대 많은 독서대중의 애독물이었으며, 다른 작가들에게도 관심의 대상이었다는 사실을 보건대, 이광수 역사소설에 대한 좀더 면밀한 고찰이 요구된다 하겠다.

이에 이 글은 끊임없이 비판의 대상이 되었음에도 불구하고 '왜 이광수 역사소설이 읽혔는가'에 대한 의문을 해소하기 위한 것이며, 여기에는 '통속성'[7]에 대한 전면적 재검토가 전제된다.

---

5 백낙청, 「역사소설과 역사인식」, 『창작과 비평』 5호, 1967 봄호 참조.

6 이정옥, 앞의 논문; 김강호, 『한국 근대 대중소설의 미학적 연구』, 푸른사상, 2008.

7 '통속성'을 중심으로 논의를 진행할 때 먼저 개념정의가 요구되는 바, 이 글에서는 '통속성'을 '대중지향성'이라는 의미에서 사용하고자 한다. 이 글에서 통속성, 대중성, 대중지향성은 거의 비슷한 내포를 담고 있는 용어다.

2. 역사소설과 대중지향성

강영주는 이광수 역사소설을, 배경으로 삼은 시기에 따라 두 부류로 나눈다. 통일신라까지의 고대사회를 다룬 작품들은 작자의 주장이나 표방한 주제와는 무관하게 하나같이 현실도피적이며 흥미 위주의 오락물에 가까운 반면에, 조선시대를 배경으로 한 작품들은 과거의 역사를 통해 윤리적 교훈을 제시한다는 그 나름의 문제의식에 입각하여 비교적 사실(史實)에 충실하려는 노력을 보여주고 있다고 평가한다. 그러나 후자의 경우에 있어서도 작자의 보수적 민족주의가 지닌 사상적 한계와, 이념의 제시를 위해서는 사실의 왜곡도 서슴지 않는 창작태도로 말미암아 바람직한 성과에 도달했다고는 보기 어렵다고 비판한다.[8] 1930년대 역사소설의 전개 양상에서도 항상 문제가 되는 것은 '흥미성', '대중성', '통속성'을 어떻게 판단할 수 있는가이다.

위의 비판에서도 나타나듯 대개 '흥미위주의 오락물'은 문학사를 퇴행시킨 부정적 대상으로만 취급되었다. 그러나 당대의 문학외적, 내적 상황을 보면 소설의 통속화는 필연적일 수밖에 없었다. 만주사변 이후 일제의 군국주의적 경향은 날로 강화되고 그와 더불어 식민지 조선에 대한 폭력적 통치방식 역시 강화되면서 작가들은 자신의 주장을 직접적으로 내세울 수 없게 된다. 이를 돌파할 하나의 방편으로 '역사'를 빌려와 소설로 새롭게 구성하는, 간접적이고 우회적 창작방식을 선택한 것이다. 이러한 외적 조건과 더불어 1920년대부터 민족의 정

8 강영주, 앞의 책, 63쪽.

체성을 모색하기 위해 조선의 역사를 발굴하고 재평가하는 작업이 진행되기도 하였고 또 복고주의적 경향의 대두에 의해 '조선적인 것'에 대한 새로운 모색이 이뤄지기도 하였다. 더불어 식민지 자본주의화가 어느 정도 진행되면서 대중매체가 다수 등장하였고 곧 이 매체들은 상업화의 길에 들어서게 된다. 판매부수 경쟁이 시작되면서 매체의 통속화는 본격적으로 진행된다. 여기에 경제적으로 궁핍하였던 작가들에게 잘 팔리는 소설의 창작은 생활고를 해소하는 한 방편이 되기도 하였다. 이러한 중층적 요소들이 작용하면서 1930년대 역사소설은 등장하였고 발표기관이 지닌 상업적 성격을 자기 것으로 내재화할 수밖에 없었다. 대중지향적이고 흥미롭게 읽을 만한 것으로 역사소설이 등장하면서 1930년대는 역사소설의 전성기를 맞이하게 된다. 결국 역사소설에서 '통속'의 문제는 사회 및 문화 환경, 작가, 매체, 독자와 두루 연관된 것이며 이를 적극적으로 해석함으로써 근대역사소설의 총체적 면모가 드러날 수 있으리라 생각한다.

'통속' 혹은 '대중지향성'은 문학의 타락한 양상이 아니라, 근대소설이 태생적으로 지니고 있는 근대성의 한 구성요소라 할 수 있다. 자본주의적 근대사회에서 고유한 내면을 지닌 개인과 그들의 보편적 · 일상적 삶을 반영하는, 미학적 형상물로서의 소설은 대중성을 자기생산의 전제로 삼고 있다. 더불어 인쇄술의 발전에 의한 서적의 상품화와 대량 보급, 독자 대중의 발생, 계몽과 교양의 차원에서 진행된 독서의 일상화 등 근대소설을 에워싼 제반 조건 역시 대중지향성을 가속화시킨다. 더욱이 식민지 상황에서 국가의 소멸과 일제의 정치적, 경제적 억압, 그리고 피폐한 문화적 환경에 놓여 있던 조선 대중들에게 위로와 치유, 이상향을 향한 열망과 대리체험을 위해서도 대중적 역사소설은 그 의의를 지닐 수 있다.

이광수 자신이 소설에 대하여 여기론(餘技論)을 제시하고는 있으나, 실제 그의 소설 전반을 보건대, 그는 어떤 소설이 독자에게 쉽게 읽히며 설득력이 있는지를 잘 알고 있었던 것으로 보인다.[9] 물론 이는 소설을 특정 목적을 보급하기 위한 하나의 방편으로 여기는 그의 계몽적 태도가 그 기저에 놓여 있기에 가능한 것이다. 자신의 사상과 의식을 일반 대중독자에게 가장 효율적으로 전달할 수 있는 방법을 찾고자 하였으며, 그것이 바로 멜로드라마적인 서사구조와 선명한 선/악의 대립구도에 놓인 인물 등의 장치를 통해 나타난 것이라 할 수 있다. 그렇다면 그의 역사소설을 분석하는 데 있어 대중성은 소설 해독의 주요 기제라 할 수 있다.

식민지 시대 발표된 이광수의 역사소설은 「가실」(1923.2.12~23), 『허생전』(1923.12.1~24.3.21), 『일설춘향전』(1925.9.30~26.1.3), 『마의태자』(1926.5.10~27.1.9), 『단종애사』(1928.11.30~29.12.11), 『이순신』(1931.6.26~32.4.3)(이상은 『동아일보』), 『이차돈의 사』(1935.9.30~36.4.12, 『조선일보』), 『세조대왕』(1940, 박문서관), 『원효대사』(1942.3~10.31, 『매일신보』), 『꿈』(1947, 勉學書鋪), 『사랑의 동명왕』(1950, 한성도서) 등이다. 1922년 「민족개조론」을 발표하면서 지사적 계층과 청년들의 격렬한 비난을 받았던 이광수는 새로운 창작의 시작을 역사소설로 택하고 일련의 작품을 생산하였다. 『동아일

9 이광수는 「余의 作家的 態度」에서 자신의 소설이 통속소설이라는 비판에 대해, "讀者를 기쁘게 하기 爲해서 倫理的 動機가 없는 小說을 써 본 적이 없다"면서, "내가 쓰는 小說이 대단히 平易해서 누구나 理解·鑑賞하는 것이 罪라고 하면 그것은 甘受할 수밖에 없고, 또 만일 나라는 사람이 根底로부터 通俗的으로 되어 먹어서 내가 쓰는 小說이 모두 通俗小說이 된다고 하면 그것도 나로서는 어찌할 수 없는 일"이라고 언급한다.(『이광수전집』 10, 삼중당, 1971, 462쪽) 이런 차원에서 본다면 이광수는 타고난 이야기꾼이라 할 수 있다.

보』를 기반으로 그를 대중적 작가로 다시 위치지우는 데 공헌한 작품이 『마의태자』와 『단종애사』라 할 수 있다. 이전의 「가실」, 『허생전』, 『일설춘향전』은 다소 실험적인 설화 소재 작품이었으며, 『마의태자』를 시작으로 역사상 실존인물을 소재로 삼아 격변의 정치상황을 문학적으로 형상화함으로써 그는 작가로서의 위치를 회복할 수 있었다. 1930년대 중반 『조선일보』로 자리를 옮긴 이광수는 『이차돈의 사』를 필두로 다시 역사소설을 창작하여 문필활동이 거의 끝나는 순간까지 역사소설을 써 나간다. 이렇게 역사소설은 그의 당대소재소설들과 더불어 식민지 시대 이광수 문학활동의 중요한 한 축을 이루고 있다고 할 수 있다.

작가적 차원에서 중요한 계기를 형성하는 역사소설에 대한 당대의 독자반응 역시 호응도가 상당히 높았던 것으로 알려져 있다. 이미 1920년대 이광수의 대표적인 소설들 — 『무정』, 『개척자』, 『허생전』, 『재생』 — 은 "만히 일고 잘 팔니고 평판 높은"[10] 도서 목록의 첫 번째 자리에 놓여 있었다. 이러한 경향은 30년대에도 꾸준히 이어져 "『무정』에서 『사랑』에 이르는 20여 년 동안 그는 언제나 '대중적으로 읽힌' 유일무이한 신문학계의 작가"였다. 특히 1930년대 중반 이후 소설수용양상에 있어 역사소설의 선풍적 인기는 주목할 만한데, 여기에서도 "『마의태자』, 『단종애사』, 『이순신』 등 이광수의 역사소설이 다른 신문예작품을 압도"[11]하였다. 이렇게 「민족개조론」 이후 1940년대 본격적인 친일활동에 이르기까지 숱한 비난의 대상이었음에도 불구하고 여전히 독서대중은 이광수 (역사)소설을 선택하여 읽어왔다. 이

10 천정환, 『근대의 책읽기』, 푸른역사, 2003, 54쪽. 천정환은 이광수의 소설이 모든 계층에서 가장 대중적으로 읽히고 있음을 광고 — 신문의 소설 광고 — 를 통해 확인하고 있으며 이로써 이광수 소설의 영향은 일제 강점기를 관통한다고 평가한다.

11 위의 책, 299~304쪽 참조.

는 그의 역사소설이 강력한 대중흡인력을 지니고 있음을 뜻하며 이를 분석하는 일이 이광수 역사소설의 주요 특성을 밝히는 데 중요한 지점임을 증명한다.

다음 장에서는 구체적인 작품을 대상으로 서사구성원리와 사랑의 양상이라는 측면에서 대중서사의 원동력을 밝혀보고자 한다. 특히 『이차돈의 사』를 중심으로 분석하고자 하는데, 이는 『이차돈의 사』가 지닌 서사의 원동력이 그 이전의 작품군과 그 이후의 작품군 모두의 특성을 공통적으로 보여주는 작품이라는 판단에서다. 『이차돈의 사』는 이광수가 『조선일보』로 자리를 옮긴 후 연재한 첫 번째 역사소설로 후기 역사소설의 시작을 보여준다고 평가된다. 이광수가 불교에 몰입하면서 종교적 성향이 강하게 드러나는 작품을 쓰기 시작하는데 그 출발을 보여주는 작품이라는 것이다. 그러나 『이차돈의 사』는 단순히 후반기 역사소설의 시작이 아니라, 이광수 역사소설의 대중지향적 특성을 두루 갖춘 작품으로 보인다. 다음에서 그 양상을 좀더 세밀하게 살펴보겠다.

3. 충정을 향한 비극적 열정

『이차돈의 사』는 남성영웅의 일대기 형식이다. 이차돈이라는 신라 최초의 불교 순교자를 주인공으로 내세워 그의 고난과 순교라는 비극적 죽음을 형상화한다.

기존의 연구에서 『이차돈의 사』는 "당대로부터 지나치게 동떨어진 과거사를 소재로 한 작품"으로 "작품의 중심을 이루어야 할 사회적 갈등은 주인공의 개인적 갈등, 특히 연애문제로 치환되어 있다"고 평가한다. 즉 "불교의 공인이라는 중요한 역사적 사건이 단지 이차돈을 짝사랑하는 공주와 그를 부마(駙馬)로 삼고자 하는 왕의 후원에 의해 이루어지는 것"으로 처리되고 있어 통속적 오락물에 불과하다고 비판받았다.[12] 이렇게 '복잡한 애정 갈등'이 등장하거나, 이상주의적이고 낭만적 역사인식이 발견되면 곧 통속적이고 대중적인 역사물로 취급되었다. 그러나 앞서 언급했듯이 통속성과 대중성은 부정적으로만 평가될 것이 아니라, 식민지 시대 독서대중에게 대리만족과 도덕적 체험의 계기를 제공하였으며, 당대의 정치, 경제, 문화 현상을 읽어낼 수 있는 일종의 문화적 표상물이 될 수 있다.

우선 작품의 서사구조를 살펴보기 위해 주요 시퀀스를 중심으로 사건을 정리해 보면 다음과 같다.

① 과거시험에서 이차돈이 장원한다.

---

12 강영주, 앞의 책, 62쪽. 『이차돈의 사』에 관한 독립적 논문은 거의 없으며, 기타 역사소설 전반을 다룰 때 간략하게 언급하는 정도다. 역사소설 전반을 다루면서도 『이차돈의 사』를 비교적 집중적으로 고찰한 연구로 강영주, 최주한, 김강호의 논문이 있다. 최주한은 이광수 역사소설을 작가의 자전적 삶의 영역을 환기시키는 것으로 보고 이차돈을 둘러싼 복잡한 애정문제는 "신라인으로서의 자신의 정체성을 세워나가는 문제"와 관련이 있으며, "시기와 질투 그리고 음모 속의 외로운 충정이라는 주제"를 부각시킴으로써 공적 의무의 사수와 그에 대한 자존감의 측면에서 작품의 의의를 찾고 있다.(최주한, 「이광수 역사소설에 대하여」, 앞의 책) 김강호는 "과거 역사에로의 낭만적 도피", "민족주의적 이데올로기 지향의 통속소설"이라는 측면에서 『이차돈의 사』를 분석한다.(김강호, 앞의 책)

② 부마의 자리가 돌아오지만 이차돈은 연인인 달님과 헤어지기보다는 죽음을 택한다.

③ 공신인 조부 덕분에 죽음을 면하고 고구려로 추방된다.

④ 고구려에서 공신 메주한가를 만나 우의를 다지던 중 그의 사위가 되어 고구려인이 될 것을 권유받으나 거절한다.

⑤ 이차돈을 두려워하는 신라의 선마로 이손은 그를 죽이기 위해 거칠마로를 고구려로 보내 살해를 시도하나 실패한다.

⑥ 길을 떠나던 중 고구려의 선승 백봉국사를 만나 불법을 전수받는다.

⑦ 이차돈을 찾아 헤매던 달님과 재회하여 불법을 전수코자 신라로 귀국한다.

⑧ 신라 왕실에 불법을 전한다.

⑨ 선마로 이손의 모함, 공주의 청혼, 대중 설법으로 위기에 놓인다.

⑩ 이차돈은 죽음으로써 불법을 실천한다.

이상에서 확인할 수 있는 것은 비극적 영웅의 일대기를 전형적으로 보여준다는 점이다. 신화비평적 관점에서 영웅의 원형적 유형은 ①탐색 ②입문 ③제물로서의 속죄양의 과정을 거친다. 첫 단계에서 영웅은 긴 여로에 오르고 불가능한 일을 실현해야 하며 극악무도한 자와 싸우거나 수수께끼를 풀고 견디기 어려운 장애를 극복해야 한다. 입문의 단계는 영웅이 무지와 미성숙의 상태에서 벗어나 사회적·정신적으로 어른답게 되는 과정으로 여기서도 고통스러운 체험을 겪는다. 이 단계는 통과제의적 양상을 보이며 격리 → 변화 → 복귀의 순서를 밟는다. 세 번째 단계인 제물로서의 속죄양은 종족이나 민족의 번영과 동일시되는 영웅이 백성의 죄를 속죄하고 국토의 황폐를 회복시키기 위해 죽는 과정이다.[13] 이차돈 역시 이 과정을 그대로 밟아간다. 이차돈은 왕명을 거부했기에 고국인 신라를 떠나 고구려로 추방된다. 거기에 해결하기 힘든 과제 — 고구려의 영토를 일부 빼앗아오거나 고구려 왕을 죽이거나 — 가 부과된다. 또한 각종의 시련을 겪기도 한다. 신라인으로서의 자부심과 정체성을 포기해야 하는 순간도 있었고, 자신을 흠모하던 반달의 유혹에 넘어가기도 한다. 또 거칠마로로 인해 생명의 위협을 느끼기도 한다. 그러나 이 모든 시련을 극복하고 불교 수행자로서 극적으로 재탄생한다. 불교의 포교를 위해 다시 신라로 돌아온 이차돈은 이제 이전의 활 잘 쏘고 칼 잘 쓰는 청년이 아니라, 불법(佛法)을 전하는 숭고한 종교인으로 즉 성숙하고 순결한 존재로 재탄생하여 신라 사회에 복귀한다. 그러나 그를 시기하던 사람들의 음모에 의해, 또 불교의 포교라는 대의를 위하여, 그는 스스로를 희생한다. 이차돈의 죽음 이후 솟구쳐 오르는 흰 피를 통해 그의 죽음이 단순한 것이 아님을, 불법의 부활과 재생의 길임을 보여준다.

결국 이차돈은 죽음으로써 자신의 궁극적 뜻을 이루고 있는 것이다. 이는 작품의 말미에 그동안 방해자로 기능하던 사람들이 모두 속죄와 반성의 길을 걷는 것에서 드러난다. '순교자'와 회개의 구성요소는 종교적 담화에서 가장 핵심적 요소이다. 그렇기에 이차돈의 죽음은 곧 삶이 되는 순환적 양상을 보여준다.

---

13 김광길, 「신화원형비평의 제 양상에 대하여」, 『인문논총』 9호, 경기대 인문과학연구소, 2001 참조.

이러한 서사구조는 고전소설의 영웅담과 흡사한 플롯을 보여준다. 즉 독서대중에게 상당히 익숙한 이야기틀이라 할 수 있다. 이별→고난→성취의 서사구조는 인간의 실제 삶의 과정과도 닮아 있으며, 수많은 성장서사들이 원형적으로 차용하는 대중적인 플롯이다. 근대 이전의 대중들은 전해내려오는 이야기를 '듣는 방식'에 의거하여 보편 서사구조로 구성된 영웅담을 향유하였으며, 근대 이후의 독자들 역시 개화기부터 성행하던 다양한 역사물이나 딱지본 소설 등을 통해 이별→고난→성취의 이야기를 즐기고 있었다. 그러므로 이 구조를 선택한다는 것은 일단 대중에게 낯설지 않은 플롯을 제공했다는 것을 의미한다. 대중들이 독서하는 과정은 한편으로는 익숙함을 즐기면서 다른 한편으로는 그로부터의 일탈을 경험하는 것이라 할 수 있다. 여기서 익숙함은 서사 구조의 안정성으로부터 도출될 수 있으며, 그런 측면에서 『이차돈의 사』를 비롯한 이광수의 역사소설은 대중들의 선호를 받을 수 있는 기본 서사 틀을 갖추고 있다고 볼 수 있다.

임성래는 완판 영웅소설의 구조를 ① 서두 ② 부모와의 이산 ③ 결연 ④ 배우자와의 이산 ⑤ 고난 ⑥ 수학 ⑦ 출신과 입공 ⑧ 재회 ⑨부귀영화로 정리하고 있다.[14] 『이차돈의 사』의 서사와 비교해볼 때 '재회'까지는 거의 흡사하지만, 결말에 있어서는 차이점을 보인다. 이차돈은 부귀영화를 누리는 것이 아니라, 종교적 대의를 위해 죽음을 선택한다. '대의를 위한 죽음'은 '대중적 숭고미'를 산출한다. 여기서 '숭고'란 "초월적이고 높은 세계에 대한 열망을 통해 현실의 비속함으로

14 임성래, 『완판 영웅소설의 대중성』, 소명출판, 2007 참조.

부터 탈출하고자 하는 경향"을 뜻한다. 일상의 불만과 불안정성으로부터의 탈피는 명료하고 분명한 도덕의 세계를 통해서도 가능하며, 더 높고 완전한 세계로의 도피 속에서도 이루어질 수 있다.[15] '대중적 숭고'는 "초월적인 것, 고양된 것, 형언할 수 없는 것에 대한 열망"으로 나타나는데, 이는 "근대대중문화의 중추적 동력"이라 할 수 있는 것이다. 이와 같이 숭고가 "무한을 향한 인간 정신의 열망", "형언할 수 없는 것과 초세속적인 것의 지각과 관련된 환희, 도취, 자기 초월 등의 의식을 불러일으키는 모든 표상"[16]을 의미한다면 이광수 역사소설의 주요 모티프인 영웅 이야기와 비극적 희생은 바로 대중적 숭고의 문학적 형상화라 할 수 있다.

특히 영웅적 인물인 이차돈의 자기초월적 최후는 속죄양 의식과 대중적 숭고를 가장 극적으로 보여주는 장면이다.

> 이윽고 으아 하는 소리가 들려 온다.
>
> 또 한참 말이 없다.
>
> 새들이 지저귄다.
>
> 가마귀 한 마리가 까아까아 하고 울고 지나간다.
>
> 이윽고 가까이 모시는 신하가 숨이 차게 들어 와 문 밖에 엎드리며,
>
> 『상감마마, 이차돈은 죽었소. 바로 궐문 밖에서, 그 넓은 마당에 군사와 백성이 꽉 찬 곳에서 이차돈은 오라를 끄르라 하여 이렇게 합장하고 가만히 앉아서 서쪽을 향하여 절하고 대궐을 향하여 절하고, 그리고 그린 듯이 가만히

15 대중서사장르연구회, 『대중서사장르의 모든 것 1－멜로드라마』, 이론과실천, 2007, 87～88쪽.

16 리타 펠스키, 김영찬 · 심진경 역, 『근대성과 페미니즘』, 거름, 1998, 189～192쪽.

앉아서 칼을 받았소. 그리고 목이 떨어져도 몸은 그대로 앉았는데 목에서 젖 같은 흰 피가 솟았소.』 이때에 또 으아 하고 고함 소리가 들린다.

『흰 피?』

하고 상감이 물으신다.

『예, 흰 피, 젖 같은 흰 피. 그리고는 환하게 이차돈의 몸에서 빛을 발하여서 모두 눈이 부시어 눈을 감았다 하오.』

『환한 빛?』

하고 상감은 또 물으신다.[17]

'흰 피'라는 신이한 체험을 제공하는 이차돈의 죽음 장면은 위에서처럼 '형언할 수 없는 것', '초세속적인 것'으로서 표상되고 있으며, 이를 통하여 대중적 숭고가 생산된다. 이와 같은 영웅담과 자기희생, 숭고 등은 이광수의 작품뿐만 아니라, 대중적 역사소설이 일반적으로 지니고 있는 요소라 할 수 있다.

이광수 역사소설에는 대중지향성을 드러내는 또 하나의 특별한 장치가 있는데, 그것은 감정의 전면적 부각이라 할 수 있다. 작품의 전반적 양상이 그러하지만, 특히 이차돈의 죽음을 향해 가는 과정에서 드러난 감정의 노출 즉 충정(忠情)의 형상화는 이 소설의 대중성을 지탱하는 중요한 축이 된다. 이차돈이 왕실 내에서 왕과 왕비, 공주를 대상으로 불법을 전할 때에는 크게 문제가 되지 않았으나, 대중을 대상으로 성 밖에서 우연히 진행한 군중법회에서 한 말이 문제가 되어 그는 죽음으로 몰린다. 그 내용은 바로 '불충(不忠)'의 것이었다. 임금

17 『이광수전집』 5, 삼중당, 1971, 154쪽. 이하 인용의 출처는 동일저서이며 인용 쪽수만 밝힌다.

을 비하하고 신궁과 시조를 욕되게 하였다는 것이다. 또한 임금 역시 이차돈이 "착한 죄로, 옳은 죄로, 이 몸의 사랑을 받는 죄로"(146쪽) 죽임을 당한다고 말한다. 죽음에 임박하여 이차돈이 임금에게 건네는 말에서도 불교의 포교뿐만 아니라 임금을 위한 충정의 하나로 죽음을 자처했음이 드러난다.

『절을 짓고 백성들에게 불법을 설한 죄는 국법에 비치이면 마땅히 죽일 죄요, 국법이 서지 아니하면 나라가 서지 못한다 하였사오니, 이 몸을 죽이시와 국법을 세우오시면 간악한 무리가 다시 국법을 어기지 못하게 될 것시옵고, 국법에 비치어 이 몸을 처단하시오면 국법을 범하는 다른 무리들이 저절로 국법의 처단을 받게 될 것이오. 그리하시와 모든 간악한 무리를 다 물리치신 뒤에 상감마마께오서 법을 고치시와 나라에 불법 행하기를 허하시오면, 그때야말로 나라도 잘되고 불법도 잘 행하게 될 것이 아니오니까? 이제 비록 공목, 알공의 무리가 사욕을 가지고 우로 임금을 괴롭게 하삽고 아래로 민심을 선동하옵거니와, 그들의 말이온즉 국법을 내세우오니, 이때에 이 몸 하나를 죽이시와 국법의 위엄을 세우심이 옳을까 하오. (…중략…) 또 이 몸의 어리석은 마음이 생각하옵건대 오늘 일은 핑계는 이 몸 하나를 위함이라 하오나 속으로는 불측한 마음을 품은가 싶사온즉, 만일 상감마마께옵서 이 몸을 두호하옵시면 국법을 깨뜨린 허물을 황송하오나 상감마마께 씌우와사 무슨 일을 할지 모르오니, 만일에 그리 되어 상감마마께오서 자리를 전하시오면, 그리하옵고 다른 이가 자리에 오르오면 이 나라에 불법이 어느 제 행하게 되올지 모를 것이온즉, 상감마마께오서 첫째로 나라를 생각하시옵고, 더욱 상감마마 몸을 생각하시옵고 무엇보다도 불법을 생각하시와서 이 몸을 국법을 범한 죄로 죽이라 하시옵소서.』 하고 간곡하게 아뢰었다. (148쪽)

위 인용문을 통해 확인할 수 있는 것은 이차돈의 죽음이 전적으로 불법의 포교를 위한 것이 아니라는 점이다. 이차돈은 국법을 바로 세우기 위해, 또 임금의 왕위를 온전히 보전하기 위해 죽음을 선택하는 것이다. 자신을 용서하면 나라가 서지 못하며, 임금의 몸에 해가 갈 것을 걱정하는 이차돈의 대사에서 읽어낼 수 있는 것은 국가와 임금을 향한 충정이다. 충정은 '충성스럽고 참된 정(情)'이라 정의내릴 수 있는 바, 논리적이고 이성적 사고 과정이 아닌, 감정의 움직임을 기본으로 한다. 위 예문은 논리적인 진술인 듯 보이나 그 이면을 추동하는 것은 '임금에 대한 충정'이라는 이타적이면서도 감상적인 감정의 표출이라 할 수 있다. 생과 사를 가르는 죽음의 문제가 주정주의(主情主義)적 양상으로 또 감상주의적 방식으로 처리되고 있는 것이다.

국가와 군주에 대한 절대 복종과 신의를 바탕으로 구사하는 충정은 이광수 역사소설의 주된 주제 중 하나다. 존엄하고 숭고한 그 어떤 것을 목적으로 삼고 그것에 대한 절대적이고 비타협적인 충정을 발휘하는 양상은 『단종애사』나 『이순신』에서도 볼 수 있는 바이며, 이광수는 그 과정에서 드러나는 감상적 태도에 상당한 분량을 할애하여 묘사했던 것이다. 죽음에 임박하여 왕에게 고하는 위의 예문에서도 확인할 수 있듯이 충정의 마음을 곡진히 드러내고 과장되게 그것을 서술하는 과정 자체를 소설의 주요 모티프로 삼고 있는 것처럼 보인다. 결국 죽음이 중요한 것이 아니라, 죽음을 향해 가는 자의 심정토로가 중요한 것이다. 이는 일종의 감상주의적 서사 구성 방식이라 할 수 있다.

영웅서사의 감상주의적 구성 방식은 "현실에서 지배의 특권을 누리지 못하는 사람들과, 그래서 현존 사회질서를 모방적으로 재생산하기를 거부하는 사람들에게 의미있는 재현양식을 제공"[18]해 줄 수 있다. 영웅이 지닌 숭고미를 적절히 드러냄으로써 당대 사회체제가 지닌 모순점을 우회적으로 형상화할 수 있는 것이다. 1930년대 일제의 군국주의 파시즘에 시달려야 했던 대중들과 또 식민지에 대한 문화적 탄압에 피폐해진 작가들은 그 상황을 이상적으로나마 극복해줄 영웅을 희구하였다. 더 나아가 대의를 위해 스스로를 희생할 수 있는 영웅에 대한 강렬한 기대를 표출하고 호응하면서 식민지인들이 지녔던 상처와 억눌림을 우의적으로 표상하였던 것이다. 또한 절절한 충정의 토로는 독자의 정서에 호소하므로, 이를 통해 인물의 내면과 독자의 심리적 거리는 밀착될 수 있으며 독자는 인물에 대한 이해와 연민, 정서적 일치감을 느낄 수 있다. 이는 궁극적으로 작가의 의도를 효율적으로 전달하는 서사 기제로 작용한다.

영웅서사와 숭고미, 감상주의의 경향은 물론 서구의 역사소설의 기준에서 보면 여러 가지 미흡한 점이 많으며 그렇기에 비판의 대상이 되곤 하였다. 그러나 전통적 이야기틀로서의 영웅의 서사와 그들이 벌이는 격정적이고 감상적인 삶의 방식은 식민지 시대 많은 대중에게 흥미와 위로와 공감 그리고 대리 체험의 만족을 제공하였다. 동시에 당대 상황을 허구적으로나마 극복하려는 의지를 보여주고 있다는 점에서 충분히 유효한 서사양식이라 할 수 있겠다.

18 리타 펠스키, 앞의 책, 192쪽.

4. 관념적 사랑을 향한 감정의 과잉

앞서 살펴본 대로 『이차돈의 사』의 주된 스토리 라인은 영웅의 서사이지만, 각 시퀀스가 전환되는 계기를 제공하는 것은 바로 남녀간의 애정 갈등에 의해서이다. 즉 사건의 연쇄에서 시간적 진행과정은 영웅의 통과제의적 여로에 호응되고 있는 데 비해, 각 사건이 분할되고 전환되는 계기는 인물들 간의 사랑과 이별에 의해서이다. 이광수의 소설에서 삼각의 연애관계와 이로 인한 인물의 갈등은 반복적으로 사용된 모티프이며 이는 역사소설에서도 마찬가지다. 『이차돈의 사』는 삼각 관계를 넘어서 다각의 관계를 보여준다.

주인공 이차돈을 둘러싼 여성들은 달님, 별님, 평양공주, 반달, 버들아기 들이다. 이들은 모두 이차돈에 대한 사랑의 감정을 지니고 그와 맺어지길 희망한다. 여기서 평양공주, 별님이나 버들아기의 경우, 짝사랑의 형태이며 실제 부부의 연을 맺는 것은 반달이지만, 이차돈이 진심으로 사랑했던 이는 오직 달님뿐이다. 다른 여성들과의 관계는 서사의 진행에서 크게 영향을 주지 못하나, 달님-이차돈-평양공주의 삼각관계는 이차돈의 삶에서 주요한 결절점을 이룬다. 작품의 초반에서 이차돈이 고국인 신라로부터 추방당하게 된 것도 달님 때문에 사랑을 쟁취할 수 없었던 평양공주의 질투와 시기심에서 기인한다. 또 불교의 포교자가 되어 다시 신라로 돌아온 후, 이차돈이 죽게 되는 과정에서도 결정적인 원인을 제공한 것은 역시 평양공주의 강렬한 정념이 불러온 과욕 때문이다. 물론 표면적으로는 이차돈이 거리로 나가 행한 대중법회 때문이지만, 실제 평양공주는 불법을 전달받으면서도 이차돈에 대한 정념을 누르지 못하고 그를 계속 열망한다. 임금 역시 공주에 동조하여 다시 이차돈을 부마로 삼으려 한다. 이차돈이 부마가 되어 신라의 다음 왕이 될 것을 두려워한 임금의 동생 선마로는 그를 끊임없이 제거하려 애쓴다.

이와 같이 이차돈의 행로에서 중요한 계기를 제공하는 달님과 평양공주의 사랑의 실체는 무엇인가? 달님과의 사랑이 시작된 것에 대한 자세한 정보는 제공되지 않는다. 다만 '언약'의 형태로만 제시된다. 즉 '그들은 사랑하며 절대 변하지 않을 것을 약속했다'는 정도다. 평양공주의 경우 이차돈을 사랑하게 된 계기가 더욱 미약하다. 과거 시험의 겨루기에서 거칠마로와 싸우는 모습을 보고 반한 것일 뿐이다. 여기서 이차돈의 모습은 구체적 형상을 지닌 존재라기보다 상당히 추상적으로 제시된다. "미목이 청수한 젊은 남자", "씩씩하고 아름다운 풍채", "나라에서 제일 잘난 사람"의 기표로 표상될 뿐 구체적 실체를 지니지는 못한다. 이차돈의 모습이 추상적인 데다 그를 향한 사랑 역시 실체를 갖지를 못한다. 예를 들어 이차돈과 평양공주는 사적으로 만나본 적도 없다. 이렇게 각 인물의 형상화라든가 사랑의 계기 등이 추상적이다 보니, 이 작품에서 전면적으로 부각되는 것은 사랑의 감정 상태에 대한 세밀한 묘사이다.

(1) 이차돈 서방님이 달이라는 계집애 하나로 하여 임금님이 되실 자리도 버리고 목을 찍혀 죽었다면 그 부끄러운 이름이 천추 만사에 전하여 훗 사람의 웃음거리가 될 터이니 — 그런 애석한 일이 어디 있습니까? 또 그나 그뿐인가. 훗 사람이 들으면 그 달이란 년이 요망한 계집이 되어서 이차돈 서방님을 흐려서 — 이차돈 서방님이 비록 반하셨더라도 바른 말씀으로 준절히 거

절하는 것이 아니라, 그 요망한 달년이 큰 영웅을 망쳤다고 할 터이니 — 또 그나 그뿐인가. 훗 사람들이 하는 말이 그 달이란 년은 금관국과 우산국을 쳐서 항복받은 명장 이마로 이손의 딸이라는데 그 년이 제 아비의 이름을 더럽히고 제 아비의 가문을 망쳤다고 할 터이니 — 또 그나 그뿐인가. (28쪽)

(2) 불효한 이 자식은 이차돈이 고구려로 간 후로는 잠도 마음도 다 잃어버렸소. 다만 안 잃어버린 것이 슬픔과 그리움. 아바마마, 어마마마 설어하시는 것을 보아 참자참자 하와도 참는 것조차 잃어버린 이 몸. 이차돈을 원수로 보자, 미워하자 하고 아무리 마음을 돌려 먹으려 하와도 마음조차 이 몸의 말을 듣지 아니하옵고, 몸조차 마음의 말을 듣지 아니하옵고 — 아두시마(중) 말마따나 이 몸이 아마 전생에 죄가 한량없이 무거워, 몸과 마음조차 원수가 되어 — 아아, 아바마마, 이렇게 죄 무거운 몸이 이 생에 또 어버이를 슬프게 하삽는 죄를 더 지어 이번에 죽으면 필시 지옥으로 가옵거나, 지옥보다 더한 아귀도로 가옵거나 그보다 더한 축생도로 가옵거나, 차라리 아무 것도 모르는 버러지가 되고도 싶사오나, 버러지도 마음이 있다 하온즉, 마음 있는 곳에 슬픔이 없을 리 없사옵고 — (71쪽)

(1) 예문은 달님과 이차돈의 대화로, 부마가 될 것이라는 소문에 달님이 이차돈에게 건네는 말이다. 대화체로 구성되어 있으나, 실제 독백이나 다름없다. 스스로를 '달이란 년'이라는 3인칭으로 호칭하면서 아직 일어나지도 않은 일을 과장되게 서술함으로써 이차돈에 대한 사랑의 감정을 우회적으로 서술한다. (2) 예문은 평양공주가 고구려로 이차돈을 추방하였으면서도 그를 잊지 못하고 그리워하는 마음을 묘사하고 있다. 한두 번 본 대상에 대한 사랑의 도로로 보기에는 납득

이 가지 않을 정도로 지나치게 감상적이다. 『이차돈의 사』에서 여성 인물의 대화는 거의 다 위의 예문과 비슷한 양상으로 진행되며, 이뤄질 수 없는 사랑에 대한 과장된 담화가 주를 이룬다.

이러한 과잉된 감정의 토로는 문체적 힘에 의해 더욱 강화되고 있다. 이광수의 문체적 특징은 간결하고 평이한 것으로, 읽기 쉬운 문장체로 알려져 왔다. 이광수가 넓은 독자층을 가지고 있을 수 있었던 이유 중 하나가 '평이한 문체' 덕분이다. 그의 소설이 "지적 수준의 高下나, 기호의 상이와는 별로 관계없이 광범위한 독자층에서 읽힐 수 있었던 것은, 물론 그의 보편적인 주제 선택에도 그 이유가 있었지만, 우선은 그의 평이한 문체의 호소력"에 있다는 지적에서 그것을 확인할 수 있다. 즉 "그의 문장은 거침없이 후련하게 내려"가거나 "호흡이 고르고 순탄하다. 그의 글을 다 읽고 난 뒤의 느낌은 평이하면서 명징하고, 단순하면서도 조화감을 준다"는 것이다.[19] 더 나아가 역사소설에서의 이광수의 문체는 위의 예문에서도 드러나듯이 만연체이다. 하나의 문장이 상당히 길면서도 그 안에서 여러 개의 주어-서술부가 대등접속의 관계를 이루고 있어 복잡하지는 않다. 단순한 구조 덕분에 내용의 인지가 쉽고 대신 긴 호흡을 사용함으로써 화자의 절박한 내면과 독자의 호응이 감정적 동화를 이룰 수 있다. 즉 인물의 내면에 독자가 밀착됨으로써 인물의 감정상태를 동일하게 느끼며 또 인물의 시점으로 대상을 파악하게 된다. 또한 극존칭의 사용은 화자의 위치를 낮춤으로써 독자의 연민을 유도한다. 이 외에도 동일한 서술어를 반복적으로 사용하거나('터이니', '그뿐인가' '가옵거나'), 명사형의 문장 종

---

19 김상태, 『문체의 이론과 해석』, 새문사, 1982, 198쪽.

결('그리움', '이 몸')을 사용함으로써 운문적인 문체효과를 발휘하기도 한다. 운문에 의한 리듬감은 화자의 내면에 독자가 더 쉽게 몰입하는 효과를 가져온다. 이와 같이 문체상의 특징 역시 대중적 호소구조를 보여준다.

감정의 과잉은 대중서사에서 필수적이다. 이광수는 구체적 사랑의 진행과정이나 행동을 보여주기보다는 이러한 사랑의 감정 상태를 보여주는 일에 능숙하다. 감정의 확장적인 묘사는 독자가 인물의 내면에 밀착하여 공감하는 계기가 되며 사건의 발생과 진행에 대한 설득력을 높인다. 작가는 독자에게 자신의 의도를 전달하고 설득하기 위해 인물과의 동화를 꾀하며 또 이를 위하여 과장되고 과잉된 감정의 상태를 보여준다.

그러나 이로 인하여 이들 사랑은 실체를 지니지 못한다. 남녀간의 사랑이 관념적으로 변하는 것이다.[20] 사랑에 대한 대화와 담론만 남겨질 뿐 그 실체가 무엇인지 분명하게 나타나지 않는다. 또 역으로 관념적 사랑은 순결하며 낭만적 사랑을 구성하는 데 적절히 이용된다. '왕권의 획득' 대 '사랑'의 대립항에서 이차돈은 언제나 사랑을 선택한다. 여기서 사랑은 작품이 진행되면서 그 의미망을 확장한다. 전반부에서는 그것이 달님을 향한 것으로 열정적이며 낭만적인 것이었다면, 후반부에서 순교자로 변한 이차돈에게 그것은 불법에 대한 사랑으로

---

20 이광수 소설에 나타난 관념적 사랑의 양상은, '사랑'이나 '연애' 등을 중심으로 이광수 문학을 연구하는 최근 논문들 역시 지적하는 바이다. 다만 이 논문들은 주로 1910~20년대 이광수의 글쓰기나 당대소재소설들에만 집중하여 '근대성'의 차원에서 논의를 전개한다. 김경민, 「이광수 소설에 나타난 '연애'의 의미 연구」, 『한국 근대문학연구』 제15호, 2007; 박혜경, 「이광수 소설에 나타난 사랑과 계몽의 기획—이광수의 『유정』을 중심으로」, 『한국문학연구』 33집, 2007; 배개화, 「이광수 초기 글쓰기에 나타난 '감정'의 의미」, 『어문학』 제95집, 2007.

변한다. 낭만적이고 숭고한 사랑은 바로 그것에 대한 관념적 태도에서 가능한 것이다. 결국 감정의 과잉과 사랑의 관념화는 동전의 양면처럼 분리될 수 없는 것이다. 감정의 과잉된 표출이 집중적으로 묘사될 때 그 대상은 기의를 잃어버리고 기표만이 남게 된다. 또 동시에 그 실체가 결여된 사랑의 감정은 결여를 은닉하기 위해 과장되게 정서를 노출시키게 된다. 그럼에도 불구하고 감정의 과잉과 관념적 사랑은 독서대중의 정서적 울림을 확장한다. 이렇게 이광수는 대중의 정서에 호소함으로써 소설 창작의 '윤리적 동기'를 마련했던 것으로 보인다.

5. 나가며

『이차돈의 사』는 비극적 영웅의 서사와 관념적 사랑을 뼈대로 하고, 강렬한 주관적 감정의 토로로 매 장면을 구성하고 있다. 속죄양으로서 죽음을 선택하는 남성 영웅의 서사는 고전소설의 영웅담과 비슷한 플롯을 보여줌으로써 독자에게 익숙한 구성방식을 제공한다. 또한 자기초월적 최후를 통해 대중적 숭고를 실현하며, 절대적 충정을 표현하였다. 특히 이 소설에서 충정의 마음을 곡진히 드러내고 과장되게 그것을 서술하는 과정 자체가 만연체의 힘을 빌어 전면적으로 부각된다. 사랑 역시 남성과 여성의 관계의 문제라기보다는 각 인물의 사랑하는 감정을 감정적으로 표출한다. 사랑의 감정 토로에 집중하다 보니 실제 그 대상은 구체적으로 드러나지 않으며, 관념화된 사랑의 느낌만이 독백의 형식으로 애절하게 호소될 뿐이다. 이렇게 작품의 상당 부분이 주관적 감정의 절절한 묘사로 채워지고 있다. 결국 『이차돈의 사』를 관통하는 서사원리는 과잉된 감정의 노출, 즉 '감상(感傷)의 전면화'라 할 수 있겠다.

사랑이든, 충정이든 과잉된 감정은 초기 문학론인 「문학이란 何오」에서 이광수가 주장하였던 '정의 만족'이라는 개념을 떠올리게 한다. 문학이란 인간의 '정의 만족'을 향한 것이라는 점을 내세우던 그가 이후 소설에서 지나치게 계몽적이고 설교적 태도를 보임으로써 평자들로부터 자신의 주장을 스스로 포기하였다거나, 혹은 그것과 모순된다고 평가받곤 하였다. 그러나 이상의 분석에서 알 수 있듯이 이광수 역사소설은 시종일관 '정' — 그것이 사랑 혹은 충정의 기표를 쓰고 있다 하여도 기의는 여전히 '정'에 머무르고 있는 — 정의 만족을 추구한 것으로 보인다. 차이점이 있다면 초창기 문학론에서 '정의 만족'을 문학의 정의나 기능으로 제시하던 것으로부터 더 나아가 서사 구성의 원리로까지 확장하고 있다는 점이다. 이는 독자지향적인 작가의 태도에서 가능한 일이다. 좀더 쉽고 흥미롭게 그리하여 도덕적 감화를 불러일으킬 수 있는 서사를 구성하는 방식이 바로 '정의 만족'을 향한 감상주의적 태도인 것이다.

그의 소설이 지닌 센티멘탈리즘은 이미 1920년대에 김기진에 의해 지적된 바 있다.[21]

---

21 이 외에도 박숙자의 논문 역시 『단종애사』를 대상으로 '어린 임금'과 슬픔의 논리를 센티멘탈리즘으로 분석하고 있다. 박숙자, 앞의 논문 참조.

> 그러나 춘원소설의 최대의 무기는 사랑하고, 탄식하고, 감사하고, 슬퍼하고, 기도하고, 원망하는 것의 연쇄인 센티멘털리즘에 있다. 일반의 지식수준이 얕고 일상생활의 외의(外圍)에서 불가항력의 초인간력을 부절히 느끼어오고 따라서 숙명적·배신적(拜神的) 사상에 감염을 오랫동안 당하여온 특정한 사회의 보통인의 보통 감정은 일양(一樣)으로 센티멘탈리즘 아닌 것이 없다.
>
> 그리하여 센티멘털리즘은 현재의 조선 사람의 보통 감정이요, 춘원의 소설은 이 조류에서 최대의 풍속(風速)을 가지고 항행을 하여왔다.[22]

결국 이광수가 끊임없이 비난의 대상이었음에도 불구하고 독자들이 그의 소설을 읽은 것은 바로 '조선 사람의 보통 감정'을 내용으로 그리고 형식으로 반영하는 센티멘탈리즘, 이를 다른 말로 '감상의 전면화'라 칭할 수 있는데, 이 때문이다. 그의 소설에 빈번히 등장하는 영웅의 출현과 비극적 결말, 또 얽히고 설킨 사랑의 다각형은 대중지향적 소재였으며 동시에 이를 드러내는 방식 즉 '감상의 전면화'에 의해 그 서사적 추동력을 얻는다. 이는 『이차돈의 사』에서만 머무르는 특징이라기보다 그의 (역사)소설 전반을 관통하는 원리라 할 수 있다. 차이가 있다면, '영웅의 일대기'에 대한 부분과 '사랑의 형상화'의 비율이 조금씩 다르다는 점이다. 예를 들어 『이순신』은 영웅의 일대기가 강화된 서사물이고, 『원효대사』는 사랑 모티프가 강조된 서사물이라 할 수 있다.

이광수는 「문학에 대한 소견」에서 "藝術品이라 하면(人生과 自然物도

22 김기진, 「문예시대관 단편」, 『조선일보』, 1928.11.9.

그러하지마는) 讀者에게, 聽衆에게, 觀客에게 무엇이나 多少의 感動은 주는 것"[23]이어야 한다고 주장하였다. 즉 소설에서 독자와의 관계가 '감동'이라는 정서적 움직임에 중점이 놓여 있다는 사실을 중시한 것이다. 또 좋은 문학 작품은 "독자를 최고, 최존의 상태에 오르게 해야 한다는 것이며, 尊한 예술품은 마치 하늘에서 내려온 사다리와 같아서 우리를 높은 데로 끌어올린다"고 주장한다. 이렇게 독자에게 크고 높은 정을 발하게 하는 작품이 훌륭한 것이라는 이광수의 생각은 작품에 나타난 숭고에의 지향, 관념적 사랑에의 경도를 설명하는 근거가 될 수 있다. 그의 문학 작품의 핵심이라 할 수 있는 계몽성 역시 독자의 마음을 움직임으로써만 가능한 일이다. 그리고 그것은 정의 만족, '감상의 전면화'를 통해 이루어진다. 물론 서사원리로서의 '감상의 전면화'가 좀더 보편적 특성으로 자리 잡기 위해서는 이광수 역사소설 전반에 걸친 분석과 검증이 요구된다.

---

23 『이광수전집』 10, 삼중당, 1971, 454쪽.

멜로드라마적 상상력과 도덕적 비학

현진건 장편소설의 경우

1. 들어가며

한국 근대문학사에서 현진건은 단편소설의 작가로 알려져 있다. 1920년대 「빈처」, 「술 권하는 사회」, 「운수 좋은 날」 등을 발표함으로써 근대단편소설의 미학을 완성시킨 작가로 평가받는다. "김동인 이후 주도적 양식으로 등장한 단편소설의 기법적 완결을 추구하여 소설적 미학의 확립에 기여"했으며, 특히 "완결된 짜임새를 추구하는 소설적 기법이 주제의 형상화에 잘 부합"[1]함으로써 단편소설이 1920년대 대표 장르가 될 수 있는 데 일정한 기여를 했다는 것이다.

단편에 대한 이와 같은 긍정적 평가에 비해 현진건의 장편소설에 대한 평가는 그리 단순하지 않다. 현진건은 1930년대 들어서면서 몇

1 권영민, 『한국 현대문학사』 1, 민음사, 2002, 215~220쪽 참조.

편의 장편을 시도하였으나, 실제 완성된 것은 『적도』와 『무영탑』 두 편이었다.[2] 이 작품들에 대한 기존의 평가를 살펴보면 상반된 경향을 찾을 수 있다. 『적도』의 경우, 통속성이 강한 대중소설로 비판받기도 하고, 또 남녀간의 사랑으로 포장되어 있으나 실제로는 민족정신과 저항의식을 담아낸 작품으로 평가받기도 하였다.[3] 『무영탑』의 경우에도 '사랑'과 '예술'을 전면에 내세운 낭만적인 연애소설이라고 평하거나, 또는 계층간 갈등을 극복하고 민족적 주체의식을 회복하기 위한 사회의식, 역사의식을 드러낸 작품이라고 평가받기도 하였다.[4] 동일한 대상에 대해 통속문학 대 민족문학, 또 낭만성 대 사회성(민족주

---

2 현진건은 『웃는 褒姒』를 1930년 9월 이후 4회에 걸쳐 『신소설』과 『해방』에 연재하다가 중단하였고, 1939년 10월 25일부터 『黑齒常之』를 『동아일보』에, 1941년 4~9월에 걸쳐 『善花公主』를 『춘추』에 연재하다가 모두 완성하지 못하고 미완으로 끝낸다. 현길언, 『문학과 사랑과 이데올로기—현진건 연구』, 태학사, 2000, 169쪽. 본고에서는 현진건의 장편소설 중 미완성된 작품을 제외하고 『적도』(『동아일보』, 1933.12.20~1934.6.17)와 『무영탑』(『동아일보』에 1938.7.20~1939.2.7)을 분석대상으로 삼고자 한다. 이하 작품의 인용은 『현진건 전집』 1—『적도』, 2—『무영탑(상)』, 3—『무영탑(하)』(문학비평사, 1988)이 출처이다.

3 최원식, 「현진건 연구」, 서울대 석사논문, 1975; 조동일, 「『적도』의 작품구조와 사회의식」, 『한국학보』 8, 1977; 전영태, 「한국 근대소설의 대중성에 대한 고찰—멜로드라마적 성격을 중심으로」, 『한국학보』 33, 1983; 황국명, 「『적도』의 구조와 이데올로기」, 『한국문학논총』 12집, 1991; 김교봉, 「현진건 소설의 민족문학적 성격 연구」, 『어문학』 제55집, 1994; 김상욱, 「현진건의 『적도』 연구—계몽의 수사학」, 『선청어문』 24, 1996; 현길언, 『문학과 사랑과 이데올로기』, 태학사, 2000; 한상무, 「현진건의 『적도』와 항일폭력투쟁의 변혁 이데올로기」, 『한국 근대소설과 이데올로기』, 푸른사상, 2004; 고명철, 「식민지 자본주의의 통속성에 대한 서사적 대응—빙허 현진건의 장편 『적도』 읽기」, 『한국어문학연구』 46, 2006.

4 송백헌, 『한국 근대 역사소설 연구』, 삼지원, 1985; 강영주, 『한국 역사소설의 재인식』, 창작과비평사, 1991; 장양수, 「현진건 장편 『무영탑』의 민족주의 문학적 성격」, 『새얼어문논집』 제13집, 2000; 현길언, 위의 책; 한상무, 「현진건의 『무영탑』과 자강론적 민족주의 이데올로기」, 위의 책; 양진오, 「현진건의 『무영탑』 연구」, 『현대소설연구』 19, 2003; 김구중, 「역사소설 『무영탑』 연구」, 『어문연구』 45, 2004; 황종연, 「한국 근대소설에 나타난 신라—현진건의 『무영탑』과 이광수의 『원효대사』를 중심으로」, 『동방학지』 137, 2007.

의) 등의 상반된 평가가 진행되었다는 것은 두 작품을 구성하고 있는 요소들이 상당히 복잡한 층위를 지니고 있음을 뜻한다.

잘 알려진 대로 1930년대는 장편소설이 문단의 중심에 놓여 있었고, 그중에서도 대중적 성향을 띤 신문연재소설이 대부분을 차지하고 있었다.[5] 만주사변을 기점으로 일본의 식민지 정책이 파시즘적 군국주의의 경향을 보이면서 식민지 조선은 대륙 침략전쟁의 전진기지가 되고 동시에 강력한 사상적 탄압을 받게 된다. 카프와 신간회는 해체되고 전향의 논리가 횡행하면서 작가들은 새로이 창작방법과 문학관을 정비해야만 했다. 동시에 식민지 자본주의의 상업화 논리를 담지한 대중매체의 활성화와 김기진 등의 비평가들이 진행시킨 대중화 논의 등이 토대가 되어 대중적 장편소설이 대거 등장하였다.

이와 같은 상황에서 현진건 역시 신문연재 장편소설을 발표한다. 여기에는 현진건이 마주한 1930년대 현실에 대한 작가 나름의 대응방식이 내재되어 있다. 즉 당대를 어떻게 인식하고 있는지, 또 식민지 조선이 처한 모순과 난관을 어떻게 해결할 수 있는지를 작품을 통해 드러내고 있는 것이다. 그가 선택한 양식은 바로 대중소설이었다. 대중소설은 오래 전부터 문학사에서 자주 비난받았던 대상이었고, 그렇기에 기존의 현진건 장편에 대한 부정적 평가는 20년대 단편미학을 완성한 현진건에 대한 기대가 무너져버린 것에 대한 아쉬움에 다름 아니며, 대중소설이 순수문학에 비해 열등하며 상업적이고 통속적이라 평하는 태도에서 기인한다.

---

5 1930년대에 발표된 장편소설은 총 120여 편에 달하는데, 이중 100여 편이 신문에 발표된 작품이다. 신문연재소설이 대부분 대중소설의 경향을 지니고 있음을 감안하면 1930년대는 '대중소설의 시기'라고 해도 과언이 아니다. 이정옥, 「대중소설의 시학적 연구－1930년대를 중심으로」, 서강대 박사논문, 1999, 1쪽.

그러나 소설은 근본적으로 대중예술이며, 대중의 기호와 욕구에 강하게 지배받는 장르다. 또한 "대중소설은 근대의 일상적 삶 속에서 체득되는 정서적 체험을 다수 대중들이 받아들일 수 있도록 보편적이고 평균적인 상상력으로 담아낸" 양식이다. 그러므로 대중소설만의 "독특한 현실대응방식"이 존재하며, 동시에 "독자적 방식"으로 독자와 만난다.[6] 결국 1930년대 현진건이 선택한 대중소설은 작가 자신이 '소설로 할 수 있는 것과 할 수 없는 것'을 고민한 결과물이며, 나아가 당대의 삶을 소설로 형상화하는 데 있어 가장 적합한 양식이 신문연재 대중소설이라는 결론에 도달했음을 보여준다.

이에 본 연구는 대중소설의 관점에서 현진건 장편소설을 분석하고자 한다. 이는 1930년대 사회 · 문화적 환경과 소통을 전제하고 장편을 구성하는 서사의 원리가 무엇인지를 추출함으로써 현진건 장편소설의 가능성과 한계를 새롭게 평가하기 위함이다. 현시점에서 현진건의 장편소설에 대해 그것이 통속문학인지, 아니면 민족문학인지에 대해 판별하는 접근방식은 지양되어야 한다고 생각한다. 현진건은 1930년대 식민지 자본주의 조선을 살아간 작가이고, 그 시대적 배경 속에서 통속성과 민족주의는 당연히 뒤섞일 수밖에 없었을 것이다. 그렇다면 그 둘을 통합적으로 해석해낼 수 있는 접근방법은, 양식적 차원에서 발견될 수 있으리라 기대하면서 본고에서는 '대중소설'과 '멜로드라마적 양식'의 차원에서 접근하고자 한다.

---

6 위의 논문, 4쪽.

2. 대중소설과 멜로드라마적 상상력

『적도』는 당대를 배경으로 하고 있으며, 『무영탑』은 신라시대를 배경으로 한 역사소설[7]이다. 배경으로 설정한 시대가 천년이 넘는 차이를 보이고 있으나, 이 두 작품의 서사를 구성하는 방식은 흡사하다. 그것은 '사랑'을 전면에 내세운 멜로드라마적 구성이다.

극 양식에서 출발한 '멜로드라마'가 근대소설과 만날 수 있는 것은 소설이 근본적으로 대중예술이기 때문이다. 대중의 기호와 욕구에 의해 소설의 구조가 멜로드라마적인 것에서 자유로울 수 없게 된 것이다. 한국 근대소설의 경우 신소설이나 초기 소설이 대중지향적 경향을 보여주었고, 독자가 사건의 전개와 내용요소의 변화를 미리 짐작할 수 있는 공식성(formula)을 가지고 있었다는 점에서 멜로드라마적 양상을 띠고 있어 그 출발이나 기본적인 것에서부터 멜로드라마와 밀접한 관련을 맺고 있다. 더욱이 신문연재 장편소설의 경우, 작가의 의도와 상관없이 멜로드라마적 지향성에서 자유로울 수 없었다.[8] 결국 소설의 주제나 구조상 드러난 멜로드라마적 요소에 대한 규명은 바로 그 작품의 대중성을 가늠하는 데 주요한 방향타가 될 수 있다.[9]

---

7 『무영탑』의 경우 역사소설이기는 하나 설화 소재 소설로 역사적 사실의 문제가 전면에 대두하지 않는다. 전래되어온 설화의 주요 항목도 작가에 의해 교체되어 있다. 기록에 의하면 아사달은 당나라의 석공이었고, 아사녀도 누이 혹은 아내로 달리 나온다. 황종연, 앞의 논문 참조. 이를 현진건은 아사달을 백제 사람으로, 아사녀를 아내로 설정한다. 결국 『무영탑』은 '역사'소설로서의 문제의식보다는 설화의 재구성과 해석의 차원이 문제시되므로 이 작품에서 중요한 측면은 '현재성'이다.

8 전영태, 앞의 논문, 81~82쪽 참조.

9 홍혜원, 「『재생』에 나타난 멜로드라마적 양식」, 『한국 근대문학 연구』 10, 2004, 68~69쪽.

'멜로드라마'를 소박하게 정의내리면 '장애가 많은 연애이야기'라 할 수 있는데, 이런 유형의 텍스트가 화자와 대중 사이에 소통되는 과정에는 일정한 장르적 서사관습 — 이는 때에 따라 '공식성'이라 부를 수도 있고, 또 서사원리라 칭할 수도 있다 — 이 개재되어 있다. 그 주요 특징으로 '선명한 이분법적 구도'와 '애정의 삼각관계', 그리고 '도덕적 비학(秘學, moral occult)' 등을 들 수 있다.[10]

1) 애정의 삼각관계

현진건의 장편소설에서 '애정의 삼각관계'는 무엇보다도 먼저 주목할 만한데, 모든 등장인물들이 삼각관계 안에 포진되어 있기 때문이다. 여러 겹으로 둘러싸인 삼각관계에 의해 인물의 성격이 변화하거나 주요 사건이 달라지므로 삼각관계 그 자체가 서사를 이끌어가는 중심 동력이 되고 있다. 『적도』의 경우, 김여해-홍영애-박병일, 홍영애-박병일-명화, 김여해-박은주-원석호, 김여해-명화-박병일, 홍영애-김여해-명화, 박병일-명화-김상렬, 김여해-명화-김상렬 등의 7개의 삼각관계[11]가 복잡하게 병치되고 뒤섞이면서 서사를 진행시킨다. 『무영탑』의 경우, 핵심적 삼각관계는 주만-아사달-아사녀이며 여기에 주만을 중심에 둔 여러 겹의 삼각관계가 주변에 배치되어 있다. 즉 아사달-주만-금성, 금경신-주만-금성, 아사달-주만-금경신 등이고, 아

10 대중서사장르연구회, 『대중서사장르의 모든 것 1 — 멜로드라마』, 이론과실천, 2007, 13~18쪽 참조. 이외에 멜로드라마의 특징으로 '과잉의 양식'을 들 수 있다. 강렬한 감정, 극단적 행동, 극적 사건, 극한적 상태, 운명적 엇갈림, 계속되는 우연의 일치 등이 과잉의 양식을 형성한다. 위의 책, 87쪽 참조.

11 이와 관련된 자세한 논의는 조동일, 앞의 논문 참조.

사녀의 경우 팽개-아사녀-아사달의 삼각관계가 형성되어 있다.

대중적 서사구성에서 삼각관계가 중요한 것은, 갈등의 양상을 명확히 드러내기 때문이다. 대개 삼각관계의 한 축은 서로 사랑하는 사이로 긍정적이라면, 다른 한 축은 사랑을 방해하는 부정적 축이다. 이렇게 사랑을 전개하고 성취하는 데 있어 장애가 생긴다면 이는 그 사랑의 양상이 사회의 일반적 관습이나 통념, 또는 규범과 충돌하고 있음을 뜻한다.

『적도』는 김여해가 오년 동안의 감옥생활을 마치고 출옥하면서 발생한 사건들로 구성되어 있다. 김여해가 감옥에 가게 된 것은, 지극히 사랑하던 홍영애가 집안의 권유와 '돈' 때문에 박병일과 결혼하자 그녀를 못 잊고 결혼 초야에 신방에 난입했기 때문이다. 즉 핵심적 갈등은 사랑 대 경제력(돈)이다. 또 기생인 명화 역시 돈을 모으기 위해 박병일의 첩노릇을 하지만 그녀에게는 진정한 사랑의 대상인 김상렬이 있다.

『무영탑』의 경우, 아사달-아사녀의 설화를 주요 모티프로 삼아 사건을 전개시키되, 주만(구슬아가씨)이라는 신라 귀족 국선파의 대표인 이손 유종의 딸을 등장시켜 삼각관계를 이룬다. 이 소설의 삼각관계는 특이하다고 할 수 있다. 우선 아사달을 사이에 둔 아사녀와 주만 사이에 특별한 갈등이 나타나지 않으며 아사녀는 주만의 존재조차 정확히 인지하지 못한다. 서로 지극히 사랑하여 백제와 신라로 멀리 떨어져 있으면서도 그리워하고 애달파하는 아사달과 아사녀에게 그들의 사랑을 방해하는 것은 신라의 탑을 완성하여 훌륭한 석공이 되는 일과 돈을 버는 일 그리고 물리적 거리다. 반면 주만의 관점에서 그녀의 사랑을 성취하는 데 있어 장애가 되는 것은 아사달이 백제 사람이며, 석공이라는 천한 신분 출신이라는 점 그리고 이미 결혼하여 아내가 있다는 점이다. 작품의 전반부는 주로 주만의 관점에서 서술되고 있는데 그녀의 사랑이 당대의 규범과 갈등하는 지점은 바로 신분의 차이다.

이미 공식적으로 신분제도가 철폐된 시대를 살아가는 1930년대 독자들에게 『무영탑』이 갈등 요소로 설정한 신분은 결국 권력과 자본의 상징으로 인지된다. 봉건시대 신분은 곧 권력과 자본을 통합한 의미일 뿐만 아니라, 무엇보다도 자기 폐쇄성을 특징으로 지닌다. 귀족계급은 신분에 있어, 권력관계에 있어 또 경제력에 있어 절대적 우월의 위치에 놓여 있으며, 이는 어떠한 경우에도 극복되기 어려운 것이었다. 더욱이 신분을 초월한 사랑은 원천적으로 불가능한 것이었다. 그러므로 이와 같은 사랑을 설정한 것은 통념과 체제에 대한 비판의식을 내포한다.

사랑과 돈(혹은 권력)의 갈등은 식민지 시대 신파적 성향의 극이나 소설에서 자주 활용되었던 대중적 소재다. 사랑이라는 인간의 순수한 감정 상태를 자본의 힘이 좌지우지할 수 있는 상황, 자본이 가치 판단 내지 윤리적 평가의 기준이 되는 상황, 즉 식민지 자본주의의 광범한 확산 속에 물질중심주의의 사고가 팽배해가는 사태를 일반 대중들은 그저 수용할 수밖에 없다. 그러나 자본주의 체제 안에서 살아간다고 하여 그 체제에 전적으로 동의하는 것은 아니다. 빈곤과 소외와 물신화를 겪으면서 대중은 내면으로 저항과 반발의 심리를 갖게 된다.[12]

---

12 이와 같은 대중의 이중적 심리 상태는 대중서사의 이중성과도 통한다. 대중서사는 형식적으로 성공해온 틀을 바탕으로 안정된 관습을 고수하려는 성질을 지닌다. 따라서 대중서사물들은 대개 표면적으로는 사회의 보수적 이데올로기를 찬미한다. 그러나 다른 한편으로 대중서사물들은 다중적이고 다원적인 대중의 관심과 기호를 포착하고 사회의 변화에 민감하게 반응하는 과정에서 문제를 제기하는 역할을 담보하기도 한다. 대중서사장르연구회, 앞의 책, 11쪽 참조.

더구나 식민 권력의 폭력성을 경험함으로써 자본의 물신성에 대한 저항과 제국주의에 대한 저항이 서로 뒤섞여 잠재되어 있다. 이러한 상황에서 대중은 소설이 보여주는 자본의 절대적 힘에 저항하는 '사랑'에 열광할 수밖에 없다. 그것이 비록 '환상', '상상'의 단계에 머무른다 하여도 아무 것도 거칠 것 없는 열정적 사랑은 식민지 대중에게 식민지 자본주의의 모순에 대한 상징적 해결을 제공하는 것이다.

또 다른 한편으로 대중소설에서 삼각관계의 한 축은 순결한 남녀에 의해 형성되는 절대적이고 지고지순한 낭만적 사랑으로 구성되고, 또 다른 축은 일반 대중에 의해 부정적인 것으로 인식되는 자본의 힘, 권력의 힘을 표상하는 인물로 구성된다.[13] 이때 부정의 축은 개인의 노력에 의해 이해되고 극복될 수 있는 것이 아니라, 불가항력적인 동력을 지닌 존재로 등장한다. 저항의 불가능성 때문에 사랑이 포기되거나 실패하여도 합리적 변명의 여지는 있게 마련이고 그렇기에 독자 역시 자신의 소시민적 속성에 비추어 공감하게 된다. 또 역으로 사랑이 승리하였을 때 독자는 강렬한 대리체험과 위로와 평화[14]를 얻을 수 있다.

『적도』의 홍영애가 김여해와의 사랑을 포기하고 박병일을 선택하는 과정을 통해, 또 기생 명화가 사랑하는 사람과 살기 위한 자금을 마련하느라 첩노릇도 마다하지 않는 것을 통해 작가는 자본 권력 횡포가 부당한 것임을 우회적으로 보여주고 있으며, 독자 역시 자본의 힘에 굴복하는 자기자신을 합리화시키기도 하고 또 비난하기도 하면서 공감을 하게 된다. 『무영탑』에서 아사녀와 주만에 대한 사랑을 예

13 만약 또 다른 부정의 축에 여성 인물이 놓일 경우, 육체적 욕망을 표상하기도 한다.
14 움베르코 에코, 『대중의 슈퍼맨』, 열린책들, 1994, 24쪽.

술체험으로 승화시켜 '부처의 상'을 조각해내는 아사달의 행위나 사랑의 완성을 위한 주만의 죽음에서 독자는 순결한 사랑의 완성태를 확인하고 카타르시스를 경험한다.

결국 중첩된 삼각관계, 사랑에 대한 과도한 열정, 죽음으로 향하는 과정은 단순히 독자의 말초적 신경을 자극하기 위한 것도 아니며, 작가의 피상적 체험을 나열하기 위한 것도 아니고, 1930년대 식민지 자본주의의 모순과 분열 속에 놓인 대중의 일상에 대한 묘사이며 동시에 현실로부터 느끼는 불안과 소외를 해소하기 위한 한 방편이라고 할 수 있다. 즉 작가는 낭만적 사랑의 성취와 좌절이라는 대중적 모티프를 통해 자본과 권력의 폭력성과 물신성을 비판적으로 묘사해낸 것이다.

2) 이분법적 대립구도

현진건 장편소설에서 서사를 구성하는 또 다른 원리는 선명한 이분법적 구도다. 대중소설은 "일상에서 복합적인 삶의 양상을 선과 악, 빈과 부, 정상과 비정상 등의 개념으로 단순화시켜 이분법적"으로 보여준다. "인간의 삶은 근원적으로 양극화된 갈등의 연속이므로, 인간은 이 근원적인 갈등에서 벗어나 명료한 세계를 끊임없이 염원한다. 그렇기에 복잡하고 다원화된 세계에서 도덕적으로 선명해짐으로써 인간의 의미를 회복하고자 하는 멜로드라마적 상상력은 대중소설의 의미 생산 체계를 재현하는 원동력이 된다."[15] 현진건 장편소설에서도 선과 악으로 대표되는 이분법적 갈등의 구도는 전체 서사를 관통

---

15 이정옥, 앞의 논문, 47쪽.

하는 원리로 작용한다. 선한 인물은 외모의 묘사에서부터 긍정적 어휘군으로 구성되어 있으며, 순수하고 열정적인 정신의 세계를 지니고 있다. 그에 비해 악한 인물군은 부정적 어휘에 의해 묘사되며, 자본과 권력을 보유하고 있거나 혹은 지향하는, 비열하고 부도덕한 존재다. 또한 이들은 남녀간의 순결한 사랑보다는 육욕적 성향이 강하며 체제순응적 경향을 보인다.

『무영탑』의 경우, 선악의 이분법적 구도가 『적도』보다 훨씬 분명히 드러난다. 『무영탑』에서 긍정적이고 선한 인물군에 속한 사람은 아사달, 아사녀, 주만, 금경신, 주만의 아버지 이손 유종 등이고 악한 인물은 금성과 금성의 아버지, 팽개 등이다.

> ① 꽃같은 비빈들 중에도 뛰어나게 아름다운 웬 아가씨가 맥맥히 돌사다리를 바라보다가 제 옆에 앉은 시비에게 소근거렸다. 그는 은실·금실로 수 놓은 끝동 소매를 조금 추켜서 옥같은 손으로 뱃전을 짚고, 그 날씬한 허리를 반나마 배 밖으로 기울였다.(『전집』 2, 24쪽)
>
> 먹으로 그은 듯한 진한 눈썹이 초승달 모양을 그리고, 그 밑에서 번쩍이는 영채도는 눈매, 곱고 맑으면서도 활발하게 움직인다. 품위있는 콧대를 따라 내려오던 연꽃 꽃판같은 입술이 바시시 웃는 듯하다.(『전집』 2, 79쪽)

> ② 번듯한 이맛전, 쭉 일어선 콧대, 열에 뜬 것 같은 붉은 입술, 더구나 가을 호수를 생각게 하는 맑고 깊숙한 눈자위, 제 아무리 천하명공이라 하더라도 한낱 시골뜨기 석수장이로 이렇게 청수한 풍채와 씩씩한 품위가 있을 줄은 몰랐다.(『전집』 2, 30쪽)

예문 ①은 주만에 대한 묘사고 ②는 아사달에 대한 묘사다. 고전소설에서처럼 인물묘사에 그에 대한 가치 평가까지도 내재되어 있다. 상투적 표현이기는 하나 독자가 적절한 기대지평을 구성하면서 읽어낼 수 있어 가독성을 높이고, 인물 행위의 설득력 또한 높일 수 있다. 주만은 아름다운 외모뿐만 아니라 사랑을 지켜내기 위해 자신의 신분과 부모까지도 포기할 수 있는 정열을 지녔다. 그에 비해 아사달은 사랑하는 아내가 있으면서도 힘들고 고통스런 창작의 과정 동안 옆을 지켜준 주만에게 흔들린다. 그러나 아사녀가 자신을 찾아 신라까지 왔다가 아사달을 만나지 못한 채 정절 훼손의 순간을 당하여 자살했다는 사실을 알고는 반성과 후회와 사랑을 담아 부처의 형상을 조각하고 그 또한 자살한다. 낭만적 사랑을 향한 선한 인물군의 행동은 세속적인 욕망으로부터 벗어나 있으며 전적으로 순결하고 순수하기에 그 선명성이 부각된다. 이들이 비록 죽음의 길로 들어섰지만, 부처 형상의 조각이라는 예술적 승화의 결과물에 의해 그들의 비극적 사랑은 보상받는 것이며 독자에게 순수하면서도 열정적인 사랑의 대리체험의 경험을 제공한다.

『무영탑』의 이분법적 구도가 서사 구성의 핵심적 요소라는 것은 금성의 아버지 금시중과 주만의 아버지 유종의 인물 대립에서도 드러난다.

> 금시중은 얼굴빛이 노리캥캥한 데다가 수염도 없어 얼른 보면 고자로 속게 되었는데, 이손 유종은 긴 수염이 은사실처럼 늘어지고 너그러운 두 빰에 혈색도 좋으니 풍신조차 정반대였다. 더구나 하나는 깐깐하고 앙큼스럽고, 하나는 괄괄하고 호방하여 두 성격이 아주 틀렸다.(『전집』 2, 131쪽)

더 나아가 이들의 대립은 단순히 외양적 측면에만 그치는 것이 아니라, 국가관에까지 확산되어 있다. 금시중은 당학파(唐學派)로 일종의 사대주의자이며 당나라 것이면 무조건 선호한다. 그에 비해 유종은 국선도(國仙徒)의 복원에 의해 주체적인 민족의식을 되찾으려는 인물이다. 유종이 사위로 삼고자 하였던 금경신 역시 국선도의 복원과 신라의 주체성을 회복하기 위해 노력하는 인물이다. 선과 악의 대립 구도가 이데올로기적 차원으로 확산되고 또 이들의 대립이 다시 각 인물의 행위를 제어함으로써 『무영탑』은 두 개의 세계관—선한 것과 악한 것—이 충돌하고 갈등하는 양상을 보인다.

이 작품이 연재되던 시기에 외세의 식민지인으로 살아가던 일반 대중에게 이들의 대립과 갈등의 양상은 쉽게 현재성을 획득할 수 있다. 국선도를 되살리고 이를 통하여 주체적인 독립 국가를 건설하고자 하였던 인물이 '선'하다는 사실은 독자에게 절대적 지지와 안정을 준다.

『적도』의 경우, 선/악의 이분법적 대립은 분명하지만 이것을 제시하는 방식이 『무영탑』과는 다소 차이가 난다. 『무영탑』의 인물이 선함과 악함을 작품의 서두부터 분명히 드러내고 그것을 일관되게 유지하고 있다면, 『적도』는 작품의 결말에 가서야 그것을 확인할 수 있다. 작가는 인물의 정체성과 관련된 정보를 단편적으로 제공하고 최종적으로 확정하는 것이다.

박병일과 원석호는 배금주의적 인물로 돈과 개인적 명예를 위해 가족까지도 희생할 수 있는 '악'한 인물이며 이들의 정체성은 변모하지 않는다. 또 그만큼 선명하게 드러난다. 그러나 작품의 주인공이라 할 수 있는 김여해는 여러 번 성격이 변하고 있다. 홍영애와 사랑하는 사이일 때는 '소설의 주인공'을 자처하는 순수하고 희생적 인물이었으나, 출옥한 직후에는 정욕을 이기지 못하고 박병일의 여동생 은주를 강간한다. 또 맹장염으로 병원에 입원한 후에는 자신을 간호하러 오는 기생 명화를 사랑하게 되나, 명화의 애인 김상렬이 등장한 후에는 그를 당국에 고발하겠다며 난동을 부리기도 한다. 그러나 결국 은주의 자살시도를 막아내면서 또 명화와 김상렬의 숭고한 사랑에 감화받으면서 순수한 내면을 회복하고 김상렬의 임무를 자청하여 떠맡아 폭사하게 된다. 최종적으로 볼 때 김여해는 선한 인물이자 영웅적 인물이라 할 수 있다. 그의 성격의 변화를 설명하기 위해 작가는 상렬의 입을 빌어 다음과 같이 말한다.

> 열정에 지글지글 타는 인물, 한 시라도 열정의 대상이 없고는 견디지 못하는 인물, 그런 종류의 사람은 태양에 비기면, 인생의 적도선이라 할까……(『전집』 1, 288쪽)

강렬한 열정을 지녔기 때문에 격변하는 행위 양상을 보이며, 대의를 위하여 스스로 목숨을 던질 수도 있었다는 것이다. 이러한 '선'한 인물을 박해하고 곤경에 빠뜨리는 '악'한 인물의 반복적인 등장과 김여해가 표출하는 감정의 과잉에 의해 독자의 내면과 인물이 밀착될 수 있고 쉽게 공감을 얻을 수도 있다. 또 관련 정보를 쉽게 노출하지 않음으로써 서스펜스를 유발시켜 독서과정을 촉진시킨다.

대중서사물에는 주로 평면적 인물이 등장하는 것에 비해, 김여해는 상당히 입체적이고 흔들리는 내면을 지닌 인물이라 할 수 있다. 그 인간적인 면모 덕분에 독자의 공감을 얻을 수도 있지만, 변모의 계기성이 적절히 제공되지 않으면 행위의 설득력이 떨어질 수도 있다.[16] 전형적인 인물이 아닌 내면을 지닌 인물의 제시라는 측면에서는 의미가 있으나 행위에 있어서의 비약 또한 분명히 발견된다. 이는 작가의 이념을 향한 의지가 과도하게 표출된 결과로 보인다.

그러나 현진건은 『적도』와 『무영탑』에서 선/악의 인물 대립에 식민지 체제의 비판과 수용이라는 이념 대립을 병렬시킴으로써 작가적 지향을 명확히 드러낸다. 여기서 대중적 선호가 분명한 인물형상화는 독자의 공감과 호응을 적극적으로 획득할 수 있는 장치인 것이다.

3. 도덕적 비학의 형상화

1) 남성 인물의 영웅주의적 경향

멜로드라마적 경향을 보이는 대중소설의 중요 특성 중 하나는 '도덕적 비학'이다. 도덕적 비학은 기존의 역사적 · 사회적 가치체계에 근거한 도덕률을 재공표하는 도덕적 태도 등에서 주로 드러난다. 멜로드라마는 신성함이라는 지배적 관념이 부재한 상황에서 정신적 의미를 극화하려는, 명백히 근대적인 기획이라고 할 수 있다. 곧 멜로드

16 김여해의 변모가 다소 작위적이고 우연적이며 인과성이 적절히 배치되어 있지 않아 행위에서 비약이 느껴지는 부분이 있다. 이로 인하여 『적도』의 부정적 평가가 내려지기도 한다.

라마는 탈신성화 시대에서도 반드시 필요한 도덕의 세계를 밝히고 증명하며 작동시키기 위한 주요 양식이 되는 것이다. 이는 곧 세계에 초월이 부재한다는 사실을 받아들이기를 거부하면서 신성한 것을 개인적 차원으로 이동시킨다. 그리고 개별 인물들에게 도덕적 절대성을 표현하는 대리인으로서 아우라적 의미를 부여한다.[17] 전근대적 완결성으로부터 분리된 세계에서 발생하는 일상의 불안정성은 명료한 도덕을 통한 균형의 회복을 요구하고 멜로드라마는 이 같은 대중의 욕망을 충실히 반영한다. 소설에서 도덕적 비약의 구체적 양상은 '대중적 숭고'라 할 수 있다. 여기서 '숭고'란 "초월적이고 높은 세계에 대한 열망을 통해 현실의 비속함으로부터 탈출하고자 하는 경향"을 뜻한다. 일상의 불만과 불안정성으로부터의 탈피는 명료하고 분명한 도덕의 세계를 통해서도 가능하며, 더 높고 완전한 세계로의 도피 속에서도 이루어질 수 있다.[18] '대중적 숭고'는 "초월적인 것, 고양된 것, 형언할 수 없는 것에 대한 열망"으로 나타나는데, 이는 "근대대중문화의 중추적 동력"이라 할 수 있는 것이다. 사실 숭고가 "무한을 향한 인간 정신의 열망", "형언할 수 없는 것과 초세속적인 것의 지각과 관련된 환희, 도취, 자기 초월 등의 의식을 불러일으키는 모든 표상"[19]을 의미한다면 현진건 장편소설에 등장하는 남성인물의 영웅주의적 경향은 바로 '대중적 숭고'에 해당한다고 볼 수 있다.

1930년대에 식민지 조선을 살아가던 대중들이 요구하는 영웅의 형상은 어떠했는가? 그 존재는 일상의 불안정성을 초월하고 있으며 이

---

17 Peter Brooks, *The Melodramatic Imagination*, N.Y.: Columbia Univ. Press, 1984, pp. 11~15.
18 대중서사장르연구회, 앞의 책, 87~88쪽 참조.
19 리타 펠스키, 김영찬 · 심진경 역, 『근대성과 페미니즘』, 거름, 1998, 189~192쪽 참조.

분법적 구도에서 명확하게 '선'의 입장과 도덕적 태도를 유지해야 한다. 일상의 혼란과 부도덕성을 해결할 수 있으면서 동시에 분열을 종합해내는 능력도 지녀야 한다. 식민지 현실의 모순이 더욱 심화될수록 이와 같은 영웅의 출현에 대한 대중의 기대는 더 커질 수밖에 없다. 현진건은 그의 작품에서 두 종류의 영웅을 제시함으로써 대중적 숭고를 형상화한다.

『적도』의 김여해와 김상렬, 그리고 『무영탑』의 아사달과 금경신은 그들이 활동한 시대적 차이만 있을 뿐 소설 내에서의 기능은 동일하다. 김여해와 아사달은 순수하고 열정적인 청년이었지만 사랑과 예술이라는 과업을 수행하는 데 있어 여러 어려움에 처한다. 이로 인하여 이 둘은 모두 세속적 욕망에 흔들리기도 한다. 김여해는 순간적 충동을 참지 못하고 박은주를 강간하기도 하고 아사달은 아내가 있으면서도 주만의 열정적 사랑을 단호하게 거절하지 못한다. 그러나 이 두 인물은 일정한 계기에 의해 자신을 반성하고 더 큰 목표를 향해 스스로의 몸을 던진다. 김여해는 김상렬의 활동에 참여하여 그 대신 자폭의 길을 걷고 아사달은 아내의 죽음을 맞이하면서 부처의 상을 조각해낸다. 김여해와 아사달 모두 대업을 이루고 자살하는 것이다.

목숨을 건 과업의 성취는 식민지 조선을 살아가는 일반 대중에게 현실 속에서 결코 이루어지지 않을 일이지만 또 동시에 간절히 바라는 모습이기도 하였다. 독자는 이 장면을 통해 식민의 상황에 대한 상상적 극복을 또 민족 내 분열의 극복 의지를 대리체험할 수 있다.

『적도』와 『무영탑』에 등장하는 또 다른 '선'한 남성인물은 김상렬과 금경신이다. 이 둘은 전형적인 민족주의 영웅이다. 김상렬은 일찍이 사랑을 버리고 조국의 해방을 위한 활동을 위해 외국으로 떠났던 인물이고, 금경신은 신라시대 당학파들의 횡포에 항거하고 그들의 문제점을 비판하면서 국선도에 기반한 신라정신의 부활을 꿈꾸는 민족주의자다.

특히 경신의 존재는 대중적 역사소설에서 보기 드물게 강렬한 민족주의적 성향을 지녔다는 점에서 여러 연구자들의 주목을 받아 왔다. 경신은 "정치적 변혁기에 처해 있는 국가적 위기를 개인과 집단의 힘으로 극복해 나가야 한다는 것을 확신하는 민족적 영웅"으로 "독자들은 경신의 정치관에 대해서 전적으로 동감"할 수 있다. "특히 일제의 억압 속에서 울분을 삼키지 못하는 30년대 독자들은 민족주의적 충정으로 모두 힘을 합쳐 사대주의의 원천인 당나라를 쳐야 한다는 경신의 정당론에 전적인 지지"를 보낸다는 것이다.[20] 그만큼 대중친화력이 강하고 '대중적 숭고'를 실현하는 인물이라 할 수 있다.

김상렬의 경우에도 그는 식민지 상황을 극복하기 위하여 해외로 나가 활동하였으며, 일정한 사명을 띠고 귀국한다. 앞서 언급한 대로 그 사명은 김여해가 대신 수행하게 되지만, 김상렬은 명화와 박은주를 데리고 "새로운 희망의 나라"를 찾아 다시 해외로 나간다. 현실의 고난과 세속적인 일상으로부터 탈출하여 초월적이고 높은 미지의 세계를 향해 나가는 김상렬은 억압된 일상을 살아가는 대중의 영웅이자 이상향으로 기능한다고 할 수 있다.

다만 소설 속에서 이들의 형상화 방식이 지나치게 관념적이며 낭만적으로 묘사되어 있고 또 행위주로서의 등장 빈도 역시 적은 편이다. 즉 소설 내에서의 역할이 부분적이어서 이 두 인물의 경우, 소설

---

20 이정옥, 앞의 논문, 164쪽.

에서 주인물을 부각시키기 위한 부차적 인물로 보는 것이 적절할 것이다.

주인물이건 부차적 인물이건 긍정적이고 선한 인물들의 영웅주의적 태도는 완전한 도덕적, 윤리적 승리를 향한 작가의 의도를 내포한다. 특히 현실 속에서 볼 수 있는 순결하고 순수하나 허약하고 흔들리는 내면을 지닌 인물들의 등장과 이들의 조력자로서 도덕적 완전성을 지닌 영웅의 병렬적 대비는 독자들에게 강렬한 인상을 줌과 동시에 열렬한 호응을 얻을 수 있었을 것이다. 1930년대 파행적으로 돌변해가는 식민지의 상황에 처하여 그 위기를 타개해줄 영웅에 대한 기대는 대중들에게 잠재되어 있었고, 새로운 시대가 열릴 것에 대한 기대 역시 대중들이 염원하던 바였다. 그리하여 사랑을 초극한 존재들, 비윤리적이고 부도덕한 행위에 대한 준엄한 비판을 가할 수 있는 존재들, 대의를 위하여 목숨을 버리는 존재들인 영웅이 만들어내는 '대중적 숭고'는 독서 대중에게 대리 만족을 준다. 이러한 대중의 기대심리에 기댄다면 1930년대 현진건의 장편소설은 그 바람을 가장 확실한 형태로 제시한 작품이었다. 대중소설에서는 독자의 희망이 허구적으로라도 이루어져야 하며, 가상의 세계에서라도 독자의 바람이 유지되어야 한다. 그 심리적 안정성이 대중적 소설을 읽는 가장 큰 이유이기 때문이다. 결국 작품에 나타난 영웅주의적 경향은 현실의 부정성을 극복하고 이상향을 지향한 작가의 열망이 대중적 기대와 적절히 교섭한 지점이라 할 수 있다.

2) 여성 인물의 수동성

『적도』와 『무영탑』에서 작가는 남성인물을 전면에 배치하여 그들의 변화과정을 중심으로 서사를 구성한다. 그러나 실제 남성인물의 변화를 자극하고 그 계기를 제공하는 것은 여성인물로, 그에 대한 분석은 작품의 대중성은 물론, 작가의 의도와 이념을 규명하는 데 필수적이다.

여성인물을 중심으로 본다면 위의 두 소설은 일종의 '여성 수난 이야기'[21]라 할 수 있다. 여성 수난의 이야기는 오래 전부터 다양한 서사에서 자주 활용되는 모티브였다. 여성들이 불가피한 이유로 집을 떠나 외부세계에 놓일 때 가해지는 정절 훼손의 위협을 견뎌내고 목적한 바를 성취해내는 이야기는 연약한 존재를 절대적 위기 상황에 놓음으로써 독자들의 호기심과 동정을 쉽게 얻을 수 있었다.

그러나 대중소설에서 여성의 수난 이야기는 단순히 감정의 유발, 정서적 과잉, 동정 등 감각에 호소하기 위한 서사로서만 의미있는 것이 아니다. 가부장적 이데올로기가 어떻게 체현되어 있는지, 식민지 자본주의에서 여성의 몸이 어떻게 수단화, 도구화되어 가는지 등 여성에 대한 모든 인식이 서사 안에 내재되어 있다. 그러므로 여성인물에 주목하는 일은 여성에 관한 기성의 규범적 인식, 도덕적 태도, 윤리적 가치관이 (재)생산되는 과정을 살피는 일과 통하며 이는 곧 대중소설의 도덕적 비학이 여성인물을 통해 형상화되는 양상을 파악하는 일이 된다.

---

21 현진건 소설에서 수난당하는 피해자로서 여성인물에 주목한 논문으로 양진오의 「현진건의 『무영탑』 연구」(『현대소설연구』 19, 2003)를 들 수 있다.

현진건의 장편소설에서 여성인물에 나타나는 주목할 만한 특징은 사랑에 대하여 상당히 능동적인 태도를 지닌다는 것이다.

『적도』의 홍영애는 과거의 애인이었던 김여해가 출옥하자마자 자신의 집으로 데리고 온다. 자신의 배신으로 인하여 그가 감옥생활을 했기 때문에 김여해에 대한 미안함과 보상심리가 작용한 것이기는 하나 남편의 양해까지 얻어내면서 그를 집으로 들이고 더 나아가 미래까지도 책임지려고 한다. 또 명화는 사랑하는 김상렬을 위하여 팔뚝에 '백년낭군'이라 문신을 새길 정도로 열정적인 인물이다. 더욱이 그가 해외로 떠난 후에도 그와 같이 살 준비를 하기 위하여 박병일의 돈을 빼돌리려고 애를 쓴다. 『무영탑』의 주만 역시 자신의 사랑을 성취하고자 상당한 노력을 한다. 한번 보고 첫눈에 반한 아사달의 사랑을 얻고자, 귀족 출신으로 부족할 것 없이 풍족하게 잘 자란 아가씨가 남장을 시도하거나, 부모님께 거짓을 아뢰고 한밤중에 불국사로 달려가기도 한다. 또 아사달에게 사랑을 고백하면서 아내가 될 수 없다면 석공일의 제자로라도 받아달라고 조르기도 한다. 결국 모든 것을 버리고 아사달과 백제로 도망갈 계획을 꾀한다. 아사녀 역시 아버지가 죽은 이후에 자신의 정조를 유린하려는 주변의 남자들로부터 탈출하고 사랑하는 남편 아사달에게 가고자 홀몸으로 백제에서 신라 불국사까지 찾아온다. 특히 『무영탑』의 두 여성은 자신의 순수하고 낭만적 사랑을 위해 죽음도 불사한다. 아사녀는 먼 길을 찾아 왔으나, 남편의 얼굴도 못 본 데다가 남편이 높은 지위의 여자와 함께 산다는 소문을 듣는다. 게다가 첩으로 팔릴 위기에 놓이자 결국 영지(그림자못)에 몸을 던져 죽음을 선택한다. 주만은 아사달을 사랑하였다는 이유로 화형을 당하게 된다.

이렇게 사랑에 대하여 목숨을 버릴 정도로 적극적이고 능동적인 태도는 독자들의 호기심을 자극하고 그들의 운명에 관심갖게 만든다. 그러나 이들이 능동성을 발휘하는 영역은 오직 '사랑'에 관해서만이다. 이는 물론 멜로드라마적 서사에서 '낭만적 사랑'과 이를 향한 순결한 남녀주인공의 열정이 핵심적이기 때문이기도 하나, 여성인물을 '사랑'의 범주 안에만 배치함으로써 능동성이 여성의 정체성을 구성하는 데 아무런 도움이 되지 못하게 만든다. 이로 인하여 능동성은 곧 자기희생의 순응적 여성상으로 변질되고, 이것을 여성 고유의 자질로 사회구성원은 물론 여성 스스로 내면화시킨다. 궁극적으로 여성인물들을 포박하는 것은 가부장적 이데올로기인 것이다.

즉 남성을 위해 자신의 전 존재를 희생하는 여성의 이미지가 현진건의 장편소설에서는 반복적으로 제시되고 있다. 홍영애는 가족의 빚을 탕감하고자 사랑을 버리고 돈에 팔려 결혼하고, 명화는 독립운동을 하는 애인과 살기 위해 자신의 웃음과 몸을 상품으로 내놓는다. 아사녀는 자신의 정절이 훼손된다면 더 이상 남편과 살 수 없다고 생각하여 죽음을 선택한다. 또 주만은 사랑을 위해 자신의 신분 및 부모와 목숨을 포기한다. 결국 남성을 위한 여성의 자기희생은 미덕이 되고 숭고성을 지님으로써, 대부분 여성이었던 독자들에게 절대적이고 수용해야 할 규범 체계로 작용하게 된다.

또한 이 여성들에게 '정절'은 스스로를 가치 규정하는 데 일차적인 기준으로 작용한다. 박은주는 정절이 훼손되었기에 가족으로부터 버림받고 자살을 시도한다. 아사녀의 죽음의 계기도 정절훼손과 관련되어 있다. 주만이 순결한가 아닌가는 부모가 그녀를 받아들이는 데 중요한 기준이 된다. 물론 정절 이데올로기의 강박은 고전소설이니 신소설 그리고 근대소설에 이르기까지 여성의 삶을 규제하는 가장 큰 요소였다. 여성 수난 이야기 구조에서도 집을 떠난 여성에게 닥치는 위험은 모두 '정절 훼손'과 관련된 것이다. '수난'='정절훼손'인 것이다. 이는 곧 여성이 성욕의 대상으로만 기능하며, 자족적인 주체가 되지 못한다는 관점을 보여준다. 생물학적인 육체로서 도구화되어 있는 여성의 삶은 가부장적 사회가 남성 중심 체제를 유지하기 위해 끊임없이 유포시킨 이데올로기이자, 그 안에서 여성 스스로 수용하였던 이념체계이다.

대중소설에서 여성의 도덕적 비학, 대중적 숭고를 형상화하기 위해 선택한 자기희생적 순응성과 순결한 이미지는 곧 근대사회의 규범이자 대중의 보편적 인식체계였던 것이다. 더욱이 여성 수난의 플롯은 대중들에게 상당히 익숙한 구조이며, 대중이 공감하기 쉬운 이야기들이었기에 근대의 가부장적 이데올로기의 재생산에 적합한 서사이기도 하다.

김여해가 죽음을 각오하면서 박은주와 명화를 김상렬에게 전적으로 맡기는 『적도』의 마지막 장면은 식민지 근대 여성의 운명을 상징적으로 보여준다. 그들은 이쪽의 남성에서 저쪽의 남성으로 넘겨지는 도구일 뿐이다. 자신의 적극성이 스스로의 주체성을 구성하는 데 사용되지 못하고 남성의 숭고성, 영웅주의를 지탱해주는 도구가 되는 과정은 근대 사회의 가부장 이데올로기가 멜로드라마적 대중소설에 반영된 하나의 사례를 보여주는 것이다.

4. 나가며

이상에서 현진건의 30년대 장편소설 『적도』와 『무영탑』에 나타난 대중소설적 서사구성의 원리를 규명해 보았다. 이 작품들의 대중성은 한 마디로 멜로드라마적 특성에 의해 구성되어 있다고 볼 수 있다. 첫째로 인물간의 삼각관계를 중심으로 사랑과 돈 혹은 권력이라는 갈등의 양상을 고찰하였으며, 둘째 선과 악으로 대립되는 선명한 이분법적 구도에 의해 독자의 공감을 획득하는 과정을 살펴보았다. 세 번째로 도덕적 비학이 형성되는 과정을 남성인물의 경우, 영웅주의적 경향을 중심으로 여성인물의 경우, 자기희생의 순종적 여성상을 중심으로 나누어 고찰하였다.

이상에서 살펴본 대중소설적 구성 방식 외에도 현진건의 장편소설은 각 사건의 결합에서 주요 정보를 후행적으로 제시함으로써 긴장감과 호기심을 유발하는 특성을 보여주고 있으며, 화려하고 정밀한 묘사를 사용하여 당대의 풍속과 인정을 극적으로 보여주기도 하였다.

1930년대는 식민지하에서 자본주의 생산체제가 전국적으로 도입되었고 이를 기반으로 상업성을 목적으로 한 대중매체가 발달하였다. 여기에 식민주체인 일본의 강력한 파시즘적 통치체제 앞에서 작가들은 자신에게 가능한 문학창작방법을 고민하기 시작하였다. 그 결과물 중 하나가 신문연재 대중장편소설이다. 현진건 역시 『적도』와 『무영탑』이라는 대중적 성향의 장편소설로 1930년대 식민지 근대라는 현실에 대응하였던 것이다. 자본주의의 속물적 구성이 가져오는 인간성 파괴의 양상과 식민지 근대의 일상이 몰고온 부정적 양상에 대한 강렬한 비판의식이 『적도』의 대중성의 기원이라면, 낭만적 사랑의 강렬한 체험과 죽음으로의 승화, 민족적 주체의식의 재정립이 『무영탑』이라는 작품의 대중성을 구성하는 동력이라고 할 수 있다.

결국 대중지향적인 장편소설은 통속적 차원에서 폐기되어야 할 것이 아니라, 그것을 산출한 당대의 사회와 역사와 현실에 대응하는 작가의 의식이 반영된 생산물로 평가받아야 할 것이다.

김훈의 『칼의 노래』에 나타난 시점과 문체 양상

1. 들어가는 말

김훈의 역사소설 『칼의 노래』는 2001년 초판이 발행된 이후 현재까지 백만 부 이상이 팔린 베스트셀러다. 물론 양적 판매량이 곧 질적 우수함을 보증하는 것은 아니지만, 2000년 이후 작가 김훈에게 쏟아지는 대중적 관심과 각종 문학상 수상의 양상을 보건대, 그는 이 시대 독서 대중에게 가장 매력적인 작가인 것은 분명하다. 특히 『칼의 노래』는 동인문학상을 수상하면서, "한국문학에 벼락처럼 쏟아진 축복"이라는 찬사를 받았으며, TV 드라마와 연극 · 만화 등으로 전달매체를 달리하면서 폭넓게 대중들에게 수용되기도 하였다. 작가 자신이 인정[1]하였듯이 결코 독자에게 친절하지 않은 이 작품이 왜 독서대중

1 김훈은 한 인터뷰에서 『칼의 노래』의 문제에 대해 "문장 사이의 거리가 너무 넓어 따라

들의 열렬한 지지를 받는 것일까?

일찍이 1930년대부터 역사소설은 대중에게 널리 읽히는 독서물이었다. 일제 강점기 국권 상실은 우리 역사에 대한 관심을 제고하였고, 현실의 알레고리로서 역사적 사건을 전면에 내세운 역사소설은 대중성을 중시한 신문사의 전략과 맞물리면서 1930년대 대표적인 소설 양식으로 부상한다. 이렇게 역사소설이 대중성을 지닐 수 있었던 것은 선/악 인물 대립구도의 선명성, 영웅의 등장, 박물지적 · 풍속지적 장식 등을 기반으로 다수 독자의 독서충동을 충족시켜왔기 때문이다. 특히 대중적인 역사소설은 역사적 진실에 얽매이기보다는 소설적 허구성을 더 중요하게 여기고 주관화된 역사를 소설화하였으며, 낭만적 환상 속에서 삶에 대한 위안과 위로를 주었고, 대중사회의 상업적인 요구와 독자들의 흥미가 긴밀하게 연결되면서 강력한 대중흡인력을 지닐 수 있었다.[2]

그러나 김훈의 역사소설은 이와는 다른 양상을 보인다. 1인칭 서술화자의 등장, 영웅의 유약하고 흔들리는 내면, 악인의 부재, 울고 있는 왕 등의 요소를 보건대 『칼의 노래』는 분명 일반적인 역사소설의 면모를 지니고 있지 않다. 이로 인하여 '새로운 역사소설의 등장'이라는 범주에서 김훈 소설은 평가되고 있다.

『칼의 노래』에 대한 평가에서 공통적으로 지적하고 있는 바는 허무주의적 경향, 화려하고 장식적 문체에 의한 미학적 완성도, 영웅서사의 해체와 개별화된 인간 존재의 발견 등이다. 이 작품은 "민족의

오기가 쉽지 않았을" 것이며, "문장 사이에 블랙홀이라는 공간을 넣었으니 독자들에게는 불친절한 문체"라고 말하고 있다. 「팬이 만난 올해의 문화인(4)－소설가 김훈 · 아나운서 임성민」, 『국민일보』, 2001.12.24.

2 정호웅, 『한국의 역사소설』, 역락, 2006, 11～36쪽 참조; 강옥희, 「대중적 역사소설 약사」, 대중서사학회, 『역사소설이란 무엇인가』, 예림기획, 2003, 62～64쪽 참조.

위기를 타개하는 영웅으로서의 이순신 서사"가 아니라, "개인의 운명"에 초점을 맞춤으로써 "민족과 같은 추상적 가치에 대한 신념" 대신 "일상의 삶"을 그 중심에 두고 있다[3]는 것이다. 그리하여 '포스트모던적 역사 인식'[4]이라든가 '뉴에이지 역사소설'[5] 등의 용어로 평가되고 있다. 특히 평자들이 주목하였던 것은 『칼의 노래』에 나타난 허무주의적 양상이다. 『칼의 노래』는 인간의 힘으로 어찌할 수 없는 세계의 무의미 앞에서 개별적인 존재가 느끼는 절망과 고독, 허무를 절실히 묘사해낸다. 이를 인정한다면 결국 미래는 조망할 수 없는 것이 된다. 여기에 화려하고 관념적인 문체는 대상의 내용보다 형식에 집중하게 함으로써 묘사 대상의 핵심에 다가서는 것을 방해한다는 것이다.

그러나 이 작품의 경우, 허무주의적 세계인식이 산출될 수 있는 것은 바로 시점과 문체의 힘에 의해서이다. 즉 『칼의 노래』의 핵심에 다가서기 위해서는 시점과 문체가 분석되어야 하는 것이다. 기존 연구가 주로 인간 존재의 개별성과 허무주의에 초점을 맞추었기 때문에, 실제 작품의 구성 및 서술방식이나 문체의 구체적 효과에 대한 접근은 미비한 편이다.

서사물에서 시점은 서술의 기교적 성분 그 이상이며, "세계의 영상을 구성하는 텍스트의 총체적 임무"에 중심되는 것일 뿐만 아니라, 텍스트의 세계관을 평가하고 그럼으로써 담론의 완전한 의미를 회복하기 위한 도구다. 또한 시점은 "재현과 평가 사이의 연결 매체"이기에 서술하는 주체와 재현된 세계 사이의 사회적 미학적 관계를 구조화할

3 장성규, 「재현너머의 흔적을 복원시키는 소설의 욕망—2000년대 역사소설에 대한 성찰과 전망」, 『실천문학』 통권 86, 2007 여름, 209~210쪽.

4 위의 글, 201쪽.

5 서영채 · 성석제 대담, 「왜 다시 '역사소설'인가」, 『경향신문』, 2007.7.10.

뿐만 아니라, 작가와 청중 사이의 문학적 상관관계를 표현한다. 즉 그것은 기교를 통하여 이데올로기를 통합하고 드러내는 기능을 할 뿐만 아니라, 사회에 대한 작가의 관계가 텍스트에 끼친 영향을 드러내는 기능도 한다.[6] 그러므로 『칼의 노래』가 드러내는 이데올로기와 작가 의식 역시 시점의 면밀한 분석에 의해 온전히 밝혀질 수 있을 것이다.

더불어 "문체는 단지 내용을 담아내는 수사적 차원에서의 언어 현상이 아니며, 거기에는 주제, 인물의 의식, 작가의 세계관 등이 복합적이고도 심층적으로 얽혀" 있다. 『칼의 노래』의 경우, "언어는 이야기를 실어 나르는 형식이자 동시에 그 자체로 주제"라는 사실을, 또 "「어떻게」 말하는가 하는 것이 곧 「무엇을」 말하는가 하는 것을 의미한다는 명제"를 명확하게 환기한다.[7]

이에 이 글은 『칼의 노래』에 나타난 시점과 문체효과의 분석을 통해 텍스트 담론 및 작가 의식을 면밀히 규명해보고자 한다.

2. 1인칭 서술과 '나'의 이중성

역사소설에서 1인칭 시점은 거의 사용되지 않는다. 전통적으로 역사물은 개인의 발화보다는 공동체의 발화로 여겨졌으며, 역사적 사

---

6 수잔 랜서, 김형민 역, 『시점의 시학』, 좋은날, 1998, 62~63쪽.

7 황도경, 『문체로 읽는 소설』, 소명출판, 2002, 50~51쪽.

건의 '있는 그대로의 모습'이나 '사실의 진실을 추구하려는 열망'을 드러낸다.[8] 즉 역사소설은 집단의 가치를 형상화하기 때문에, 개별 1인 인물의 관점과 심리가 중요하기보다는 각 사건의 배경과 전후 발생 과정, 사건에 얽힌 다양한 인물들의 태도가 두루 중시된다. 또한 플롯의 측면에서도 시간의 흐름에 따른 연대기적인 사건의 배치가 요구되므로 사건의 전면모를 알고 있는 3인칭 전지적 서술자가 유용하다.

그러나 『칼의 노래』는 이순신을 화자인 '나'로 설정한 1인칭 서술시점이다. 이순신이 백의종군하여 노량대전에서 죽음을 맞이하는 순간까지 2년여에 걸친 전쟁의 과정을 '나'의 시점으로 기록하고 있다. 전체적인 서사의 흐름은 시간의 순서에 따르고 있으나, 44개의 소제목으로 나뉜 각 장에서 시간의 전후 관계는 그리 큰 의미를 지니고 있지 않다. 주요 사건의 인과관계가 설명되기보다는 각 장의 중요 제재와 관련된 과거 기억의 회상과 현재적 의미가 집중적으로 서술된다. 이로 인하여 이 작품의 서사구성은 시간성에 기반한 것이 아니라, 각 에피소드를 통한 화자의 기억과 의미망이 병렬적으로 제시되는 공간적 구성 방식을 보인다. 예를 들어 「칼의 울음」은 백의종군을 시작하는 시점에서 의금부에 끌려가 문초받던 순간의 기억이 틈입되고 이 전쟁이 결국 '무의미한 장난'이며 이 세계도 '무의미한 곳'이라는 화자의 장탄식으로 구성되어 있으며, 「칼과 달과 몸」에서는 '여진'과의 추억이, 「허깨비」에서는 '길삼봉' 이야기가 각각 삽입되어 개인 삶의 실제성과 전쟁 내지는 권력의 허망함을 대비하여 드러낸다.

이와 같이 사건의 구성이 시간의 순차성에 기반하지 않기 때문에,

---

8 로버트 숄즈 · 로버트 켈로그, 임병권 역, 『서사의 본질』, 예림기획, 2001, 316쪽.

『칼의 노래』의 화자는 사건의 인과관계로부터 자유롭다. 즉 화자에 의한 사건의 선택, 그리고 재현과 평가에 의한 의미망의 구성, 나아가 그 병렬된 의미들의 중첩에 의하여 작품의 전체 주제가 전달되므로 1인칭 서술 양상은 유효성을 지닐 수 있다.

『칼의 노래』의 주요 사건은 이순신의 『난중일기』의 기록을 따르고 있다. 일기를 기반으로 한 서술이기에 경험자아가 문면에 드러난다. 1인칭 서술시점에서 서술자아와 경험자아의 긴장감은 미적 거리를 산출하는 중요 요소다. 이 작품은 경험자아가 전면에 나오면서 각 사건의 현재성을 담지해내고 있으며, 여기서 독자는 전개되는 사건의 장면을 직접적으로 대하게 되면서 긴장하게 된다.[9] 즉 경험자아의 관찰대상과 사고 중심의 서술이 텍스트의 대부분을 차지하는 것이다.

1인칭 서술에서는 초점주체인 화자가 텍스트 전체의 담화를 장악하고 있기 때문에 여기서 전달되는 사건과 정보는 상대적이고 주관적인 경향을 보인다. 또한 1인칭 서술은 서술자가 직접, 간접으로 체험하거나 관찰한 것을 회상 형식을 통해 재현해 내고 있으므로 상황성과 핍진성이 자연스럽게 나타날 수 있을 뿐만 아니라, '나'라는 인물성이 주는 자기정체성 때문에 독자에게 호소력있게 다가설 수 있는 장점이 있다.[10] 결국 1인칭 시점의 특성은 화자가 자신의 감정과 생각을 있는 그대로 보여줌으로써 독자와의 거리를 좁히고 자신의 정당성을 인정받고자 한다는 것이다. 특히 '감정'이나 '심리 상태'의 직접적 표출은 화자와 독자의 정서적 동일시를 이룰 수 있게 한다.

9 F. K. 스탄젤, 김정신 역, 『소설의 이론』, 문학과비평사 1990, 308~314쪽 참조.
10 이수정, 「'믿을 수 없는' 일인칭 서술」, 한국소설학회 편, 『현대소설 시점의 시학』, 새문사, 1996, 173쪽.

그러나 『칼의 노래』의 경우, 1인칭 화자의 감정이나 심리 상태가 직접적으로 서술되는 장면이 거의 없다. 경험자아를 전면에 내세우면서 개별존재로서의 인간의 고독과 허무를 전달하고자 하였기에, 독자는 1인칭 화자인 이순신이 자신의 내면 심리를 직접적으로 고백하리라 예상한다. 하지만 이 작품은 화자의 감정을 가급적 드러내지 않으면서 객관적 사실이나 화자의 사고를 기록하는 일에 초점을 둔다. 화자가 관찰한 것과 기억을 통해 환기된 것, 그리고 생각하는 바를 묘사할 뿐이다.

포탄과 화살이 우박으로 나르는 싸움의 뒷전에서 조선 수군은 적의 머리를 잘랐고 일본 수군은 적의 코를 베었다. 잘려진 머리와 코는 소금에 절여져 상부에 바쳐졌다. 그것이 전과의 증거물이었다. 잘라낸 머리와 코에서 적과 아군을 식별할 수는 없었다. 그래서 바다에서는 모든 적들이 모든 적들의 머리를 자르고 코를 베었다. 지방 수령들은 만호진이 무너지기 전에 이미 달아났다. 포구로 몰려온 적들은 산속으로 숨어든 피난민의 아녀자들까지 모조리 죽이고 코를 베어갔다. 피난민들은 얼굴 가운데 코가 있기 때문에 죽었다.[11]

임준영은 벽파진에서 밥 한 끼 먹지 못하고 그대로 돌아갔다. 나는 갯바위 위에 앉아서 저무는 해남 쪽 바다를 오랫동안 바라보았다. 밤을 새울 망군들이 제 초소로 나아갔다. 번을 마친 수졸들은 바위틈에서 저녁의 잔광을 쪼이며 옷을 벗어 서캐를 잡았다. (74쪽)

11 김훈, 『칼의 노래 : 이순신—그 한없는 단순성과 순결한 칼에 대하여』, 생각의나무, 2001, 19쪽. 이하 예문의 출처는 이 저서이며 인용한 쪽수만 밝힌다.

첫 번째 예문은 전쟁이 적과 아군의 선명한 대립구도에서 대의를 위하여 장렬히 수행되는 것이 아니라, 목전의 이익을 위해 적이든 아군이든 스스럼없이 생명을 앗을 수 있다는 참혹한 사실을 보여준다. 이를 화자의 논평에 의거하여 기술하지 않고 객관적 사실을 보고하는 형태로 기술한다. 두 번째 예문의 경우에도 적들의 침공이 다가오고 있다는 보고를 들은 후의 화자의 행위와 관찰한 바를 서술하고 있다. 이제 곧 다가올 적에 대한 두려움과 전쟁 수행의 고통을 토로하는 것이 아니라 전혀 인과관계가 없는 인물의 행위만을 기록한다. 임준영의 복귀, 갯바위에 앉은 '나', 초소로 나가는 망군들, 서캐 잡는 수졸들 사이의 인과성은 전혀 없다. 오히려 비약으로까지 느껴지는 각 사실을 병렬적으로 기술할 뿐이다. 이를 통해 전쟁조차 일상이 되어 버린 사람들과 누구와도 고통을 나눌 수 없는 화자의 절대적 외로움이 간접적으로 전달되고 있다.

이외에도 "정유년 가을에서 겨울 사이에 전선 7척을 새로 만들었다. 적들이 한동안 오지 않아서, 배 만들기에 좋았다"(129쪽)라든가 "정유년 10월 그믐날 새벽에 전선 20척과 협선 50여척이 우수영 내항에 집결했다. 바다는 캄캄했다. 비와 우박이 섞여서 몰아쳤고 돌풍이 불었다"(146쪽) 등 객관적 사실을 보고하는 서술 양상을 빈번히 볼 수 있다.[12] 여기서 1인칭 서술의 특장은 드러나지 않는다. 단순히 사실의 전달에 초점이 놓여 있을 뿐이다.

더 나아가 『칼의 노래』에서는 감정적이고 모호한 어휘를 최소한으로 절제하고 있다. 화자의 직접적인 감정 토로는 독자가 내면을 확인

12 특히 해전(海戰)과 관련된 사실은 『난중일기』를 그대로 따르고 있다. 위의 책, '일러두기'.

할 수 있는 가장 손쉬운 방법이다. 그러나 이 작품에서 화자는 쉽게 내면을 고백하지 않는다. 감정을 직접 드러내기보다는 매개물을 통해 간접적으로 묘사해낸다. 가장 빈번히 사용하는 매개물이 육체의 반응이다. 예를 들어 고통과 절망 그리고 답답함을 드러내기 위해 화자는 '식은땀'을 사용한다.

* "나는 등판으로 식은땀을 흘렸다."(21쪽)
* "아마도 식은땀의 한기에서 깨어나는 새벽의 환청이 밤이나 낮이나 나를 따라다니는 모양이었다."(23쪽)
* "교서 아래서 잠 깨는 새벽마다 어둠 속에서 오한이 났고 식은땀이 요를 적셨다."(68쪽)

전쟁의 중압감을 느낄 때나 군주에 대해 절망했을 때 화자가 느끼는 고통과 환멸이 '식은땀'으로 변환되어 끊임없이 '나'의 잠을 깨우는 것이다. 또한 슬픔의 감정을 직접 "슬프다"고 말하는 것이 아니라, 울음이 나오려는 과정과 그것을 인내하는 자신을 대상화시켜 세밀히 묘사함으로써 간접적으로 드러낸다.

울어지지 않는 울음 같기도 하고 슬픔 같기도 한 불덩어리가 내 몸 깊은 곳에서 치받고 올라오는 것을 나는 느꼈다.(32쪽)

몸 깊은 곳에서 치솟는 울음을 이를 악물어 참았다. 밀려내려갔던 울음은 다시 잇새로 새어나오려 했다. 하루종일 혼자 앉아 있었다. 면의 죽음을 알아챈 종사관과 군관들은 내 앞에 얼씬거리지 않았다. 옆방에는 종사관 김수철

이 보고 서류를 부시럭거리고 있었고 마루 밖 댓돌 앞에는 창을 쥔 위병이 번을 서고 있었다.(128쪽)

셋째 아들 면이 자신으로 인하여 죽음을 당했다는 사실을 보고 받으면서 느끼는 감정 역시 직접 기술하지 않고 울음을 참는 행위로, 또 혼자 앉아 있는 행위로 묘사해낸다. 또한 "아베를 심문할 때 내 마음 속에서 울어지지 않던 두 개의 울음이 동시에 울어졌다"(160쪽)와 같이 우는 주체가 화자인 '나'임에도 불구하고 '울음'을 주어로 놓고 '울어지다'의 피동형 문장을 사용함으로써 '나'와의 거리를 유지한다. 이렇게 『칼의 노래』는 고백체임에도 불구하고 감정을 직접적으로 서술하기보다는 매개물을 통한 묘사로 간접화시킨다.

이에 비해 자신의 판단이나 생각을 드러내는 경우에는, '~것이었다'라는 서술어를 반복적으로 사용하여 주체의 강한 의지를 보여준다. 1인칭 화자 '나'와 '~것이었다'의 결합에 의해 자신의 관점과 의지를 분명하게 드러내는 것이다. 즉 이는 고백이 아니라 주장인 것이다.

그러나 나의 무(武)는 임금이 손댈 수 없는 곳에 건설되어야 마땅할 것이었다. 그리고 그 건설은 소멸되기 위한 건설이어야 마땅할 것이었다. 나는 그렇게 생각했다. 그러므로 조정을 능멸하고 임금을 기만했다는 나의 죄는 유죄가 되어도 하는 수 없을 것이었다.(53쪽)

나는 결국 자연사 이외의 방식으로는 죽을 수 없었다. 적탄에 쓰러져 죽는 나의 죽음까지도 결국은 자연사일 것이었다. 그러나 나는 적이 물러가버린 빈 바다에서는 죽을 수 없었다. 나는 갈 것이었다.(301쪽)

『칼의 노래』의 1인칭 서술에서 보이는 또 다른 특징은 화자의 자기 정체성이 고정적이지 않다는 것이다. 앞서 살핀 것처럼 객관적 사실의 전달, 감정적 반응의 억제, 판단주체로서의 확고함을 보여주는 '나'만 등장하는 것이 아니라 전혀 다른 '나'가 등장하는데 이때 '나'의 정체는 외부에 의해 규정된다. 즉 객관적이고 냉정하며 확신에 찬 듯이 보이는 화자 '나'가 스스로를 규정하는 방식이 관계지향적이라는 것이다. 이로 인하여 화자 '나'는 이중적이며 모순적인 자기정체성을 갖는다. 관계지향적으로 '나'를 규정하는 예문은 다음과 같다.

> 바다에서, 나의 무(武)의 위치는 적의 위치에 의하여 결정되었다. 그러므로 나의 마지막 사치는 성립될 수 없었다. 바다에서, 나의 위치는 늘 적과 맞물려 돌아갔다. 내가 함대를 포구에 정박시키고 있을 때도, 적의 함대가 이동하면 잠든 나의 함대는 저절로 이동한 셈이었다. 바다에서 나는 늘 머물 곳 없었고, 내가 몸 둘 곳 없어 뒤채이는 밤에도 내 고단한 함대는 곤히 잠들었다.(35쪽)

> 나는 다만 적의 적으로서 살아지고 죽어지기를 바랐다. 나는 나의 충을 임금의 칼이 닿지 않는 자리에 세우고 싶었다. 적의 적으로서 죽는 내 죽음의 자리에서 내 무와 충이 소멸해 주기를 나는 바랐다.(68쪽)

'나'의 위치는 적에 의해 결정되며, '나'는 다만 적의 적으로서만 존재하고 싶다는 화자의 발언은 스스로를 자기 정체성에 의해 규정하는 것이 아니라, 관계에 의해 얼마든지 변할 수 있는 것으로서 규정하는 방식이다. 현재의 지점에서 분명한 것은 적과의 관계에 의해 위치지워진 '나'일 뿐이다. 이렇게 관계지향적이면서도 위의 예문에서 드러나듯이 화자는 반복적으로 '나'를 호명한다. '나의 무', '나의 마지막 사치', '나의 함대', '나의 충'이 그러하다. 『칼의 노래』에서 분명하게 드러나는 것은 거의 모든 문장에서 '나'를 여러 번 명시한다는 것이다. "나의 전쟁은 나의 죽음으로써 나의 생애에서 끝날 것이었다"(26쪽)라든가, '나의 부하들은', '내 장졸들은'과 같은 구절이 빈번히 사용된다.

여기서 알 수 있는 것은 부정적으로 평가하는 대상과의 관계는 유동적이나, 긍정적으로 평가하는 대상과의 관계는 고정되어 있다는 점이다. 즉 전쟁, 적, 임금과의 관계는 타자에 의해 위치지워지는 것이고 유동적이며 불안정한 것이지만, 백성과 함대와 부하는 자기중심적으로 표현되고 있는 것이다. 이는 곧 집단, 권력과의 관계는 정치논리에 의하여 언제든지 변할 수 있는 것이지만, 개별적 존재로 만나는 약자와의 관계는 긍정적이며 변하지 않는 것임을 보여준다.

이와 같이 확고한 듯 보이면서도 끊임없이 유동하는 '나'의 이중성에 의해 독자는 '나'를 연민하게 되는 것이다. 명량의 싸움에서 "그것은 순류도 아니고 역류도 아니었다. 거기서 내가 죽음을 각오했던 것인지, 삶을 각오했던 것인지는 확실치 않다. 나는 그 모호함을 중언부언하지 않겠다"(70쪽)는 발언은 바로 화자 '나'의 모순성을 그대로 보여준다. 단단해 보이면서도 유약하고, 확신에 찬 듯 보이면서도 모든 것을 알 수 없어 하는 '나'의 태도에서 독자는 자신과 닮아 있는 이순신을 발견하고 그에 공감하는 것이다.

바로 이 모호성, 이중성에 의해 『칼의 노래』의 허무주의는 산출된다. 세상을 판단하고 '나'의 견해를 펼칠 수 있는 존재로서의 '나'와, 언제든지 변할 수 있기에 모호한 '나'의 충돌에서 세계의 불가해성이 펼쳐진다. "무인된 운명을 시름"할 수는 있으나, 결국 거스를 수는 없는 것이라는 절망, 집단으로서의 '나'와 개인으로서의 '나'는 끊임없이 부딪히는 이 세계의 좌표라는 사실이 허무주의를 발생시키는 것이다.

결국 『칼의 노래』에 나타난 1인칭 서술 양상은 세상을 명확히 인지할 수 있는 능력을 지닌 서술주체를 내세우면서도 동시에 그 능력을 의심하는 또 다른 서술주체를 내세움으로써 궁극적으로 '나'의 이중성을 구성해낸다.

3. 모순어법과 허무주의

『칼의 노래』에 대한 기존 평가에서 언제나 빠지지 않고 언급되는 것이 작가의 문장에 관한 것이다. 문체주의자, '수사학적 탐미주의',[13] '미학적 아우라'[14] 등의 표현이나, "김훈 소설의 미학적 성과는 미문(美文)에서 시작되며, 그의 문장력은 죽음을 향한 '탐미적' 성향에서 극점을 이룬다"[15]는 식의 평가에서 이를 확인할 수 있다. 더 나아가 작가의 화려하고 장식적인 문체나 고백의 마술적 문체가 역사적 진실을 드러내지 못할 뿐만 아니라, 개별적 진실조차도 맹목화시킬 수 있다는 점을 들어 부정적으로 평가하기도 한다.[16] 이와 같은 관점은 한 작품

13 정여울, 「김훈을 넘어선 김훈을 꿈꾸며」, 『창작과 비평』, 2006 가을호, 266쪽.

14 김영찬, 「김훈 소설이 묻는 것과 묻지 않는 것」, 『창작과 비평』, 2007 가을호.

15 양윤의, 「얼굴없는 사제의 숭고한 문장들－김훈의 『칼의 노래』, 『강산무진』을 중심으로」, 중앙신인문학상 평론당선작, 2006.9.

에 나타난 문체적 자질을 내용과 분리된 형식적 차원으로 보고 과장된 형식미가 내용을 인지하는 데 장애가 될 수 있다는 입장에서 출발한다.

그러나 앞서 지적했듯이 문체에는 작가의 세계관과 주제가 복합적으로 얽혀 있는 것이고 작가가 어떠한 문체 자질을 선택하는가에 따라 작품의 전달 효과는 물론 주제까지도 변화될 수 있다. 더욱이 김훈의 경우, '언어와 현실'의 관계맺음에 대하여 지속적으로 고민하던 작가[17]였고, 문체 자체가 세계관이 될 수 있음을 보여준 작가[18]이기도 하다. 그러므로 그의 작품에 나타난 문체적 특징은 결국 텍스트 전체를 의미하며, 문체 장치의 분석은 곧 작품의 의미해석의 과정으로 연결될 수 있다. 이를 좀더 자세히 살펴보자.

『칼의 노래』의 문체적 특징으로 우선 모순어법을 들 수 있다.

* "가장 확실한 운명이 가장 모호한 풍문으로 연안과 내륙에 퍼져 나갔다."(29쪽)
* "크고 확실한 것들은 보이지 않았다."(41쪽)
* "나는 임금이 가여웠고 임금이 무서웠다."(52쪽)
* "나는 통제할 수군이 없는 수군통제사였다."(53쪽)
* "임금은 장수의 용맹이 필요했고 장수의 용맹이 두려웠다."(67쪽)
* "사지에서는 살 길이 없음을 알아야 한다. 그것이 아마도 살 길이다. 살 길

16 고명철, 「개별화의 마성(魔性)은 공허하다—김훈의 소설에 대한 비판적 성찰」, 『한국평화문화』 제2집, 2005 참조.

17 김훈·서영채 대담, 「허명과 거품을 피해 내 자신의 작은 자리를 만드는 것이 내 앞길이에요」, 『문학동네』, 2006 여름호.

18 정여울, 앞의 글, 266쪽.

과 죽을 길이 다르지 않다."(77쪽)

* "칼은 겨누지 않은 곳을 겨누고, 겨누는 곳을 겨누지 않는다."(171쪽)
* "희망은 없거나, 있다면 오직 죽음 속에 있을 것만 같았다."(172쪽)
* "나는 죽음을 죽음으로써 각오할 수는 없었다."(203쪽)
* "삶은 집중 속에 있는 것도 아니었고 분산 속에 있는 것도 아니었다."(206쪽)
* "견딜 수 없는 것들을 견디는 날들이 계속되었다."(297쪽)
* "오는 적보다 가는 적이 더 무서웠다."(305쪽)

위 예문들의 특성은 서로 공존할 수 없는 개념이 한 문장 안에 어울려 있다는 점이다. 확실한 운명과 모호한 풍문, 크고 확실한 데도 보이지 않는 것, 가여움과 무서움, 필요하나 두려운 것, 살 길 없음이 곧 살 길이 되는 것, 겨누지 않은 것을 겨누는 것 등 서로 대립되거나 공통점이 없거나 모순적인 개념이 대등하게 접속되어 하나의 문장을 이룬다. 이는 곧 작가의 근본적 물음, '언어가 현실을 기록할 수 있는가'라는 의문[19]에 대한 소설적 형상화라 할 수 있다. 인간의 언어가 구체적인 삶의 현장을 얼마나 적실히 드러낼 수 있는가에 대해 작가는 근본적으로 회의하고 있는 것으로 보인다. 그렇기에 서술 대상의 한 면만을 지적하는 표현으로는 그 대상을 드러낼 수 없다고 본 것이다. 오히려 서로 대립되거나 모순되는 개념을 동시에 제시함으로써 대상이 내포하는 여러 가능성을 최대한으로 열어놓고 있는 것이다.

예를 들어 "나는 통제할 수군이 없는 수군통제사였다"라는 표현은

19 김훈 · 신영재 대담, 앞의 글.

마치 말장난처럼 보이지만 이 문장은 많은 의미를 내포한다. 우선 조선 수군이 전멸하였다는 사실, 그럼에도 불구하고 다시 수군통제사가 될 수밖에 없는 임금의 절대 명령, '나는 ~이다'의 문장 구조가 전달하는 불가항력적인 운명, 전쟁의 무의미 등의 의미가 담겨 있다. 즉 사실의 보고에서부터 작품 전체의 주제까지 한 문장 안에 모두 담겨 있는 것이다.

이와 같은 모순어법은 어조가 비슷한 문구를 나란히 놓음으로써 그 전달효과를 배가시킨다. 즉 대구법을 사용함으로써 일정한 내재율을 만들어 내는 것이다.[20] 앞의 예문에서도 "나는 임금이 가여웠고 임금이 무서웠다.", "임금은 장수의 용맹이 필요했고 장수의 용맹이 두려웠다.", "칼은 겨누지 않은 곳을 겨누고, 겨누는 곳을 겨누지 않는다.", "삶은 집중 속에 있는 것도 아니었고 분산 속에 있는 것도 아니었다." 등에서 대구의 양상이 드러나고 있으며 이런 양상을 보여주는 문장이 『칼의 노래』에서는 빈번히 발견된다.

* "내가 적을 이길 수 있는 조건들은 적에게 있을 것이었고, 적이 나를 이길 수 있는 조건들은 나에게 있을 것이었다."(34쪽)
* "희망은 멀어서 보이지 않았고, 희망없는 세상에서 죽음 또한 멀어서 보이지 않았다."(181쪽)
* "언어와 울음이 임금의 권력이었고, 언어와 울음 사이에서 임금의 칼은 보이지 않았다."(196쪽)

20 김영찬은 김훈 소설에 대하여 "한시의 대구를 연상시키는 유장하고 리드미컬한 문장에 의한 미학화가 나타난다"고 지적한다. 김영찬, 앞의 글.

동일한 구조를 가진 두 개의 문장이 대등접속됨으로써 소설임에도 불구하고 시적 리듬감이 느껴진다. 운율적인 리듬감은 문장의 안정감과 변화를 동시에 주어 가독성을 높인다. 또한 상반되는 개념을 포함한 대구의 경우에는 모순어법에서처럼 문장의 의미망을 확장한다. "임금은 장수의 용맹이 필요했고 장수의 용맹이 두려웠다"는 표현에서 적을 물리치기 위해 필요한 장수의 용맹이 내부를 향할 때 임금의 자리를 위태롭게 할 수도 있다는 사실, 곧 권력의 허망함과 무력의 딜레마를 이 문장 안에 함께 담아내고 있는 것이다. 또한 장수의 용맹함을 장악하여 적절히 배치할 수 있는 능력을 지니지 못한 지도자 선조에 대한 우회적인 비판의 관점도 내포되어 있다.

『칼의 노래』에서 대립되는 개념의 병렬은 한 문장 내에서만 나타나는 것이 아니라, 소설 전체의 주요 키워드라 할 수 있는 인공물 대 자연물의 대치에서도 드러난다. 작가는 자연적인 것에 대해서는 따뜻한 시선과 애정을 보여주고 이와 대립되는 인공적인 것 특히 권력과 전쟁에 대해서는 부정적 시선을 보여준다.

> 눈이 녹아내리는 봄물에 강물은 젖몸살을 앓듯이 불어났고 새파랗게 살아났다. 무안 쪽 강 언덕으로 펼쳐진 붉은 흙이 봄볕에 부풀어 있었다. 강물이 부풀고 흙이 부풀어 산천은 가득 차오르면서 설레었고 부푼 강물과 부푼 흙을 스치는 바람은 달았다.(184쪽)

> 습기가 걷히는 가을날에 바다의 숨결은 순하고 맑았다. 낮게 내려앉은 바다는 비린내도 짠내도 풍기지 않았고, 바스락거리는 바람 속에서 높은 목소리로 짓는 먼 새들의 울음소리가 또렷했다.(273쪽)

> 나는 죽음을 죽음으로써 각오할 수는 없었다. 나는 각오되지 않는 죽음이 두려웠다. 내 생물적 목숨의 끝장이 두려웠다기보다는 죽어서 더 이상 이 무내용한 고통의 세상에 손댈 수 없게 되는 운명이 두려웠다. 죽음은 돌이킬 수 없으므로, 그것은 결국 같은 말일 것이었다. 나는 고쳐 쓴다. 나는 내 생물적 목숨의 끝장이 결국 두려웠다. 이러한 세상에서 죽어 없어져서, 캄캄한 바다 밑 뻘밭에 묻혀 있을 내 백골의 허망을 나는 감당할 수 없었다.(203쪽)

위 예문에서 보이듯 자연의 섭리를 담지한 대상은 긍정적 어휘군에 의해 묘사된다. '살다', '파랗다', '부풀다', '설레다', '달다', '순하다', '맑다' 등에서 알 수 있듯이, 인간의 강제적 힘이나 권력으로부터 벗어난 지점에서 자연은 스스로의 힘에 의해 지속적으로 복원된다. '죽음'과 '두려움', '무내용', '캄캄한 바다', '백골', '허망'으로 형상화된 전쟁이라는 인간의 파괴행위에 대비되어 자연은 삶의 근원적 힘을 제공하는 것이다. 여기서 특징적인 것은 일반 백성을 작가는 자연적인 것에 포함시킨다는 점이다. 힘의 논리에 의해 좌우되는 권력의 움직임과는 달리 외부로부터 침략만 없다면 백성은 스스로 복원되고 살아간다. 그리하여 "적의 멱통 앞에서도, 섬의 안쪽으로 백성들의 넓은 들은 기름졌고, 여름의 논밭은 푸르"(274쪽)를 수 있는 것이다.

이와 같은 작가의 관점이 집약된 것이 바로 이 소설의 첫 문장이다. "버려진 섬마다 꽃이 피었다"라는 표현은 작가의 대인간관, 대자연관을 명확히 보여주면서 소설 전체를 관통하고 있다. 버림의 주체는 인간이다. 인간의 행위는 버림이라는 부정적 의미망에 포함되어 있고, 그것을 초월한 자연적인 것 — 꽃 — 은 자기 힘으로 피어나 긍정적 의미망을 구성한다. 이렇게 인간의 삶이 지닌 비루함과 절망, 무내용 ·

무의미와 비극에 대립되어 자연의 복원력과 치유력 그리고 아름다움은 『칼의 노래』에서 지속적으로 환기된다.

자연적인 것의 복원력과 아름다움을 배경으로 놓고 인간이 수행하는 권력 다툼과 전쟁을 전경화하기 때문에 『칼의 노래』에게 이 세계는 모순덩어리일 수밖에 없다. 그것은 인간의 이해 가능성을 벗어난 대상이기에 그를 향한 '나'의 발화 역시 모순적이다. 백성을 사지에 버려두고 혼자 살겠다고 도망가는 관원들, 울음으로 전쟁을 수행하는 임금, 적과 아군조차 불분명해지는 불의의 전쟁 상황을 대면하는 '나' 이순신의 절망은 끝이 없다. 살아있다는 사실만이 분명할 뿐, 희망도 생각할 수 없고 죽음도 생각할 수 없는 것이다. 다만 삶은 집중과 분산의 전환 속에 있을 뿐이었다. 그렇기에 이 모순적인 세계 앞에서 진행되는 모든 발화는 허무적일 수밖에 없다. 특히 세계의 무의미와 무내용을 있는 그대로, 이해되지 않음으로 발화하는 모순어법은 어떠한 전망도 형상화할 수 없는 허무주의로 귀결되는 것이다.

이외에도 문체적 특성으로 지적할 수 있는 것은 후각에 대한 의존도가 높다는 것이다. '나'에게 인간의 삶은 냄새로 인지된다.

> 싸움이 끝나고, 기진한 함대가 모항으로 돌아간 뒤에도 생사와 존망의 쓰레기로 덮인 바다 위에서 피아를 구분할 수 없는 화약 연기 냄새는 오래 남아 있었다. 전선 9척은 내항을 서너 바퀴 돈 뒤 포구로 돌아왔다. 전선들이 다가오자 연기 냄새는 더욱 짙었다. 죽은 여진의 가랑이 사이에서 물컹거리던 젓국 냄새와 죽은 면이 어렸을 때 쌌던 푸른 똥의 덜 삭은 젖냄새와 죽은 어머니의, 오래된 아궁이 같던 몸냄새가 내 마음 속에서 화약 냄새와 비벼졌다.(141~142쪽)

전쟁과 사랑과 가족애가 모두 냄새로 기억된다는 것은 결국 삶이 개별적인 '몸'의 문제임을 보여준다. 부황 든 부하들이 굶어 죽어가고 죽은 부하들을 묻으면서도 수군통제사인 '나'는 끼니때마다 먹을 수밖에 없었던 것처럼, 삶과 죽음 모두 개별적인 것이다. 그것이 '나'의 몸에서는 하나로 통합되지만 그 통합된 주체들은 모두 각자이다. 냄새의 생생한 묘사는 인간 존재의 개별성과 절망을 후각을 통해 형상화하는 과정을 드러낸다.

4. 나오는 말

김훈의 『칼의 노래』는 2000년대 들어 급격히 부상하고 있는 새로운 유형의 역사소설을 견인한 작품이라 평가된다. 새로운 역사소설들은 민족과 구국의 영웅이라는 강박으로부터 벗어나 개인과 일상의 삶을 역사적 사건 속에 재배치한다. 특히 『칼의 노래』는 개인과 일상이 개입될 여지가 없어 보이는 '전쟁'을 배경으로, 또 일본의 침략으로부터 민족과 나라를 구원한 영웅 이순신을 모티프로 삼아, 개인 이순신의 내면과 일상을 재구성한다.

이를 위해 1인칭 화자를 사용하여 모호성과 모순성을 지닌 인간 이순신의 내면을 드러내고 있으며 모순어법의 능란한 구사를 통하여 이 세계의 허무함을 형상화하였다.

『칼의 노래』의 1인칭 화자는 객관적 사실을 보고하거나, 감정적이고 모호한 어휘를 최소한으로 절제하고 있으며, 확실한 판단 주체로 기능하고 있다. 동시에 화자인 '나'의 정체성은 타자에 의해 규정되거나 관계지향적으로 스스로를 정의내린다. 이로써 '나'는 고정되고 자기중심적으로 보이기도 하고, 동시에 유동적이며 불안정한 상태이기도 하다. 이와 같이 확고한 듯 보이면서도 유동하는 '나'의 이중성에 의해 독자는 연민과 동일시를 느낄 수 있다. 또한 이 모호성과 이중성에 의해 텍스트가 전달하고자 하였던 허무주의의 경향이 더욱 분명히 드러난다. 집단의 '나'와 개인의 '나'가 끊임없이 부딪힐 수밖에 없다는 사실에서 허무주의는 산출되는 것이다.

문체상에 있어 『칼의 노래』는 모순어법과 대구를 주요 장치로 사용하고 있다. 한 문장 안에 서로 공존할 수 없는 대립된 개념을 대등하게 구성한다든지, 어조가 비슷한 문구를 나란히 두는 대구법을 빈번히 보여주기도 한다. 이로써 각 문장의 의미망이 확장되기도 하고 또한 일정한 리듬감을 주어 가독성을 높이는 효과를 가져오기도 한다. 대립된 개념의 병렬은 1인칭 화자에서와 마찬가지로 세계의 모순성을 드러내며 이 모순적인 세계 앞에서 진행되는 모든 발화는 전망이 없는 허무주의적 경향을 보일 수밖에 없다.

결국 『칼의 노래』의 시점과 문체상 나타난 여러 특징들은 궁극적으로 작가가 전달하고자 하였던 의미들—죽음과 삶 앞에서의 인간 존재의 개별성, 세계의 무의미와 무내용, 개인과 집단의 모순적 충돌, 일상의 전면화, 불가해한 세계상과 허무주의—을 형상화하는 데 있어 유효한 기제였음을 확인할 수 있다.

다만 이상의 분석을 통해 지적된 바, 대립적 개념의 병렬적 제시는 스스로의 모순성에 의해 근본적 한계를 지닐 수밖에 없다. 즉 집단의 '나'와 개인의 '나'라는 이중성은 그 이해관계에 있어 공통점을 찾기 어려우며, 모순어법 역시 자체 내에서 갈등을 일으킬 수밖에 없는 것이다. 이 근본적 한계는 곧 이해 불가능한 세계를 환기하기에 문제적이다. 이해 불가능성을 대전제로 삼는다면 인간의 어떠한 힘도 작용을 가할 수 없게 되고 결국 이는 소통 불가능성으로 귀결된다. 동시에 담화 자체의 단성성이 강화됨으로써 반복적이고 폐쇄적인 회로에 갇힐 위험을 안게 되는 것이다.

참고문헌

〈자료〉

『개화기문학－신소설전집』 4, 계명문화사, 1977.

『한국 개화기문학 총서－신소설 · 번안(역)소설』 8, 아세아문화사, 1978.

김교제 · 안국선, 『한국 신소설 선집』 3(권영민 · 김종욱 · 배경열 편), 서울대 출판부, 2003.

『이광수전집』, 삼중당, 1971.

이태준, 『이태준 문학전집』 1~7, 서음출판사, 1988.

김외곤 편, 『한설야단편선집 Ⅱ－귀향』, 태학사, 1989.

________, 『한설야단편선집 Ⅲ－숙명』, 태학사, 1989.

박태원, 『박태원단편집』, 학예사, 1939.

______, 「음우」, 『소설가구보씨의 일일』, 문학과지성사, 2005.

______, 「채가」, 『문장』 3권4호, 1941.

______, 「투도」, 『조광』 7권1호, 1941.

『현진건 전집』 1－『적도』, 2－『무영탑(상)』, 3－『무영탑(하)』, 문학비평사, 1988.

임규찬 · 한기형, 『카프비평자료총서 Ⅶ－카프해산후의 문예동향』, 태학사, 1990.

남정현, 『분지』, 한겨레, 1987.

『남정현 문학전집』 1, 3권, 국학자료원, 2002.

김형경, 『세월』 1~3(개정판), 푸른숲, 2005.

김　훈, 『칼의 노래 : 이순신－그 한없는 단순성과 순결한 칼에 대하여』, 생각의나무, 2001.

린바이(林白), 박난영 역, 『한 여자의 전쟁(一個人的戰爭)』, 문학동네, 2001.

〈논문〉

강진호, 「1930년대 후반기 한설야 소설과 리얼리즘」, 『현대소설연구』 제1호, 1994.

고명철, 「개별화의 마성(魔性)은 공허하다－김훈의 소설에 대한 비판적 성찰」, 『한국평화문화』 제2집, 2005.

______, 「식민지 자본주의의 통속성에 대한 서사적 대응－빙허 현진건의 장편 『적도』 읽기」, 『한국어문학연구』 46, 2006.

______, 「한설야 문학, 그 탈식민의 맥락」, 『반교어문연구』 20집, 2006.

권명아, 「모성신화와 가족주의, 그 파시즘적 형식에 대하여」, 『현대문학의 연구』 13호, 1999.

김경남, 「린바이(林白) 소설론」, 『중국학연구』 제31집, 2005.

김경민, 「이광수 소설에 나타난 '연애'의 의미 연구」, 『한국근대문학연구」』 제15호, 2007.

김경애, 「신소설의 '여인 수난이야기' 연구」, 『여성문학연구』 6집, 2001.

김광길, 「신화원형비평의 제 양상에 대하여」, 『인문논총』 9호, 경기대 인문과학연구소, 2001.

김교봉, 「현진건 소설의 민족문학적 성격 연구」, 『어문학』 제55집, 1994.

김구중, 「역사소설 『무영탑』 연구」, 『어문연구』 45, 2004.

김기진, 「문예시대관 단편」, 『조선일보』, 1928.11.9.

김동식, 「낭만적 사랑의 의미론」, 『문학과 사회』, 2001 봄.

김미란, 「新時期 중국 여성의 性別意識 형성연구(1)」, 『중국학논총』 13, 2002.

김상욱, 「현진건의 『적도』 연구－계몽의 수사학」, 『선청어문』 24, 1996.

김석봉, 「신소설의 대중적 성격 연구」, 서울대 박사논문, 2003.

김성곤, 「탈식민주의 Post-Colonialism 시대의 문학」, 『외국문학』 31, 1992 여름호.

김양선, 「근대극복을 위한 여성문학의 논리」, 『창작과 비평』, 1996 겨울.

______, 「식민지 시대 민족의 자기 구성 방식과 여성」, 『한국근대문학연구』 8집, 2003.

김연숙 · 이정희, 「여성의 자기발견의 서사, '자전적 글쓰기'」, 『여성과 사회』 8, 1997.

김영찬, 「김훈소설이 묻는 것과 묻지 않는 것」, 『창작과 비평』, 2007 가을호.

김윤정, 「남정현 소설의 탈식민주의적 담론 연구」, 이화여대 석사논문, 2005.

김재용, 「민족주의와 탈식민주의를 넘어서－한설야 문학의 저항성을 중심으로」, 『인문연구』 48, 영남대 인문과학연구소, 2005.

김종욱, 「민족담론과 여성의 이미지－남정현론」, 『한국현대문학연구』 13, 2003.

김주리, 「여성주의 연구방법과 한국 근대소설 속 새로운 자아의 탐색」, 『한국현대문학연구』 26, 2008.
______, 「이태준 장편 소설에 나타난 모성의 의미 고찰」, 『여성문학연구』 14호, 2005.
김 철, 「친일문학론: 근대적 주체의 형성과 관련하여」, 『민족문학사연구』 8호, 1995.
김형중, 「남정현 소설의 정신분석학적 연구 시론－풍자와 정신병리」, 『한국문학이론과 비평』 제26집, 2005.
김 훈・서영채 대담, 「허명과 거품을 피해 내 자신의 작은 자리를 만드는 것이 내 앞길이에요」, 『문학동네』, 2006 여름호.
나병철, 「여성 성장소설과 아버지의 부재」, 『여성문학연구』 10, 2003.
박상천, 「대중문학 연구방법」, 『한양어문』 제16집, 1998.1.
박숙자, 「이광수의 『단종애사』 연구」, 『한국 문예비평 연구』 20, 2006.
박영혜・이봉지, 「한국 여성소설과 자서전적 글쓰기에 관한 연구」, 『아세아여성연구』 제40호, 2001.
박혜경, 「이광수 소설에 나타난 사랑과 계몽의 기획－이광수의 『유정』을 중심으로」, 『한국문학연구』 33집, 2007.
방민호, 「박태원의 1940년대 연작형 '사소설'의 의미」, 『인문논총』 제58집, 서울대 인문학연구원, 2007.
______, 「일제말기 문학인들의 대일 협력 유형과 의미」, 『한국현대문학연구』 22, 2007.
배개화, 「문장지 시절의 박태원」, 『우리말글』 44, 2008.
______, 「이광수 초기 글쓰기에 나타난 '감정'의 의미」, 『어문학』 제95집, 2007.
백낙청, 「역사소설과 역사인식」, 『창작과 비평』 5호, 1967 봄호.
서경석, 「한설야 문학 연구」, 서울대 박사논문, 1992.
양윤의, 「얼굴없는 사제의 숭고한 문장들－김훈의 『칼의 노래』, 『강산무진』을 중심으로」, 중앙신인문학상 평론당선작, 2006.9.
오양진, 「캐리커처의 인류학－남정현 소설의 풍자와 아이러니에 대하여」, 『한국근대문학연구』 제7권 제1호, 2006.
오은경, 「전쟁, 국가, 남성 히스테리」, 『비교문학』 39, 2006.
유병석, 「김교제의 작품」, 『신문학과 시대의식』, 새문사, 1981
유재엽, 「1930년대 한국 역사소설 연구」, 단국대 박사논문, 1996.
유홍주, 「고백체와 여성적 글쓰기」, 『현대문학이론연구』 27, 2006.
윤내식, 「1940년대 전반기 황국 신민화 운동과 국가의 시간・신체 관리」, 『한국현대문학연구』 13, 2003.
이경재, 「일제 말기 한설야 소설의 나르시시즘 연구」, 『현대문학의 연구』 32, 2007.
이덕화, 「여성적 글쓰기로서의 자서전」, 『여성문학연구』 8, 2002.
이명희, 「이태준 소설의 여성주의적 층위」, 『상허학보』 제6집, 2000.
이미정, 「전후문학에 나타난 남성성의 내면화 과정 연구－남정현 소설의 '반미감정'을 중심으로」, 『겨레어문학』 제37집, 2006.
이봉범, 「남정현 문학의 알레고리와 풍자」, 『반교어문연구』 제8집, 1997.
이수자, 「몸의 여성주의적 의미확장」, 『한국여성학』 제15권 2호, 1999.
______, 「후기근대사회의 여성 주체와 몸의 정치학」, 『여성연구논총』 제2권 제1호, 2001.
이은경, 「단군신화 바깥에서 유랑하는 신여성－탄실 김명순」, 『여/성이론』 2호, 1999 겨울.
이태숙, 「여성성의 근대적 경험 양상－1920년대~30년대 문학을 중심으로」, 고려대 박사논문, 2000.
이혜령, 「식민주의의 내면화와 내부 식민지－1920～30년대 소설의 섹슈얼리티, 젠더, 계급」, 『상허학보』 제8집, 2002.
임병권, 「탈식민주의와 모더니즘」, 『민족문학사연구』 23집, 2003.
장　현, 「1960년대 한국 소설의 탈식민적 양상 연구－이호철, 최인훈, 남정현의 소설을 중심으로」, 가톨릭대 박사논문, 2005.
장성규, 「재현너머의 흔적을 복원시키는 소설의 욕망－2000년대 역사소설에 대한 성찰과 전망」, 『실천문학』, 2007 여름.
장양수, 「현진건 장편 『무영탑』의 민족주의 문학적 성격』, 『새얼어문논집』 제13집, 2000.
장필화, 「몸에 대한 여성학적 접근」, 『한국여성학』 8, 1992.1.
전영태, 「한국 근대소설의 대중성에 대한 고찰－멜로드라마적 성격을 중심으로」, 『한국학보』 33, 1983.
정여울, 「김훈을 넘어선 김훈을 꿈꾸며」, 『창작과 비평』, 2006 가을호.
정혜영, 「근대를 향한 시선－이광수 『무정』에 나타난 '연애'의 성립과정을 중심으로」, 『여성문학연구』 3호, 2000.
조동일, 「『적도』의 작품구조와 사회의식」, 『한국학보』 8, 1977.
진영복, 「1930년대 한국 근대소설의 사(私)적 성격 연구－자기 지시적 글쓰기 양상을 중심으로」, 연세대 박사논문, 2003.
차원현, 「1930년대 모더니즘 소설에 나타난 미적 주체의 양상에 관한 연구」, 서울대 박사논문, 2001.
최원식, 「현진건 연구」, 서울대 석사논문, 1975.
______, 「이해조의 계승자, 김교제」, 『민족문학사연구』 2, 1992.
최정은, 「90년대 중국여성소설에 나타난 아버지 부재와 딸의 성장」, 『中國語文學』 53, 2009.
최혜실, 「「소설가 구보씨의 일일」에 나타나는 산책자 연구」, 『관악어문연구』, 1988.
______, 「『무정』에 나타난 근대성, 사랑, 성」, 『여성문학연구』 창간호, 1999.
태혜숙, 「몸, 바흐친, 페미니즘」, 『영어영문학』 제48권 1호, 2002.
하동호, 「개화기 소설의 서지적 정리 및 조사」, 『동양학』 7집, 단국대 동양학연구소, 1977.
한민주, 「1930년대 후반기 전향소설에 나타난 남성 매저키즘의 의미－김남천과 한설야를 중심으로」, 『여성문학연구』 10, 2003.
홍성암, 「한국 근대 역사소설 연구」, 한양대 박사논문, 1987.
홍혜원, 「이광수 소설의 서사성 연구」, 이화여대 박사논문, 2000.
황국명, 「『적도』의 구조와 이데올로기」, 『한국문학논총』 12집, 1991.
황종연, 「한국 근대소설에 나타난 신라」, 『동방학지』 137, 2007.

〈단행본〉

강상희, 『한국 모더니즘 소설론』, 문예출판사, 1999.
강영주, 『한국 역사소설의 재인식』, 창작과비평사, 1991
강진호 외, 『박태원 소설 연구』, 깊은샘, 1995.
고부응 편, 『탈식민주의 이론과 쟁점』, 문학과지성사, 2003.
공임순, 『식민지의 적자들』, 푸른역사, 2005.
구인환, 『이광수 소설 연구』, 삼영사, 1983.
권영민, 『한국 현대문학사』 1권, 민음사, 2002.
김강호, 『한국 근대 대중소설의 미학적 연구』, 푸른사상, 2008.
김미현, 『한국 여성소설과 페미니즘』, 신구문화사, 1996.

김상태, 『문체의 이론과 해석』, 새문사, 1982.
김윤식 · 정호웅, 『한국소설사』, 예하, 1993.
김재용, 『협력과 저항』, 소명출판, 2004.
김진균 · 정근식 편저, 『근대주체와 식민지 규율권력』, 문화과학사, 1997.
김창남, 『대중문화의 이해』, 한울, 2003.
김 철 · 신형기 외, 『문학 속의 파시즘』, 삼인, 2001.
김태준, 『교주 증보조선소설사』(박희병 교주), 한길사, 1990.
김혜숙 편, 『포스트모더니즘과 철학』, 이화여대 출판부, 1995.
나병철, 『소설의 이해』, 문예출판사, 1993.
______, 『탈식민주의와 근대문학』, 문예출판사, 2004.
동국대학교 부설 한국문학연구소 편, 『이광수연구(상)(하)』, 태학사, 1984.
대중문학연구회 편, 『대중문학이란 무엇인가?』, 평민사, 1995.
대중서사장르연구회, 『대중서사장르의 모든 것 1 — 멜로드라마』, 이론과실천, 2007.
대중서사학회, 『역사소설이란 무엇인가』, 예림기획, 2003.
문영희, 『한설야 문학 연구』, 시와시학사, 1996.
문학과사상연구회, 『이태준 문학의 재인식』, 소명출판, 2004.
문학과비평연구회, 『탈식민의 텍스트, 저항과 해방의 담론』, 이회문화사, 2003.
민족문학연구소, 『탈식민주의를 넘어서』, 소명출판, 2006.
박성봉, 『대중예술의 미학』, 동연, 1995.
박찬기 외, 『수용미학』, 고려원, 1992.
상허학회 편, 『근대문학과 이태준』, 깊은샘, 2000.
__________, 『이태준과 현대소설사』, 깊은샘, 2004.
송명희, 『이광수의 민족주의와 페미니즘』, 국학자료원, 1997.
송백헌, 『한국 근대 역사소설 연구』, 삼지원, 1985.
신헌재, 『이광수 소설의 분석적 연구』, 삼지원, 1986.
심진경, 『한국문학과 섹슈얼리티』, 소명출판, 2006.
여성문화이론연구소 정신분석세미나팀, 『페미니즘과 정신분석』, 여이연, 2003.
윤홍로, 『이광수 문학과 삶』, 한국연구원, 1992.
이용남 외, 『한국 개화기소설 연구』, 태학사, 2000.
이재선, 『한국 개화기소설 연구』, 일조각, 1975.
이정옥, 『1930년대 한국 대중소설의 이해』, 국학자료원, 2000.

임성래, 『완판 영웅소설의 대중성』, 소명출판, 2007.
임　화, 『신문학사』(임규찬 · 한진일 편), 한길사, 1993.
장석홍, 『한설야 소설 연구』, 박이홍, 1997.
정현숙, 『박태원문학연구』, 국학자료원, 1993.
정호웅, 『한국의 역사소설』, 역락, 2006.
조동일, 『신소설의 문학사적 성격』, 서울대 출판부, 1983.
차봉희 편, 『수용미학』, 문학과지성사, 1985.
천정환, 『근대의 책읽기』, 푸른역사, 2003.
최주한, 『제국 권력에의 야망과 반감 사이에서』, 소명출판, 2005.
충남대 여성정책연구소 편, 『한국사회와 여성』, 이화, 2006.
하정일, 『탈식민의 미학』, 소명출판, 2008,
한국소설학회 편, 『현대소설 시점의 시학』, 새문사, 1996.
한상무, 『한국 근대소설과 이데올로기』, 푸른사상, 2004.
한수영, 『친일문학의 재인식』, 소명출판, 2005.
현길언, 『문학과 사랑과 이데올로기－현진건 연구』, 태학사, 2000.
황도경, 『문체로 읽는 소설』, 소명출판, 2002.

다이진화, 김순진 · 박정원 · 임대근 · 주재희 역, 『거울 속에 있는 듯』, 그린비, 2009.
로버트 숄즈 · 로버트 켈로그, 임병권 역, 『서사의 본질』, 예림기획, 2001.
로지 브라이어도티, 박미선 역, 『유목적 주체』, 여이연, 2004.
리타 펠스키, 김영찬 · 심진경 역, 『근대성과 페미니즘』, 거름, 1998.
숀 호머, 김서영 역, 『라캉 읽기』, 은행나무. 2006.
수잔 랜서, 김형민 역, 『시점의 시학』, 좋은날, 1998.
시모어 채트먼, 김경수 역, 『영화와 소설의 서사구조』, 민음사, 1990.
아니카 르메르, 이미선 역, 『자크 라캉』, 문예출판사, 1994
앤소니 기든스, 권기돈 역, 『현대성과 자아정체성』, 새물결, 1997.
움베르토 에코, 김운찬 역, 『대중의 슈퍼맨』, 열린책들, 1994.
웨인 C. 부스, 최상규 역, 『소설의 수사학』, 예림기획, 1999.
천쓰허, 노정은 · 박난영 역, 『중국당대문학사』, 문학동네, 2008.
크리스티나 폰 브라운, 엄양선 · 윤명숙 역, 『히스테리』, 여이연, 2003.
푸코, 오생근 역, 『감시와 처벌』, 나남, 1994.

프란츠 파농, 이석호 역, 『검은 피부, 하얀 가면』, 인간사랑, 1998.
프로이트, 임홍빈 외 역, 『정신분석강의(하)』, 열린책들, 1997.
프로이트, 정장진 역, 『프로이트 전집』 18, 열린책들, 1996.
호미 바바, 나병철 역, 『문화의 위치』, 소명출판, 2002.
F. K. 스탄젤, 김정신 역, 『소설의 이론』, 문학과비평사 1990.
Peter Brooks, *The Melodramatic Imagination*, N.Y.: Columbia Univ. Press, 1984.

:: 찾아보기

ㄹ

ㅁ

ㅂ

ㅅ

ㅊ

ㅋ

ㅌ

ㅍ

ㅎ

| 작품 색인 |

| 인명 색인 |